ウィトゲンシュタインの「小屋」の跡から、
ショルデンの中心部を望む。

独我論が言わんとすることはまったく正しい。ただ、それは語られるものではなく、おのずと現われてくるものなのだ。世界とは私の世界である。

（『論理哲学論考』5・62）

※第1章第六節の「自我の世界への充満」の部分を参照のこと。

ウィトゲンシュタインの「小屋」の跡から、
北側の急峻な山を望む。

独我論を徹底すれば、純粋の実在論と合致することがわかる。独我論の自我は延長をもたない点にまで縮退し、残るものは自我に相関した実在のみとなる。

（『論理哲学論考』5・64）

※第1章第六節の「自我の消滅」の部分を参照のこと。

宗教哲学論考

星川啓慈

ウィトゲンシュタイン・脳科学・シュッツ

TRACTATUS RELIGIOSO-PHILOSOPHICUS
L. WITTGENSTEIN, BRAIN SCIENCE AND A. SCHUTZ

HOSHIKAWA KEIJI

明石書店

娘と息子と妻へ

宗教哲学論考——ウィトゲンシュタイン・脳科学・シュッツ◎目次

凡例

一、聖書からの引用は『聖書——新共同訳』（日本聖書協会発行、一九八三年）から行なう。
一、引用文の「……」は「中略」を意味する。
一、引用文の「〔　〕」は筆者の補足を表わす。
一、引用文の「傍点」は強調を表わす。
一、本文では、「パーレン付き数字」（(1)など）と「丸付き数字」（①など）を併用している。主として、前者は並立する事項を明確にするとき、後者は並立する事項を名詞／名詞相当のものとして扱えるときに使用する。
一、本書で引用・参照した文献の詳細な書誌情報は、巻末の「引用・参照文献」に一括して掲載している。
一、各章の註における引用文献については、以下の通りである。(1)邦訳のある欧文文献の場合には、邦訳を先に示し、原書の著者名（姓のみ）・邦訳のタイトル（メインタイトルのみ）・出版年（初回のみ）・頁数を記載する。(2)原書の頁数については、邦訳書のあとに、［原書、一二頁］のような形で示す。(3)著者が日本人の場合には、著者名（姓名）・タイトル（メインタイトルのみ）・出版年（初回のみ）・頁数を記載する。(4)「文献の紹介」として著書・論文を紹介する場合には、巻末の「引用・参照文献」と同様に、詳しい書誌情報を掲載する。
一、邦訳のある欧文文献の引用にさいしては、(1)訳文をまったく変更しない箇所もあれば、(2)用字など一部のみを変更した箇所もあれば、(3)原文を参照のうえ全面的に変更した箇所もある。
一、外国人の名前の表記については、インターネットを利用して原語の発音に近い表記を心がけるが、日本で比較的知られている人物については慣用にしたがう。
一、Wittgenstein の日本語表記には「ウィトゲンシュタイン」と「ヴィトゲンシュタイン」の二つがある。本書では、著者たちの表現をそのまま踏襲しているので、これら二つの表記が混在している。
一、頻出するウィトゲンシュタインの『秘密の日記』『草稿一九一四—一九一六』『論理哲学論考』『哲学宗教日記』からの引用文については、註ではなく、本文中で引用箇所を示すことが多い。彼の強調表記は何種類もある。傍線（原文は下線）は普通の強調を、二重傍線（原文は二重下線）はさらに強い強調を、三重傍線（原文は三重下線）はそれよりさらに強い強調を表わす。また、太字（原文は大文字）の強調も使用されている。これらに加えて、点線（原文は波線）も使用されているが、これは自分の表現に対する迷いを表わしている。以上が強調表記などの原則であるが、臨機応変に対応する。これらの強調の種類が問題にならない場合には、通常の「傍点」も使用する。

一、ウィトゲンシュタインは「暗号体」で日記などを書くことがある。しかし、本書の議論では、彼の文章が「暗号体で書かれているか否か」は重要ではない。そこで、読みやすさを考慮して、暗号体の文章も普通の明朝体で引用する。

一、二〇〇二年に日本精神神経学会総会で、Schizophrenia に対する訳語を「精神分裂病」から「統合失調症」に変更するという決定がなされた。これ以来、「精神分裂病」という言葉は使われなくなった。しかし、二〇〇二年以前に書かれた文献でこの言葉が使用されている場合には、そのまま残し、適宜、〔統合失調症〕と〔　〕を用いて補足する。

一、本書に掲載しているノルウェーでの写真およびウィトゲンシュタインの墓石の写真は、第三章第二節の松野智章氏による一枚を除いて、すべて渡辺隆明氏による撮影である。写真の掲載を快諾して下さった両氏に対して感謝する。

宗教哲学論考——ウィトゲンシュタイン・脳科学・シュッツ

まえがき

I　本書における筆者の立場

これまで、筆者は、わが国における「宗教哲学研究の主流」と目される、大思想家の文献学的研究（アウグスティヌスやトマス、カントやキルケゴールなどの文献学的研究）とは、別の潮流に身をおいてきた。すなわち、A・シュッツ（一八九九―一九五九）とL・ウィトゲンシュタイン（一八八九―一九五一）という二人の哲学者に影響を受けながら、宗教学・哲学・社会学を中心に、心理学・精神医学・脳科学（神経科学）・戦争学など種々の分野で摘まみ食いをしながら、宗教について思索をめぐらしてきたのである。

そのためもあってか、研究内容の意義が理解されないことや、非難されることもしばしばあった。[1] しかしながら、齢を重ねると、「学際的で面白い研究をしていますね」といってくださる研究者にも、国内外でお目にかかるようになってきた。[2]

誤解のないように述べておくが、大思想家の文献学的研究の意義はよく理解している。これがないと宗教哲学は成立しない。実際に、第2章はウィトゲンシュタインの手稿の写真を使用して、「印刷された（単定立的な）テクストの背後を（複定立的に）読むことの重要さ」を力説している。それでも、本書は全体として、読者諸氏が「宗教哲学」という言葉から連想する内容のものとは趣を異にするであろう。

ここで改まって、「宗教哲学とは何か」と問われれば、即座に「宗教の本質や存在意義をめぐって哲学的に考察すること」くらいの答えを思い浮かべることができる。しかし、考察対象である「宗教」をどういうものとして捉えるかは人によって違うし、時代や地域や社会状勢の相違に応じて実に数多くの「宗教」がこれまで存在してきた。また、ヨーロッパ大陸の宗教哲学と英米の分析的宗教哲学とでは研究方法が異なるし、宗教哲学者にも宗教を擁護する者もいれば必ずしもそれを意図しない者もいる。

これらのことを踏まえながら、本書における宗教哲学の二つの基本的な立場を明確にしておきたい。

(1)体系を志向しない――「活動」としての宗教哲学

本書第5章で言及している「神経神学」(neurotheology)の旗手であるA・ニューバーグの『神経神学の諸原理』(第3章冒頭)を読んでいるとき、ウィトゲンシュタインの『論理哲学論考』(四・一一二)を引用しながら、彼が次のように語っている文章に遭遇した。

ルートヴィヒ・ウィトゲンシュタインは「哲学とは理論ではなく活動である」と述べた。同じように、神経神学は「認知的な神経科学の観点と共同して、宗教的な現象やスピリチュアルな現象を研究するという活動である」とみなすことができよう。

この文章を利用して筆者の宗教哲学を表現すると、「宗教哲学とは、理性的な思索を重視する哲学と共同して、宗教的な現象やスピリチュアルな現象を研究するという活動である」ということになる。壮大な「体系」を志向する宗教哲学もあるだろうが、筆者には自分の宗教哲学の体系を打ち立てる能力もその意志もない。さまざまな局面において「ほかの人のものとは違う種々の観点から問題に切り込む」という姿勢を貫くのみである。控えめにいえば「方法論が欠如した宗教哲学」、強気でいえば「宗教をめぐって融通無碍に思索を展開する宗教哲学」——これが筆者の宗教哲学のスタイルである。本書においては、論理学・言語哲学・文献学・精神医学・現象学・脳科学などの知見を縦横無尽に利用し、かなり面白い本になったと自負している。

(2)宗教に対する中立的な姿勢

筆者は、四〇年以上にわたって「人間の営み」としての多種多様な宗教に深い関心を懐いてきたが、いずれかの宗教の信者になるまでには至っていない。それゆえ、宗教哲学を、ある特定の宗教の立場から護教的に研究しているのではない。本書全体を通して、筆者は学問的に「中立の立場」を貫いていることを述べておきたい。

ただし、厳密な意味で「中立」の立場は存在しえないであろう。それは理論的思考の産物でしかない。どのような研究者も何らかの「態度」をもって対象を研究せざるをえない。それはさておき、筆者が意図するところは、宗教を、特定の宗教の立場を護るために研究するのではなく、「人間の営み」として、いわば「人間学的に」研究するということである。

また、本書で論じる宗教は、主としてユダヤ＝キリスト教の伝統で育まれた宗教である。しかしながら、本書における考察は、こうした宗教以外の宗教とも深いところで結びついているであろう。

Ⅱ 本書の構成と各章の内容

第Ⅰ部はウィトゲンシュタインをめぐる三つの論考であり、これまでの正統的な文献学的研究には見られない観点をふんだんに取り入れた。

第1章では、ノルウェーのショルデンにあるウィトゲンシュタインが建てた「小屋」（の跡）の周辺を、現地で撮影した写真をまじえながら散策する――本章は本書の導入部分である。この小屋は、同国最大のフィヨルドである「ソグネフィヨルド」の最奥の、そのまた向こうの、人里離れた不便きわまりない山の中腹に、四〇年以上にわたってぽつねんと存在していた。思索に没頭する環境を確保するために、この場所がえらばれたのであろうか。実際に、ウィトゲンシュタインは『論理哲学論考』（『論考』）や『哲学探究』（『探究』）などを執筆するさい、短期間とはいえ、ショルデンないしそこに建てた小屋に滞在し、そこからこうした傑作の一部が生み出されたのである。逆にいうと、この小屋がなければ、そうした傑作は生まれなかったもしれない。また、小屋の立地条件と精神医学的な研究を結び付けることも試みる。なぜなら、ウィトゲンシュタインは「統合失調症」と高い親和性をもっており、これが彼の生涯にわたる言動・思索内容・著作活動に影響を与えているからだ。『論考』の中に「世界へと膨張した独我論的自我が一転して点ないしは無へと収縮する」という趣旨の箇所がある。ある精神科医は「この中心化と疎隔化の同時性という背理こそ、分裂病世界の極北（すなわち緊張病）に指し示される主体の病理である」と断じている。『論考』のこの箇所は、案外、特異な小屋の立地条件とどこかで繋がっているかもしれない。すなわち、ウィトゲンシュタインの小屋は、一方で、ショルデンの中心部を「神の視点」から見下ろす（膨張する自我）ような位置にありながら、他方で、山々と湖に囲まれて「自己が消失」してしまう（収縮する自我）ような場所に、建てられたのである。さらに、小屋が切り立った崖の上に建っていたことは、彼の生涯の多くの局面で観察できる統合失調症者に特有の「垂直上昇志向」と深い関係があるに違いない。『論考』の最後（六・五四）と関連付けて述べれば、「ウィトゲンシュタインは、語りえない宗教の高みから、語りうる事実の世界を見下ろした」といえるかもしれないのである。

この小屋が完成する頃（一九一四年の夏）とほぼ同じ時期に第一次世界大戦が勃発し、ウィトゲンシュタインは「志願兵」として、オーストリア＝ハンガリー二重帝国軍に入隊する。そして、驚くべきことに、『論理哲学論考』が書かれたのはこの大戦の最中である。その証拠に、『論考』に結実するノートは「戦地用鉛筆」(field-pencil)で書かれている。

第2章では、ウィトゲンシュタインの度重なる戦闘体験と、『論理哲学論考』『秘密の日記』『草稿一九一四―一九一六』とを結び付けながら考察を展開する。そして、「『論考』の基本的枠組みが成立したのは一九一六年の七月六日・七日である」という仮説を提出する。また、ウィトゲンシュタインを研究するうえで、見過ごしてはならない重要な事実を写真とともに指摘する。たとえば、次のようなものである。(1)もともと「人は、語りえないものについては、沈黙しなければならない」という言葉は『論考』の中ほど(一二一頁ある『原論考』の七一頁)にあった、(2)『論考』の分水嶺とされる文番号「六・四」と「七」は、『原論考』においては、隣り合わせで書かれていた。(3)ウィトゲンシュタインの宗教的文章が『草稿』において堰を切ったように書かれ始めるのは「一九一六年六月一一日」とされてきたが、この日付は編集者が書き変えたものである。こうした事実やこれまでの研究史も踏まえながら、『論考』とはどういう書物なのかを、筆者の視点から考え直してみたい。一言でいうならば、これは神について語りえない理由を論理学的にきちんと示し、かつ、そのことにより積極的に神に確固たる位置を与えた「否定神学の傑作」だということになる。さらに、肯定神学者にして「メタ言語」を容認する論理学者・ボヘンスキーの批判を、否定神学者にして「メタ言語」を容認しないウィトゲンシュタインにぶつけた。ここから分かることは、ウィトゲンシュタインは、対象言語的行為として、人が主体的・直接的に神に向かって祈ること/語りかけることは認めたが、メタ言語的行為として、人が神の属性「について」客観的に語ることは容認しなかった、ということである。この視点から、神や宗教をめぐる彼の言動や思索内容を整理することができよう。

ウィトゲンシュタインは、生涯に何度もショルデンの小屋を訪れるのだが、三回目の滞在のさいには、『哲学探究』の最初を書いたうえに、『哲学宗教日記』（邦訳書名）という貴重な「生の記録」（従軍中に書かれた『秘密の日記』とならぶ「生の記録」）を残した。

第3章では、その『哲学宗教日記』とウィトゲンシュタインの小屋が置かれた自然環境との結びつきについて思索をめぐらす。筆者は、二〇一四年の「早春」に、運よく天候に恵まれ、実際にこの小屋の跡に立つことができた。そして、七七年前の一九三七年の冬に書かれた彼の日記を現場で読むことで、大いにインスピレーションを授かった。ウィトゲンシュタインは、一人の人間として、寒くて暗い冬のノルウェーの山中に建てた小屋で、太陽が現われるのを待ち焦がれており、三月に現われた太陽の暖かい陽射しが彼を或る「宗教体験／宗教的境地」に導いた、というのが結論である。さらに、この結論にとどまることなく歩みを進めて、「太陽体験」「統合失調症」「フィヨルド」などをキーワードにしながら、妄想型統合失調症に苦しんだノルウェーの画家ムンクと、統合失調症に高い親和性をもつウィトゲンシュタインとの驚くべき類似性を指摘する。そして、第3章での論考を「太陽と人間」ないし「太陽と宗教」という人類の壮大なテーマの中に位置づけてみたい。

†

第Ⅱ部は、最近めざましい進歩をとげつつある、神経科学（脳科学）と心や宗教をめぐる二つの論考である。神経科学にいかなるスタンスをとるかを決めることは、宗教にかかわる人々の喫緊の課題であろう。

第４章は、数十年にわたって議論されている、「実験神経生理学者」Ｂ・リベットの重要な研究（意識活動に先立って脳活動が生起する、ないし、脳活動を後追いして意識が生じる）についての考察である。彼の実験結果を「心の存在の否定」に結びつけようとする多くの唯物論的神経科学者に対して、リベット自身はユダヤ教の信念――自由意志という考え方がなければ、人間の自発的な行為に対する個人の責任についての倫理観をうながすことが難しくなる――にもとづきながら、「自由意志」を「意図した行為を中止する」（"Veto"）という形で温存した。しかしながら、彼は、この主張を裏付ける実験をすることなく、一方的に自由意志の存在を肯定したのである。つまり、事実上、ユダヤ教が自然科学上の実験・実験解釈に制限をくわえたのだ。科学的「決定論」と宗教的「自由論」の狭間を生きた彼の生涯は、「自由意志」や「宗教と科学」というテーマを考えるときに、現代における貴重な事例を提供してくれている。なお、リベットのいう自由意志の存在を擁護する実験結果が二〇一五年一二月に発表されるなど、今なお、彼の実験ならびにその解釈は議論の渦中にある。

第５章は、ノーベル生理学医学賞を受賞したＪ・エクルズと哲学者Ｋ・ポパーの大部の共著『自我と脳』を手がかりに、或る種の「神経宗教哲学」を構想するものである。宗教と神経科学の関わりについて論じるのにも広い視野が必要なので、やや古いが、あらゆる領域を網羅する重要なこの著作を題材とした。神経科学の教えるところでは、脳がなければ宗教体験はもたらされないし、宗教でよくいわれる「事実をそのままに知る」ということは幻想にすぎない。しかしながら、宗教者などが語る主観的な「一人称」の語りと、神経科学者などが語る客観的な「三人称」の語りとは、峻別する必要がある。さらに、筆者のいう「神経宗教哲学」に言及すると、これは、唯物論の立場にたつものではなく、「心と脳を結び付けるものは自立／自律した言語である」という見解を重視するものである。現時点では残念ながら、具体的なヴィジョンを明確に呈示することはできないが、その神経宗教哲学は、神経科学、哲学的宗教研究、自律した言語という、三つの要素を中心とするものである。「付論」では、ニューバーグの『神経神学の諸原理』を参考に、神経宗教哲学の核心的原則をいくつか展望してみたい。神経科学と宗教哲学を対立したり排除しあったりするものとして捉えるのではなく、両者を建設的に結びつける方向性がそこには示されている。

†

第Ⅲ部には、現象学者であるA・シュッツの理論を中心としながらも、多方面に目配りをした、「祈り」についての論考を収める。特殊な現象学の用語を使用するので、シュッツや現象学にそれほど馴染みのない読者の便宜を考えて、章末に「用語解説」を付した。

第6章では、シュッツ現象学と分析哲学の諸知見とを統合して、宗教現象の「核心」と目される「祈り」にアプローチする。半世紀以上も前から、現象学と分析哲学を理論的に結び付けようとする試みがあるけれども、実際にはその試みはなかなかうまくいっていない、というのが実状であろう。しかしながら、これら二つのディシプリンを統合して「祈り」という具体的な宗教現象の分析に適用することで、もともと英文で書かれた本章のアプローチは世界的に行なわれている「祈りの研究」に一石を投じた、と信じている。本章の内容を一言でいうならば、「キリスト教の祈りは、日常生活世界において〈宗教的な意味領域〉を構成し、その内部で生きるという実践である」ということになる。これは、神への賛美・告白・感謝・祈願といった「自己関与的」な言語行為を中心にして営まれる。そして、祈りの最大の意義は、祈る人にとって普段は自明視されている「日常生活世界」を異なる光——たとえば恩寵・賜物・救済といった光——のもとで現れるようにさせ、この日常生活世界を祈りの世界から「見通す」（シュッツ）ことを可能にさせることである。ちなみに、ウィトゲンシュタインは「日常の生活が宗教的な光によって照らされ、意味を与えられているのならば、その生活を変える必要はなく、それをそのあるがままに引き受けるだけで良い」と考えていた可能性が高い（第3章第二節参照）。これは、彼が宗教の世界から日常の世界を「見通し」たからこその見解だといえよう。また、ウィトゲンシュタインは頻繁に神に祈ったり語りかけたりしているが、「語りえない領域」と「語りうる領域」とを架橋する彼のこうした「言語行為」も、本章の議論によって分析できる。

†

本書の内容は以上のようなものである。各章間の議論内容を充分に考慮して、有機的に本書を構成したつもりである。しかしながら、読者はどこから読み始めてくださってもかまわない。

そして、「宗教哲学」という学問の面白さを読者諸氏に少しでも感じとっていただければ、まことに幸いである。残念ながら、筆者には「宗教哲学」という学問は現在の世間一般では人気がなくなりつつあるように見えて仕方がないのである……。

［註］

1　たとえば、宗教哲学・比較思想学の大家からは「君がやっていることは〈宗教学的宗教哲学〉であって、真正の〈哲学的宗教哲学〉ではない」といわれた。この発言も、カントやヘーゲルなどの大思想家の宗教哲学が宗教哲学の本流である、ということを述べたものであろう。一時的には不愉快な思いをしたが、現在では「これは筆者の宗教哲学に対する適切な指摘である」と思っている。
　また、奥雅博氏の『ウィトゲンシュタインと奥雅博の三十五年』（勁草書房、二〇〇一年）では、次のように批判された。少々長いが引用する。

『宗教者ウィトゲンシュタイン』（星川啓慈著、法藏館）といった書名に象徴されるようにウィトゲンシュタインを宗教者、少なくとも求道者、として評価する動きが少なくない。しかし私の見る限り、ウィトゲンシュタインは求道者では全くない。大ブルジョアの末子として育ち、神経質で、プライドが高く、自己中心的で付き合いにくい人間だったにすぎない。……ウィトゲンシュタインは求道者よりも、むしろ「非常識的な俗物」（もとより、俗物が皆常識人であるとは限らないが）のカテゴリーに分類可能と思われる。（一一一―一一二頁）

「宗教」ないし「キリスト教」「カトリック」といった体系ないし大規模概念それ自体は、「言語ゲーム」とウィトゲンシュタインが呼んだものではないのである。それ故、「仏教の言語ゲーム」「イスラム教の言語ゲーム」（星川の「言語ゲームとしての宗教」）という言い方はウィトゲンシュタインにとって誤用に他ならない。（一九二頁）

一言でいうならば、奥氏はデビュー当時の筆者の著作と博士論文を一刀のもとに斬り捨ててくれたわけである。実名と著作物をあげてくれたことは、筆者が無視できない存在になりつつあったことを認めてくださったのだ、と感謝している。それから一五年もたってしまったが、ここでお答えしておきたい。

まず、筆者はウィトゲンシュタインのことを「求道者」と書いたことは一度もない。ここでは議論しないが、筆者が想定する「求道者」「宗教者」と奥氏が想定するそれらとは異なる。だが、ウィトゲンシュタインの『秘密の日記』と『哲学宗教日記』や折にふれて書かれたもの（『反哲学的断章』など）を見れば、たとえ周りには「非常識的な俗物」と映ったとしても、真摯に神を志向するかぎり、彼は「宗教者」である。また、破棄されたり失われたりしたノート（たとえば『秘密の日記／草稿一九一四―一九一六』の三冊目）などにも、宗教的な書付があふれていたと推測するのが自然であろう。奥氏が右の引用の前半（「この本の生まれるまで」）を書いたのは、同氏の著書が公刊された二〇〇一年だと推測される。この時すでに、ウィトゲンシュタインの文献に精通している同氏は『秘密の日記』や『哲学宗教日記』についても知っていたはずである。それでも引用したように主張するのであるから、同氏と筆者では、「宗教」や「宗教者」の捉え方が根本的に異なるのである。

また、一九七〇―八〇年代の英語圏の宗教哲学では、「応用哲学」の一種として、学術論文や研究書においてウィトゲンシュタインの「言語ゲーム」概念や「文法」概念などを宗教理解に取り込むことが、さかんに行なわれた。奥氏のように、こうした学問的営為は「ウィトゲンシュタインにとって誤用」として一笑に付す研究者もいよう。だが、こうした試みを頭から否定することもないのではないか。発展的に、ウィトゲンシュタインの哲学の広がりや豊かさがうかがえる具体例として解釈することも、許されるであろう。

2

たとえば、次のような例をあげておきたい。

(1)中国の陶金氏が筆者の「宗教間対話」に関する一連の研究を考察の対象にしてくださった。陶金「宗教对话的〝超越〟与〝回归〟——星川启慈宗教对话理论述要」(『世界宗教研究』二〇一六年、第1期)。日本語に訳すと「宗教間対話の『超越』と『回帰』——星川啓慈の宗教間対話理論の要点」くらいになる。なお、筆者の「名」は簡体字で「启慈」である。筆者の「宗教間対話」に関する論文も、同氏によって中国語訳されている。「宗教对话的难题与突破困境的方法——基于语言哲学视角的宗教对话用语〝层次化〟问题考察」(『世界宗教文化』二〇一六年、第1期)。日本語に訳すと、「宗教間対話の難題とそれを克服するための方法——宗教間対話で使用される言葉の〈階層化〉をめぐる言語哲学的考察」くらいになる。

(2)本書にも収録したが(第6章)、ウィーン大学の Dr. M. Staudigl が筆者と共著論文("A Schutzian Analysis of Prayer with Perspectives from Linguistic Philosophy")を書いてくださった。これも、筆者の発想——現象学と分析哲学という異なる二つのディシプリンを「祈り」という具体的な宗教現象に適用して分析するという発想——の面白さを、同氏が理解してくれたからこその成果であろう。

第Ⅰ部

ウィトゲンシュタインの生と哲学

第1章　ノルウェーにあるウィトゲンシュタインの「小屋」の跡に立って

はじめに

本章は、ウィトゲンシュタインが有名な「小屋」(彼自身の言葉では「家」[1])を建てた「ショルデン」(Skjolden)という村を訪れたときの話である。ショルデンはノルウェー最大のフィヨルドである「ソグネフィヨルド」の最奥に位置している。本章は随想風だが、続く二つの章で描かれる「人間ウィトゲンシュタイン」を理解するための準備の章である。

近年、ショルデンはリゾート地として、夏に賑わいを見せている。インターネットでショルデンの写真を見ると、美しいホテルが出てくるし、観光客はフィヨルドの光景を楽しみながら、船でショルデンを訪れることができる。筆者たちが訪れたのは三月初旬であったが、「ショルデンの夏は素晴らしい！　次に来るのなら、ぜひ夏に！」と勧められた。パンフレットを見ると、サマー・スキー、カヌー、サイクリング、釣り、山歩き、ラマ・サファリなど[2]、盛りだくさんのレジャー内容が紹介されている。

三月初旬はシーズンオフで、観光客は皆無であった。しかし、山に雪をいただく風景を写真や動画に収めることができ、幸運であった。なぜなら、緑におおわれ活気にあふれる夏よりも、グルーミーな晩秋・冬・早春のほうがウィトゲンシュタインに相応しい、と思うからである。

ウィトゲンシュタインの前半生を詳しく描いた『ウィトゲンシュタイン評伝』の著者である、マクギネスのショルデンの描写を引用したい。

　ショルデンはノルウェー最大のフィヨルドの最奥地にある小さな村で、それより奥には、山々と大氷河があるばかりだった。そこを訪れた人で、フィヨルド本体の黒々とした水の色と、さまざまな湖や入江の青や緑との対照の妙を語らぬ人はいない。広い範囲にわたって、人跡未踏の山々が水際まで降りている。ところどころの平らな土地には、当時、針葉樹の立ち木や、ほとんどが木造の点在する家々、それに、その緯度の地方の目を見張るような夏に豊かな実りをもたらす牧草や果樹もあったことだろう[3]。

第一節　ショルデンのウィトゲンシュタイン

一・一　最初の滞在

ウィトゲンシュタインは、一九一三年の一〇月末に初めてショルデンに行くのだが、その年のクリスマスは、ウィーンの家族のもとで過ごすことになる。そしてその後、またショルデンに帰り、一九一四年の六月末までそこで過ごす。つまり、この時期、合計八か月ほどショルデンに滞在したことになる。

最初にショルデンを訪れて以来、ウィトゲンシュタインは、郵便局長のクリンゲンベルクなど、多くの村人たちと親交を結んだ。彼は、一年ほどたつと、ノルウェー語でこうした友人たちと手紙を遣り取りするまでになったという。さらに、生涯のうちには、ノルウェー語を充分に話せるようになったし、イプセンなどの文学的な文章も読みこなせるようになったそうである。

大著『ウィトゲンシュタイン』において彼の全生涯を詳細に書き切ったモンクは、右の一九一三年から翌年にかけての滞在について、「おそらく、ウィトゲンシュタインの生涯で、自分が適切な場所で適切な仕事をしていると少しも疑わなかった、ただ一度の時期であった」[4]と述べている。

一・二　ショルデンに行った理由

どうしてウィトゲンシュタインはショルデンのような辺鄙なところへ行ったり、そこに家を建てたりしたのだろうか。その理由を推測してみたい。結論的にいうならば、「人間関係の重圧から解放され、良好な思索環境に身を置きたかったから」ということになろう。

ウィトゲンシュタインの親友である、ピンセントの一九一三年九月二四日――ウィトゲンシュタインがノルウェーに出発する一か月ほど前――の日記を紹介しよう。

〔ウィトゲンシュタインは〕数年間あらゆる知人から離れて、たとえばノルウェーかどこかで暮らすというのだ。まったくの一人きりで暮らす、つまり、隠棲して論理学の研究以外は何もしないという。その理由というのは、……第一には、そういう環境でならケンブリッジにいるよりもはるかに多くの、ずっと優れた研究ができるだろうと考えている〔ことである〕。第二には、自分が反感を抱いている世界、彼が絶えず他人に対して軽蔑を感じまた彼の神経質な気質のために絶えず他人を苛立たせずにはおれない世界、そういった世界の中では、その軽蔑というような感情に対する何らかの正当化……がなければ、〔自分は〕生きる資格はないのだと感じている〔ことである〕[5]。

ウィトゲンシュタインは一般的な社会生活になかなか馴染めない性格であった。モンクは

「ウィトゲンシュタインは市民生活を恐れていた」[6]という。その理由は、そうした生活が人々に課す諸関係が皮相なものであること、そうした生活に直面した場合に彼の性格が耐えられないほどの葛藤（市民生活への抵抗とそれへの順応）を引き起こしてしまうことなどによる。

ショルデンでは、ウィトゲンシュタインはこうした葛藤から解放された。彼は、それまでのように、人々を混乱させたり怒らせたりするような緊張もせず、たいてい周りの人たちとうまくやっていくことができた。それは素晴らしい解放であった。モンクによれば、彼が論理学の研究に没頭できたことと、田園の美しさとは、彼に一種の陶酔感を与えた。一言でいえば、ショルデンでの生活は彼の思索に完璧な条件を作り上げていたのである。それゆえ、モンクは「ウィトゲンシュタインの生涯で、自分が適切な場所で適切な仕事をしていると少しも疑わなかった、ただ一度の時期であった」というのだ。

一・三　滞在期間と執筆活動

ウィトゲンシュタインは生涯で、少なくとも四回――中断期間の数え方で滞在回数は変わる――ショルデンに滞在している。最初の滞在は、先に見たように、一九一三年一〇月から翌年の六月まで、二回目は、一九二一年の夏（友人とともに）、三回目は、一九三六年の八月から翌年の一二月まで（ただし複数回の中断期間をふくむ）、四回目は、一九五〇年の秋（友人とともに）である。この中でも、とりわけ一回目と三回目の滞在は、ウィトゲンシュタインの哲学と密接な関係にある。
最初の滞在期間は、おそらく、ウィトゲンシュタインの生涯で最も生産的な時期（の一つ）であった。その証拠に、彼は、一九一三年一〇月三〇日に、指導教授にして友人の哲学者ラッセルにあてて、次のように書いている。

〔昨日の手紙を書いて以降、〕まったく新たな考えが私の心に浮かんできました。分子命題の理論について新たな問題が生じましたし、推論についての理論には、新たな非常に重要な局面が現われたのです。私の新たな考えからの一つの結論は、思うに、論理学の一切はたった一つの原始命題から帰結する、というものです。[7]

さらに後年（一九三一年）、ウィトゲンシュタインは、当時を振り返りながら、次のように認めている。

一九一三年から一四年にかけて、ノルウェーにいたとき、私には独自の思想があったのではないか。少なくとも今は、そのように思える。つまり、当時、私の中で新しい思考がうごめき始めたようだったと、今の私には思われるのである。[8]

これら二つの文章は、一八年の隔たりがあるにしても、寸分の違いもなく呼応している。さらに、この最初の滞在では、はるばるケンブリッジから彼を訪ねてきた倫理学者のムーアに、ウィトゲンシュタインは自分の見解を口述した（「ノルウェーでG・E・ムーアに対して口述されたノート」）。第2章で詳しく論じる「語る」と「示す」の関係について、この時すでに述べられている。すなわち、このノートの冒頭には「いわゆる**論理的な**命題は、言語の、それゆえに世界の論理的性質を示すものの、何も語らない」（強調原著者）と書かれているのである。

これは、『論理哲学論考』（以下『論考』とも略記）の「論理の諸命題が同語反復であるという事実は、言語の、ひいては世界の形式的特徴——論理的特徴——を示している」という書き出しで始まる「六・一二」の原型になっている、といわれている。マクギネスの言葉を借りれば、「［ウィトゲンシュタインの中で生まれつつあった］新しい概念のうちで最も重要なものは、同語反復という概念と……〈命題によって語られるのではなく、むしろ、示されるもの〉という概念同語反復であった」[9]ということになる。

ショルデンにおいて『論考』に結実するアイデアが続々と生まれつつあったのである。もちろん、そこに滞在しているときはいつもすべてが順調だった、というわけではない（第五節参照）。それでも、全体として、最初のショルデン滞在において彼は生産的な日々を送ることができた、といえよう。

三回目の滞在では、ウィトゲンシュタインは、それまでの思索を放擲し、新たに『哲学探究』

（以下『探究』とも略記）の第一節から第一八八節までを書いた（一九三六年一一月）。そのうえに、第3章で取り上げる『哲学宗教日記』（邦訳名）と呼ばれる貴重な「生の記録」も残したのである。『探究』における純理論的な哲学的思索の背後には、宗教的問題と格闘するウィトゲンシュタインの姿もあったのだ。

第二節　筆者たちのショルデン紀行の開始

二・一　黒崎宏の「ウィトゲンシュタイン紀行」

黒崎宏は、一九七一年八月、ウィトゲンシュタインにゆかりの深いヨーロッパ各地をめぐる旅行をおこない、それを「ウィトゲンシュタイン紀行」[10]として発表している。その中に、七頁ほど、彼の「小屋」があったショルデンについての文章がある。

黒崎は二日にわたって、陸と湖から小屋跡へのアプローチを試みるが、けっきょく到達できずに、ショルデンを離れることになる。いかにも残念であった様子が行間にうかがえる。

かくして結局、今日も私は彼〔ウィトゲンシュタイン〕の石跡〔小屋の土台の基礎の部分のこと〕に到達することは出来なかった。彼の石跡もまた、彼の哲学と同様に、人々の接近をたやすくは許さないかの如くである。[11]

筆者は、一九九七年にこの紀行文を読み、「ぜひその小屋の跡地に行ってみたい」と思うようになった。それから一七年たって、ようやくそのチャンスが到来した。それは、二〇一四年三月七日のことであった。[12]

しかしながら、黒崎が地元の人から聞いたところでは、ショルデンは「一年のうち、三〇〇日は山頂に雲がかかっている」ようなところである。また、降雪量はそれほど多くないものの、例年だとこの時期、ショルデンは雪でおおわれている。さらに、筆者たちが日本を出発する直前に気象情報を確認したところでは、良好な天気は期待できそうになかった。

だが、「天気のことは天に任せる以外にない」と割り切って、若手研究者で写真撮影担当の渡辺隆明氏と、同じく動画撮影担当の松野智章氏とともに、二〇一四年の三月四日に成田を発った。そして、ロンドン、ベルゲン、ソンダルを経て、ショルデンに三日後に到着したのである。

ショルデンはベルゲンからも遠い。ショルデンは、巨大なソグネフィヨルドの最奥にある。飛行機でベルゲンからすぐに行けるわけではない。一九一四年の三月に、ムーアが二週間ほどショルデンを訪れたさいには、ベルゲンから、ウィトゲンシュタインと一緒に、列車、スキード（橇の一種）、蒸気船、スキー、モーターボートを利用したそうである。筆者たちが訪れた季節と同じ季節のことだが、スキーや橇を使用しているから、道中は大変だったであろう。もちろん、二

展望地点からショルデンの中心部を望む。右上がノルウェー最大のフィヨルド、「ソグネフィヨルド」の最奥部分。左がウィトゲンシュタインの建てた小屋のあった湖「エツワネット」。

人は一日でショルデンに着いたわけではない[13]。

筆者たちは、ベルゲンからソンダルまでは、朝夕の一日二便しかない船に五時間も乗った。午後四時出発の夕方の船だったので、ソンダルに到着したのは、真っ暗の午後九時であった。フィヨルドに入る頃には暗くなり、あたりのフィヨルドをまったく見ることができなかったのは、いま思い返しても残念である。

そして、ソンダルで一泊して、翌朝九時にそこを出発し、一時間三〇分ほどバスに揺られながらショルデンに向かった。途中で巨大な岩がいたるところにあり、地震が起きてわれわれを直撃するのではないか、と不安になった。けれども、何事もなく、ショルデンに到着した。

二・二 「小屋」の跡へ

一〇時三〇分頃、ショルデンのバス停におりたった筆者たちは、まず、昼食と情報を求めて、バス停ちかくのコンビニエンスストアのようなところに入った。そこでは、肉、野菜、チョコレート、薬、お酒、日用雑貨など、何でも置いてある。ショルデンは小さなコミュニティで、見渡す限り、あるのはこの店だけだから、ここであらゆるものが買えるのだろう。

地質学を勉強したという知的なシルヴィアさんという女性がそこで働いていたが、彼女から、コミュニティセンターのレネさんという女性を紹介してもらい、ウィトゲンシュタインの小屋の跡までの道を詳細に教えてもらった。レネさんは、大阪外国語大学で日本語を勉強していたそうで、"It's a small world." を実感した。

予定では、初日は、まともな昼食をとってショルデンの地理を知り、翌日に、ウィトゲンシュタインの小屋跡に行くことになっていた。しかし、そこには二時間以内で行けることを知ったうえに、天候の変化が気になり、ほとんど昼食はとらずに、初日に小屋跡を目指すことになった。出発時刻は、現地時刻で午前一一時二一分であった。

さきに、ムーアがショルデンを訪れたことを書いたが、それは一九一四年三月のことで、小屋はまだ完成していなかった。その後、ウィトゲンシュタインが一九三六年一〇月にムーアに書いた手紙には、次のように書かれている。

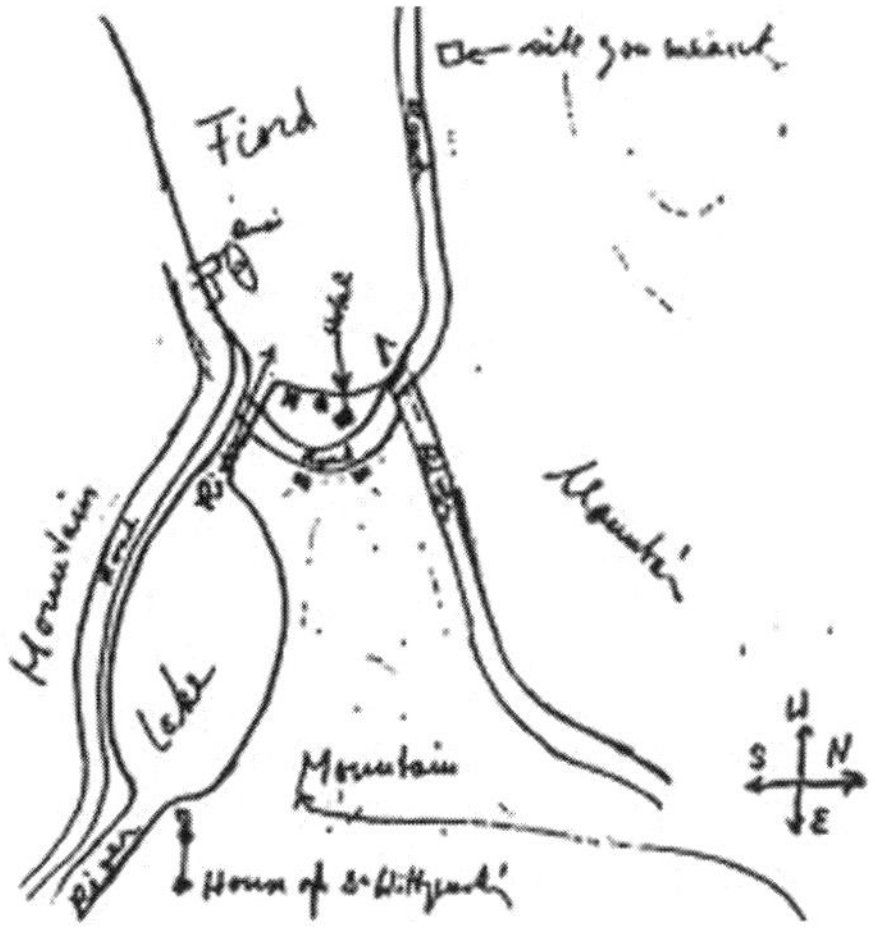

ウィトゲンシュタインがムーアに送った手紙（1930年10月）にある地図。彼の小屋の位置がいちばん下に印されている。

私の家は、あなたがいう〔平地にある〕敷地に建てられているのではありません。この地図[14]は、どこに私の家があるのか、どうしてボートを漕ぐことなしに村に行けないのかを、あなたに理解させるでしょう。それは、湖伝いにある山は誰にとっても歩くのにはあまりにも急峻すぎるということなのです。[15]

このウィトゲンシュタイン自身が描いた「地図」の写真を使って、小屋までの道のりを説明したい。中央やや左よりに「ホテル」(Hotel) と書かれている。おそらく、それは、現在では建てかえられている可能性はあるにしても、彼が滞在した「ショルデンホテル」[16]であろう。このホテルのあたりから、地図の左側に見える「道」(Road) を歩いて、左下をさらに左下に行って、そこから「川」(River) を渡ると、(地図にはないが) 農場がある。そこを過ぎると、「ウィトゲンシュタイン」と書

「アイダ農場カフェ」

かれた道標に出会う。ここから、いよいよゴツゴツした山道を歩いて、「湖」(Lake) に面したその「家」(House of Wittgenstein) までの山歩きが始まる。

さて、「ショルデンホテル」だが、黒崎は地元の人から聞いたことを次のように書いている。

彼〔ヨハンセン氏〕によると、ショルデンホテルは一九一二年に彼の祖父がオープンし、ウィトゲンシュタインは、はじめそのホテルに泊ったり、ホテルのすぐ前の家に泊ったりしていたのであり、小屋を作ってからも、よくホテルに彼の祖父をたずねて来ていたという。[17]

そのショルデンホテルからさほど離れていない所に、「アイダ農場カフェ」(Eide Farm Café) というカフェがある。インターネットにも出ているから、それなりに知られたカフェなのだろう。「アイダ農場にはユニークな歴史があります」と書かれている。そして、聞き間違いでなけい、れば、ウィトゲンシュタインもこのカフェに通ったらしい。

カフェのこのドアの「ノブ」はなんの変哲もない。だが、ウィトゲンシュタイン自身もカフェに通っていたならば、そして、一度も取り替えていないとすれば、彼もこのドアノブを使用していた可能性がある。カフェには帰路に立ち寄るつもりであったが、筆者だけは疲れてしまって、帰りのバスに乗る時刻に間に合わないかもしれないので、残念ながら、このカフェだけは訪れることができなかった。

(写真上) カフェのドアノブ
(写真下) ウィトゲンシュタインの小屋が彫られている案内板

湖のそばを歩いていると、「案内板」が見えてくる。ノルウェー語とドイツ語と英語で書かれているが、内容は簡単で、ウィトゲンシュタインの名前や代表作などについて触れられている程度である。三角屋根の下側に、彼の小屋が彫られている。ささやかながら、

小屋跡への道を示す道標。左に行くと小屋跡に行ける。

ショルデンの観光にも一役買っているのであろう。

黒崎は農場を過ぎたあたりで、「小屋跡のすぐ南東に広い農場があり、そこで道は消えている」と書いている。しかし、今では親切に、「ウィトゲンシュタインの小屋跡は左側へ」という先述の道標が立っていて、ここから山道に入る。ところどころに「赤丸」の目印があるし、道が何本もあるというわけではないから、慎重に歩みをすすめれば、道に迷うことはない。

二・三　謎の建造物

山道が始まると、まもなく、湖面に接して、石組みで囲われたようなものがある。

「ウィトゲンシュタインはボートを漕いで小屋の下まで行って……」と複数の本に書かれている。しかし、彼が精確にどこにボートを係留したかは読んだ記憶がない。黒崎も、ボートを漕いで小屋の下あたりまで近付き、ボートをつけられそうな場所を探したのだが、「どこにも、安全

湖にある石組み

にボートがつけられそうな所はなかった」と述べている。

筆者は、「ウィトゲンシュタインはロープでボートを木に直接つないだ」という人もいるが、彼はここにボートを係留した、と推測する。その理由は次のようなものである。

(1)ウィトゲンシュタインは、ショルデンの中心部から小屋までの筆者たちが歩いた経路（かなりの回り道）を歩くのは時間がかかるので、その途中からボートを利用した、と言い伝えられていること。

(2)右の言い伝えを証拠立てることになるが、さきのムーアあての手紙に「この地図は、どこに私の家があるのか、どうしてボートを漕ぐことなしに村に行けないのかを、あなたに理解させるでしょう」とあること。

(3)マクギネスによれば、小屋は「湖畔から一〇〇ヤード（九一メートルほど）離れている」[18]ということだが、写真の上部に見える湖畔の道まで、だいたいそれくらいの距離であること。

種々のことを考え合わせると、ウィトゲンシュタインがショルデンの中心部からこの建造物の対岸まで歩いてきて、そこからここまでボートできて、ここにボートを係留したことには、充分な可能性があるだろう。

それでも、重い荷物などはどのようにして小屋まで引き上げたのだろうか。マクギネスによれば、「ウィトゲンシュタインは、水その他の物資を湖畔から家まで引き上げるために、滑車付きのロープウェイを設置した」[19]のである。これは小屋の下あたりに設置されていたと思われる。

二・四　小屋跡へいたる山道

当然のことながら、小屋跡への山道は細いところもあるので、注意しながら歩かなくてはならない。普通の靴でも歩ける（登れる）が、一か所だけ危険なところがある。左側が切り立っていて、足を滑らせば、湖面まで滑落しないまでも、大怪我をすることは間違いない。晩年（一九四七年）、ウィトゲンシュタインは「人生は、尾根を走る一本の道に似ている。右にも左にも、ツルツルした斜面があるから、こっちの方向をとっても、あっちの方向をとっても、滑り落

こうした山道を登って小屋跡に向かう。

ちてしまうわけだ[20]」と書いている。「尾根」ではないが、一瞬この言葉が脳裡をよぎった。

ウィトゲンシュタインが住んでいた小屋のあたりのことを、地元の人たちは「エステリケ」（Østerike）と呼んでいた（いる）そうである。美しい響きである。これはノルウェー語で「オーストリア」という意味である。彼はオーストリア人だったから、このように呼ばれたのだ。

また、小屋の近くには、現地の人たちによって、旗をあげるポールが立てられている。このポールには、ノルウェーの国旗ではなく、オーストリアの国旗が掲げられているそうだ。ウィトゲンシュタインに敬意を表して、オーストリアの国旗が掲げられているのである。

第三節　小屋跡に立つ

ショルデンの中心部を出発し、さまざまな興味深いものに思いをめぐらしながら歩いて七三分後、ようやく小屋跡にたどりつくことができた。到着時刻は午後一二時三四分。気温は六度ほど、弱い風、たまに小雨といった気象状況であった。

ウィトゲンシュタインの「小屋」は、一九一四年の六月[21]に建てられたそうである。そうだとすると、筆者たちがそこを訪れたのは、それからちょうど一〇〇年目という記念すべき年にあたる。また、一九一四年というのは、周知のように、第一次世界大戦が始まった年でもあり、ウィトゲンシュタインはこの小屋が完成した翌々月、オーストリア＝ハンガリー帝国軍の志願兵となった。その後、捕虜の時代もふくめて五年少しにわたって兵役に就くが、その間、探照灯係や砲兵（観測兵）など兵士として勇敢に闘い、いくつもの勲章をもらったのである。[22]

先に述べたように、本来なら、小屋のあったショルデンは、筆者たちが訪れた三月初旬は雪におおわれ、小屋跡に立つことはできない。また、年間を通じて天候もそれほど良くないようである。しかし、暖かいこの年の冬の気候と、当日の天候に恵まれ（曇り、時々小雨）、幸運にも、ウィトゲンシュタインが立ったのと同じ場所に立つことができた。身体的には長旅で疲れていたが、それもすっかり忘れて、周囲の自然環境のなかでくつろぐと同時に、あれこれと思いをめぐらした。

黒崎は、湖畔から小屋跡の基礎の石組みを見て、次のように書いている。

〔小屋跡の土台石を〕見たとたん、私は全く「凄い」と思った。そして私は、ウィトゲンシュタインの壮絶な生き方の一端にふれた思いがした。人里離れた所に住むとはいえ、これほど無遠慮に他人の接近を拒絶できる場所は、そう多くはあり得ないであろう。[23]

リチャーズ氏が1951年に撮った、在りし日の小屋

〔ウィトゲンシュタインが旅行した〕アイスランドの印象とくらべれば、ショルデンには、はるかに人の心を抑圧する何かがただよっている。俗事を切り捨て孤独になって研究に沈潜するには、ショルデンほどふさわしい土地を見つけることは困難かもしれない。[24]

第四節　小屋跡の様子

四・一　小屋の位置・規模・高さなど

小屋の規模や位置は次のようなものである。

(1)小屋（跡）の位置は、北緯六一度二九分一五秒、東経七度三七分五四秒。

(2)湖に向かっている石組みは、幅が八メートル、奥行が七メートル。

ウィトゲンシュタインの小屋（基礎部分の上あたり）は、湖上から何メートル位の高さに建てられていたのだろうか――もちろん、季節によって、湖面の高さは多少異なるとしても。

筆者が聞いたり読んだりした情報では、一五メートルから五〇メートルまで開きがある。五〇メートルは絶対にない。しかし、一五メートルは優にあると思う。小屋（リチャーズ氏の写真）の高さや近くのポールの高さが判明すればかなり正確に推測できるが、二五メートル位だと推測する。ウィトゲンシュタインが小屋の部屋からショルデンの中心部を眺めた時には、基礎の上よりもさらに高い位置から見下ろしたことになる。

四・二　小屋の様子

マクギネスは、小屋の様子を次のように記述している。

入口は湖面の反対側にあり、破風の下にあって、居間に通じる。この居間の右側のドアを開けると寝室と台所がある。この小さな家には湖を隔てて素晴らしい眺望があり、フィヨルドが南西方向に開け、家屋それ自体も、夏に蔦でおおわれ緑樹で囲まれると、充分に快適な様相を呈した。だが、そこに冬のあいだ中棲みつくには、隠者か苦行僧のような気質を必要とするであろう。相当の勇気も必要である。[25]

この引用で、「苦行僧」(stylite) という言葉が出てくる。訳語としては良いのだが、さらに専門的にいうと、これは「登塔者」「柱頭行者」と呼ばれた人々のことで、高い柱の上に住んで俗世間から離れて苦行した禁欲者たちをさす。五世紀の聖人、シメオンが有名である。マクギネスの言葉の選び方はさすがに素晴らしい。

三度目の小屋の滞在においても、ウィトゲンシュタインは、一回目の滞在の時と同じく、かなり生産的な日々を過ごしたようである(第3章参照)。一九三六年のことであるが、ムーアにあてて次のような手紙をしたためていることから、それが分かる。

この小屋にやってきたことは、まさに正しいことであったと信じています。本当にありがたいことです〔神に感謝しています〕。ここ以上に研究のできる場所は想像できません。ここの風景は落ち着いていて、たぶん、素晴らしくもあります。つまり、落ち着いた厳粛さがあるのです……。[26]（強調原著者、一九三六年一〇月）

ただし、ウィトゲンシュタインの生涯を通じて、この小屋で仕事に没頭できた時間はそれほど長くはない。一回目のショルデン滞在では、その最後になって小屋が建てられたし、二回目の滞在は、短いうえに友人と一緒である。さらに、四回目の滞在も、短いうえに友人と一緒である。ショルデンという土地ではなく、「小屋」という特定の場所に限定すれば、そこで比較的長時間にわたって仕事に没頭できたのは、三回目の滞在の時（数度にわたる中断期間があるにせよ）のみかもしれない。

第五節　ウィトゲンシュタインと統合失調症

五・一　統合失調症圏に属するウィトゲンシュタイン

フィヨルドの最奥にあるショルデンという土地、およびそこにあるウィトゲンシュタインの

「無遠慮に他人の接近を拒絶する」（黒崎）小屋跡に現実に身をおいた筆者は、その特異な立地条件のゆえに、彼と精神病（統合失調症）の関係（第3章第三節参照）について思いをめぐらした。事実として、国内外の精神科医たちがさかんに彼のことを研究している。

わが国で最も早くウィトゲンシュタインに注目した研究者の一人である、精神科医の中井久夫は、一九七二年の論文「ルートヴィヒ・ヴィトゲンシュタイン」において、彼を「分裂病〔統合失調症〕圏」に属する研究者だと判定した。

小屋を建てる前の一九一四年一月、ウィトゲンシュタインはラッセルにあてて、ショルデンから不気味な手紙を書き送っている。

> やっとこの二日間、亡霊たちの叫ぶ声（Lärm der Gespenster）の中から理性の声を再び聞き分けられるようになりました。仕事を再開せねばなりません。……でも、狂気からほんの一歩のところにいる、という感じはたった今までわかりませんでした。[27]（強調引用者）

ウィトゲンシュタインは「幻聴」であろうが「亡霊たちの叫ぶ声」を聴いていたのである。現在の神経科学が教えるところでは、「幻聴」が起きているときには聴覚にかかわる脳の部位も活動しているから、患者は実際に種々の音を聴いているのであって、聴いていると思っているだけではないのである。つまり、ウィトゲンシュタインは実際に「亡霊たちの叫ぶ声」を聴いていたのだ。

中井は、右の文章を「戦慄すべき便り」と述べ、前後の文脈（一見さりげないものだが）をみると、「精神科医ならば……いっそう粛然たる面持にならざるを得ない[28]」と語っている。たしかに、さきに述べたように、ウィトゲンシュタインはショルデンで精神的に比較的安定した生活をすることができた。しかしながら、統合失調症圏にある彼は、ショルデンで生活している時でも、常に精神状態がすぐれていたというわけでもないのだ[29]。

さらに、中井は「ソグネフィヨルド」について次のように記している（第3章第三節参照）。

> ノルウェーの数あるフィヨルドの中でも最も美しいといわれるこのフィヨルドの、**生命を感じさせない**超絶的風景は、彼の内面とよく釣合い、いわば彼の心象風景となった[30]。
> （強調引用者）

五・二　「垂直上昇志向」

マクギネスがウィトゲンシュタインを登塔者／柱頭行者に譬えていることを紹介した。驚くべきことに、彼は、従軍中に滞在したオルミュッツにある「ヨーロッパ一高い教会の塔の頂上に住みたい」といって友人を驚かせたこともあるのだ[31]。まさに、登塔者／柱頭行者の発想であろう。管見では、彼には統合失調症者[32]にみられるような「垂直上昇志向」がある。その根拠として、①右の発言、②ほぼ垂直に切り立った崖の上という小屋の位置、③ラッセルに述べた「自分に哲学の才能がないならパイロットになる」[33]という言葉、④『論理哲学論考』の「梯子」の比喩と「世界を正しく見る高み」、⑤天国を目指して上昇するかのようなストンボロー邸の垂直感に溢れる窓の桟など、種々のものをあげることができる。

　その④の「梯子」と「高み」の比喩は『論考』の結論部に位置している。

> 私を理解する読者は、私の書物〔『論考』〕を通り抜け、その上に立ち、それを見下ろす高みに達したとき、ついにその無意味なことを悟るにいたる。まさに、こうした方便によって、私の書物は解明を行なおうとする。（読者は、いうなれば、梯子を登りきったのち、それを投げ捨てなければならない。）
> 読者はこの書物を乗り越えなければならない。そのとき、彼は世界を正しく見るのだ。
> （六・五四）

　ここで、精神科医たちが、統合失調症と垂直上昇志向とをいかに関係づけているかを、紹介しておきたい。

　二〇歳代前半において、ウィトゲンシュタインはラッセルのもとで数理論理学の研究に没頭し、やっと精神的に「自立」を達成するのだが、その少し前の頃のことを中井は以下のように論じている。

圧倒的な父に呪縛された、古典的な分裂気質のこの少年が、知的能力に頼って自立を志向したとき、その主題がまず、凧、ジェットエンジン、ヘリコプターなど、〝飛翔〟という主題に貫かれていることは興味深い。……

一般に分裂病の素質をもつ人が自立を求めるときには〝垂直上昇志向〟ともいうべき、即時的、全面的、超脱的自立の幻想的願望が奔出してくるものである。……

〝飛翔〟を主題とする科学的実践は、いわば生の飛翔の等価物、代替物である。実にしばしば、分裂病圏の科学者は、自己自身の発展や成熟を決定的に断念し、問題を物理や数学という超個人的な知的世界に移し、知性の力によって恒久的な問題解決を試みようとする。……ある者〔ウィトゲンシュタインなど〕はさらに遠くまで行き、現実を決定的に止揚した抽象的で自己完結的な〝世界等価物〟、たとえば数学や論理学、言語理論などの体系をつくろうとする。それは分裂病圏の人たちの危機が彼らの世界全体の危機であり、危機に対する反応がしばしば生からの全面的撤退であることによる。[34]

つぎに、精神科医の加藤敏は、まず、純粋で繊細な感性を備えた統合失調症スペクトラム圏の人々は、偽善と打算、虚偽の横行する世俗的社会に馴染まず、世俗的社会に迎合して生きることを拒否する事実を、指摘している。そしてさらに、次のように論じている。

> 統合失調スペクトラムの人の生の定常点は、俗世間ないし、平地、地上ではなく、俗世間から離れた脱世俗的世界といえる天上や山にあるとみることができる。[35]（強調引用者）

このような精神科医たちの知見をふまえれば、「ほぼ垂直に切り立った山の中腹」という小屋の位置も、統合失調症者の気質をもつウィトゲンシュタインの垂直上昇志向の一例としてあげることも許されよう。現実に、彼がショルデンに行き、そこに小屋を建てたのは、中井がいう「凧、ジェットエンジン、ヘリコプター〔オートジャイロ〕など、〝飛翔〟という主題」に取り組んでそれほど時間がたっていない時のことなのであり、加藤の言葉も、まさにウィトゲンシュタイン自身を意識しているのではないか、と思われるほどである。『論理哲学論考』の最後（六・五四）と関連付けて述べれば、「ウィトゲンシュタインは、語りえない宗教の高みから、語りうる事実の世界を見下ろした」ということもできるかもしれない。

第六節　『論理哲学論考』における「自我」の精神分析

小屋の立地条件について、筆者がまず感じたことは、次のようなことである。小屋は、一方で、ショルデンの村を見下ろせる「高み」にあるが、他方で、周囲は切り立った山で、見渡す限り人気はない。航空写真を見ると、陽当たりもあまりよくないようである。天気の良い昼間ならともかく、夜間、このようなところに住める人は、ほとんどいないだろう。小屋の周囲を見回せば、自然に圧倒されて「自分／自我」など消し飛んでしまう感すらある。

ショルデンの村を見下ろせるということは、象徴的にいうと、「神の視点にたつ」ということである。この場合には、「自我が世界に充満している」といえよう。また、自然に圧倒されて自分など消し飛んでしまうということは、「自我が消滅する」ということである。

ここで思い出したのが、『論理哲学論考』の「五・六二」と「五・六四」、および精神科医の内海健の論文「ウィトゲンシュタイン」にある「『論考』――示される病理」の主張である。今度は、『論考』における「自我」の解釈に精神病理学的知見を適用した見解を紹介したい。

まず、『論考』の「五・六二」と対応する『草稿一九一四―一九一六』（以下『草稿』とも略記）の箇所には、次のように述べられている。

小屋の跡からショルデンの中心部を望む。

> 私の言語の限界が私の世界の限界を意味する。
>
> 現実に、世界霊魂（Weltseele）がただ一つ存在する。私はこれをとりわけ私の魂と称する。そして、私が他人の魂と称するものも、もっぱらこの世界霊魂としてのみ把握する。
>
> 右の見解は、独我論がどの程度真理であるか、を決定するための鍵を与える。（強調原著者、一九一五年五月二三日）

そして、先回りして結論をいうと、「独我論が言わんとする〔意味している〕ことはまったく正しい」（強調原著者、『論考』五・六二）のである（第3章第三節参照）。

以上の『草稿』の記述を踏まえて、『論考』に目を転じると、そこには次のように書かれて

小屋の跡から北側の急峻な山を望む。

いる。

世界とは私の世界である、という事実は、この言語（ただ私だけが理解する言語）[36]の限界がとりもなおさず私の世界の限界を意味するという、その点に現われる。（強調原著者、五・六二）

独我論を徹底すれば、純粋の実在論と合致することがわかる。独我論の自我は延長をもたない点にまで縮退し、残るものは自我に相関した実在のみとなる。（五・六四）

内海は、『論考』のこれらの箇所を引用しながら、次のように主張する。

世界は私によって浸透され、充満し、その外側はないのであるから、私自身が世界そのものとなる。問題は「世界が私の世界である」というときの「私」であり、私と世界はどのような関係にあるのか、ということである。外側がない以上、私は外から世界を基礎付けるのではない。……強い分裂病親和性を持ちつつ、「パラノイド度数」なるものがあるとすれば、それは限りなくゼロに近い。彼の独我論は倨傲とは無縁であり、メタ・レベルの創出や超越的象徴を立てることによる安易な緊張の解消へとは赴かない。そして強度をはらんだ論考が徹底されるとき、世界へと膨張した独我論的自我は一転して点へと、ないしは無へと収縮する。[37]（強調引用者）

そして、内海は、精神科医の新宮一成の著書を紹介しながら、「ウィトゲンシュタインの独我論が、宇宙を包む至高体験と、実在に対置され無化される恐怖との振幅運動を惹き起こすものであり、分裂病世界と関係が深いことを〔新宮は〕適切にも指摘している」[38]（強調引用者）と述べる。

さらに、内海は、『論考』にある「眼と視野の関係」を取り上げながら、歩みを進める。

両極の間の振幅（『論考』五・六四）のさらに根底には、独我論と実在論が通底するような根源的事態が想定されるだろう。……視線が視野に浸透するのとは逆に、視野の中のすべてが眼を指し示し、かつその眼はどこにも自らの居所を見出すことができないような事態である。すべてのベクトルの力性が自らに集中し、凝集すると同時にはじけ飛び、同時にその特異的な一点は剰余として世界の外に放擲される。この中心化と疎隔化の同時性という背理こそ、分裂病世界の極北（すなわち緊張病）に指し示される主体の病理である。[39]（強調引用者）

ウィトゲンシュタインの『論考』にある「自我」の問題は、彼自身の精神病理的な側面と深い関係にあるのだ。もちろん、哲学者としての彼は『論考』という哲学的著作だけで評価されればいいのだが、精神病理学的な知見は、彼の哲学を解釈するときに、「補助線」を与えてくれることも事実である。第2章や第3章でも、精神病理学の見解を紹介したい。

第七節　小屋の再現プロジェクト

ショルデンからおよそ三〇キロ離れたところに、ガウプネという町がある。シーズンオフのショルデンでは、ホテルは営業していなかったので、この町に一泊することになった。ここでは、地元の人々の間で「ウィトゲンシュタイン・マン」と呼ばれている、ビヨネトゥン氏から、ウィトゲンシュタインの小屋の再現計画をうかがうことができた。

小屋は、現在、村の中心部に移築／再建されている。親切にも、シルヴィアさんがそこまで案内してくれたうえに、いろいろと説明してくれた。当時そのままの状態・間取りではないが、外壁のパネルの下には当時使われた壁板もそのまま保存されているという。

小屋の再現計画は、これを解体して山まで運び、そこで小屋を当時の姿のままで再現しようというものである。ビヨネトゥン氏は「五年後に小屋を山に再現したい」と語っていた。建築の保存を専門とする人もふくめて、各方面の専門家たちが力を合わせて再現計画を実行に移すべく活動しているようであった。

村の中心部に移築された小屋

ウィトゲンシュタインの小屋が山中に再建されたら、観光用のパンフレットに載るかもしれない。だが、小屋跡で静かな感激を味わった筆者としては、山道が歩きやすいように整備され、人がどんどん行き交うようになるのも、いかがなものかと思う。彼の小屋の跡というのは、黒崎の言葉にもあったように、「人を寄せ付けない」ところが魅力なのだから。筆者のように思う者もいることも考慮しながら、小屋の再現計画が進められることを祈っている。

いずれにせよ、どのようなものであれ、小屋が再現されたらまたショルデンに行ってみたい。

第八節　ウィトゲンシュタイン・アーカイブズ

八・一　ベルゲン大学の「ウィトゲンシュタイン・アーカイブズ」

ショルデンを訪れたあと、「ウィトゲンシュタイン・アーカイブズ」がある、ベルゲン大学を訪問した。この日（三月八日）は強い雨で、「前日（三月七日）に小屋跡に行くことができて、本当に幸運だった」と感じた。雨の中では、岩場で足を滑らせてしまう可能性が高いからだ――もちろん、ベルゲンの天候が悪ければショルデンの天候も悪い、とはかぎらないのだが……。

このアーカイブズは、ウィトゲンシュタイン研究の進展に大きな推進力となった。その一端は、彼の『哲学宗教日記』の編者である、ゾマヴィラの「編集ノート」からも伺える。

この〔ウィトゲンシュタインの〕日記帳の〔手書き〕原文の活字への転記は、ベルゲン大学ウィトゲンシュタイン・アルヒーフによって、機械解読可能な版を全遺稿に対して作成するために開発されたコンピューターシステムMECS-WITを用いて行なわれた。MECS-WITはウィトゲンシュタインの特異な書記法を、多数の修正、抹消、挿入、書き直しなどを保存しながら、原文に忠実に再現するという構想の下に設計されている。[40]

『哲学宗教日記』の手稿は、「特異な書記法」――つまり、通常文と暗号文の併用、下線・二重下線・破線などが使用されている書記法――で書かれているうえに、「多数の修正、抹消、挿入、書き直し」などがある。これらにくわえて、文字の濃淡があり、ウィトゲンシュタインの手書きの文字にはかなりの癖がある（第八節ならびに第2章に掲載する「ウィトゲンシュタイン・ペーパーズ」の写真を参照）。

こうした特異な手書きの文章を読み取るソフトの開発に携わった、研究者・技術者たちの長年にわたる苦労は、並大抵のものではなかったであろう。だが、ウィトゲンシュタインのあの読みにくい文字を読み取るソフトができたとは、今でも信じられない。

Dr. Erbacher

八・二　アーカイブズの内部へ

アーカイブズには、アポイントメントなしで訪問したのだが、日本から来た見知らぬ無礼者たちにも、エアバハー博士は懇切丁寧に対応してくれた。彼はドイツ人で、学位はウィトゲンシュタインの『論理哲学論考』で取得したそうだが、一時間以上にわたって、丁寧にアーカイブズの説明をしてくれた。

アーカイブズの本棚

通された部屋の本棚の半分以上をしめる赤い本が「ウィトゲンシュタイン・ペーパーズ」（彼の遺稿のコピー）である。仕切板の右側の下から二番目の棚を見てほしい。大修館書店の「ウィトゲンシュタイン全集」の一冊（ないし二冊）が見える。おそらく、奥雅博氏が訳された第一巻であろう。「ウィトゲンシュタイン文献学」を日本で広めた彼が、アーカイブズを訪問したさいに持参したと推測できる。

ちなみに、アーカイブズを訪問した研究者の名前は、インターネットで公表されており、後日たまたまそれを知った筆者は、世界の著名な研究者が訪問しているなかに筆者たちの名前を見つけて、恥ずかしくなってしまった。『洞察と幻想』（一九七二年）の著者であるハッカー氏や『ウィトゲンシュタインのウィーン』（一九七三年）の著者の一人であるジャニク氏も、二〇一四年にここを訪れている。

その右側に見える一〇冊ほどの白い本は、中国語版の「ウィトゲンシュタイン全集」である。

『論理哲学論考』の坂井秀寿による日本語訳の出版は一九六八年だが、中国語訳はそれよりも四〇年以上も早い、一九二七年に出ている。ちなみに、文番号の「一」は「世界是一切是情実者」と訳されている。

八・三　『草稿一九一四―一九一六』の重要な「日付」の発見

アーカイブズでの最大の成果は、ウィトゲンシュタインの『草稿一九一四―一九一六』にある重要な書付の「日付」（一九一六年七月一一日）の「筆者にとっての発見」である。ウィトゲンシュタイン・ペーパーズはもちろんのこと、高価な彼の遺稿のCDロムも所有していないし、それらにアクセス[41]もできない状況にいた筆者にとって、これは「戦場のウィトゲンシュタイン」（註22）における議論の発端となる出来事であった――マクギネスが世に知られている日付（一九一六年六月一一日）を疑問視していることは承知していたのだが。

ウィトゲンシュタインはロシア側から「ブルシーロフ攻勢」を受けて、一九一六年の「六月一一日」から宗教的なことをノートに書くようになった。このように世間一般ではいわれている。また、英語・ドイツ語・日本語の『草稿』を見ても、宗教的な事柄を書くようになった日付は「六月一一日」となっている。

だが、この日付は、編集者たち（フォン・ヴリクトとアンスコム）が書き換えたものなのである。すなわち、ウィトゲンシュタインが「七月一一日」と書いているのに、「六月一一日」と書き換えたのだ。おそらく、「六月一一日」には、激戦の最中もしくはその直前／直後のため、彼はかなり長い宗教的かつ詩的な文章を書けるような状況にはなかった。[42]

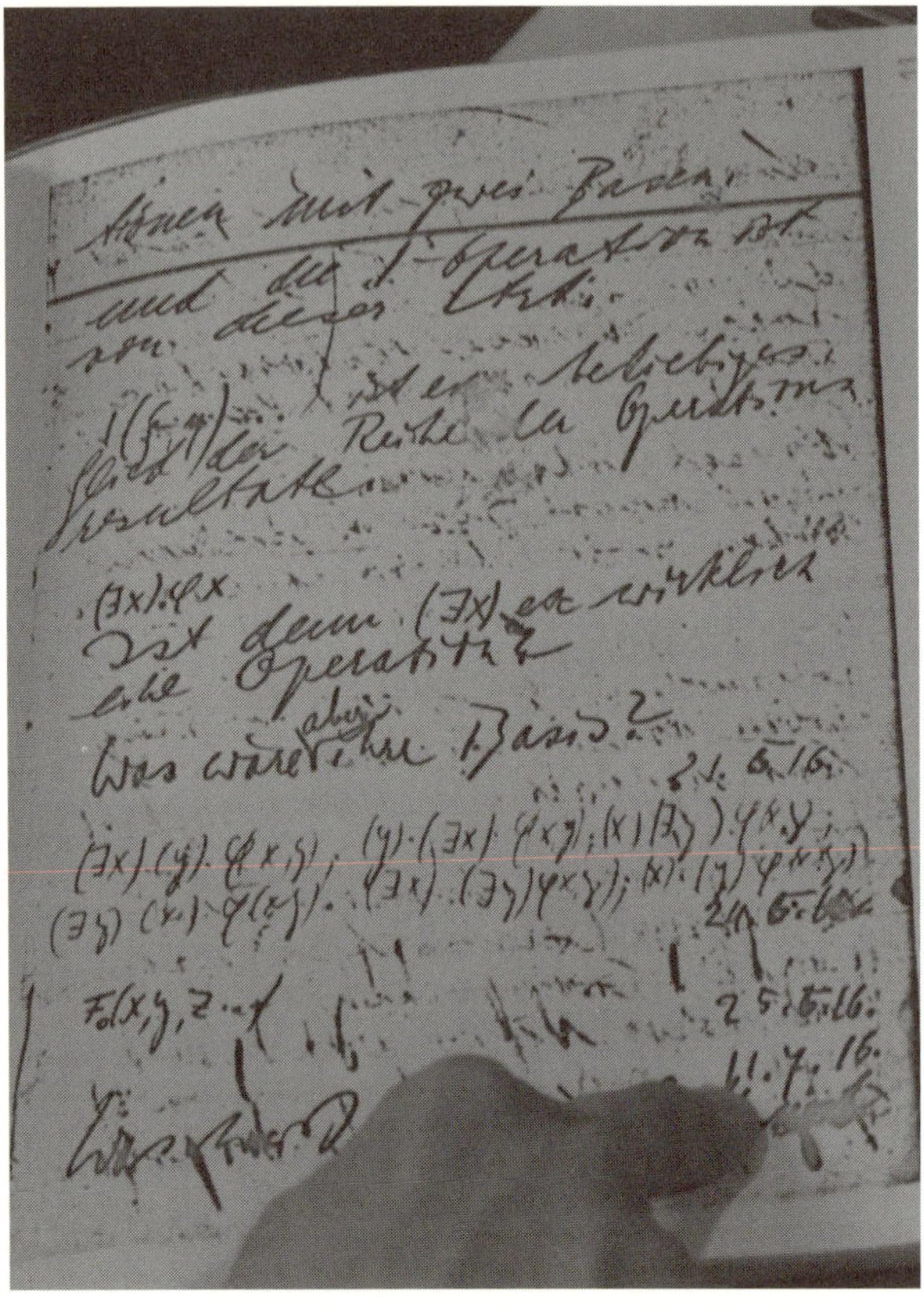

問題の日付「1916 年 7 月 11 日」のある『草稿』の手稿

写真の右頁の一番下の行は、「神と生の目的とに関して私は何を知るか。私は知る、この世界があることを」で始まる、その「六月一一日」付のきわめて宗教的な文章の冒頭である。だが、その日付（下から二行目）は明らかに「一九一六年七月一一日」(11.7.16) としか読めない。現在流布している『草稿』には、これとは別の「七月一一日」という日付をもつ書付がある。つまり、ウィトゲンシュタインは同じ日付をもつ二つの日記を書いているのだ。

『草稿』の編集者たちがどうして故意に日付を書き換えたかということに思いをめぐらすと、その理由は納得できる。一言で述べると、それは「七月」を「六月」にすれば、日記の日付にまつわる問題がすべて解決されるからである。編集者たちは、次のように考えて、「七月一一日」にしか見えない日付を「六月一一日」にしたのであろう。

（1）「七月一一日」とすると、七月五日から九日の日記の前に七月一一日の日記が来てしまう。これは絶対にありえない。さらに、「七月一一日」付の日記は別に書かれている。

（2）「七月一一日」ではありえないとすれば、ウィトゲンシュタインは何かが原因で「六月」を「七月」と勘違いして、「七月」と書いた可能性がある。

（3）この二つのことから、「月」だけを訂正して「六月」とすれば、すべての辻褄が合う。

ウィトゲンシュタイン自身の書き間違いも考えられるが、この日付をめぐる問題は、彼の自筆の書付を見ても解決できない。実に、ミスティアリアスな問題である（第2章第一節参照）。その日から『草稿』の論調が変わり、『論考』の「六・四」以降と緊密な関係をもつ書付の日付だけに、何枚も写真を撮った。

第九節　ケンブリッジ大学とウィトゲンシュタインの墓

ノルウェーでの予定を終えたあと、筆者たちは、ウィトゲンシュタインの墓参りをするために、イギリスにわたった。目指す場所はケンブリッジ大学および「セント（聖）・ジャイルズ墓地」である。

ケンブリッジを訪れたのは、三月の初めだというのに、温かくて快晴の長閑な日であった。人々は薄着で日光と微風を楽しんでいた。小さな川だが、葉書や旅行案内の写真でよく見るように、舟遊びを楽しんでいる人たちも大勢いた。

幸いにも、当日、ニュートン、フランシス・ベーコン、ウィトゲンシュタインなどの天才たちが活躍した「トリニティー・カレッジ」の内部を見ることができ、ニュートンとベーコンの石像に敬意を表してから、ウィトゲンシュタインの墓所を目指した。

ウィトゲンシュタインの墓所は、トリニティー・カレッジから歩いて三〇分くらいのところにある。日本では「セント・ジャイルズ墓地」として知られているが、現在は名称がかわっている。いろいろな人に道を尋ねたが、「セント・ジャイルズ墓地」を知っている人は誰もいなかったので、それを見つけ出すのにかなり苦労した。しかし、親切にもスマートフォンで調べてくれた女性のおかげで、どうにかたどり着くことができた。

墓地の入り口

現在の案内板には“ASCENSION PARISH BURIAL GROUND”（アセンション教会区墓地）とある。その下に小さい字で、“FORMERLY …… ST. GILES ……”とあり、かつては「セント・ジャイルズ墓地」と呼ばれていたことが分かる。

余談だが、「アセンション」は「昇天」を意味する。ウィトゲンシュタイン自身が「自分は亡くなったら昇天する」と考えていたか否かは不明だが、彼の「垂直上昇志向」を想起すれば、墓地の名称は意外と彼に相応しいかもしれない。

地面と平行に、土に埋められたウィトゲンシュタインの墓石は、“Ludwig Wittgenstein 1889-1951”としか刻まれていない、まことに簡素なものである。筆者が二五年ほど前にここを訪れたとき、当時の墓守は“Wittgenstein-like”（ウィトゲンシュタイン自身のような）と形容した。すなわち、その意図するところは「簡素な」ということである——至言である。第一次世界大戦の終わりに捕虜となり、その後復員した彼は、膨大な財産を兄姉にすべて譲って以降、生涯を通じてきわめて質素な生活をしたからである。

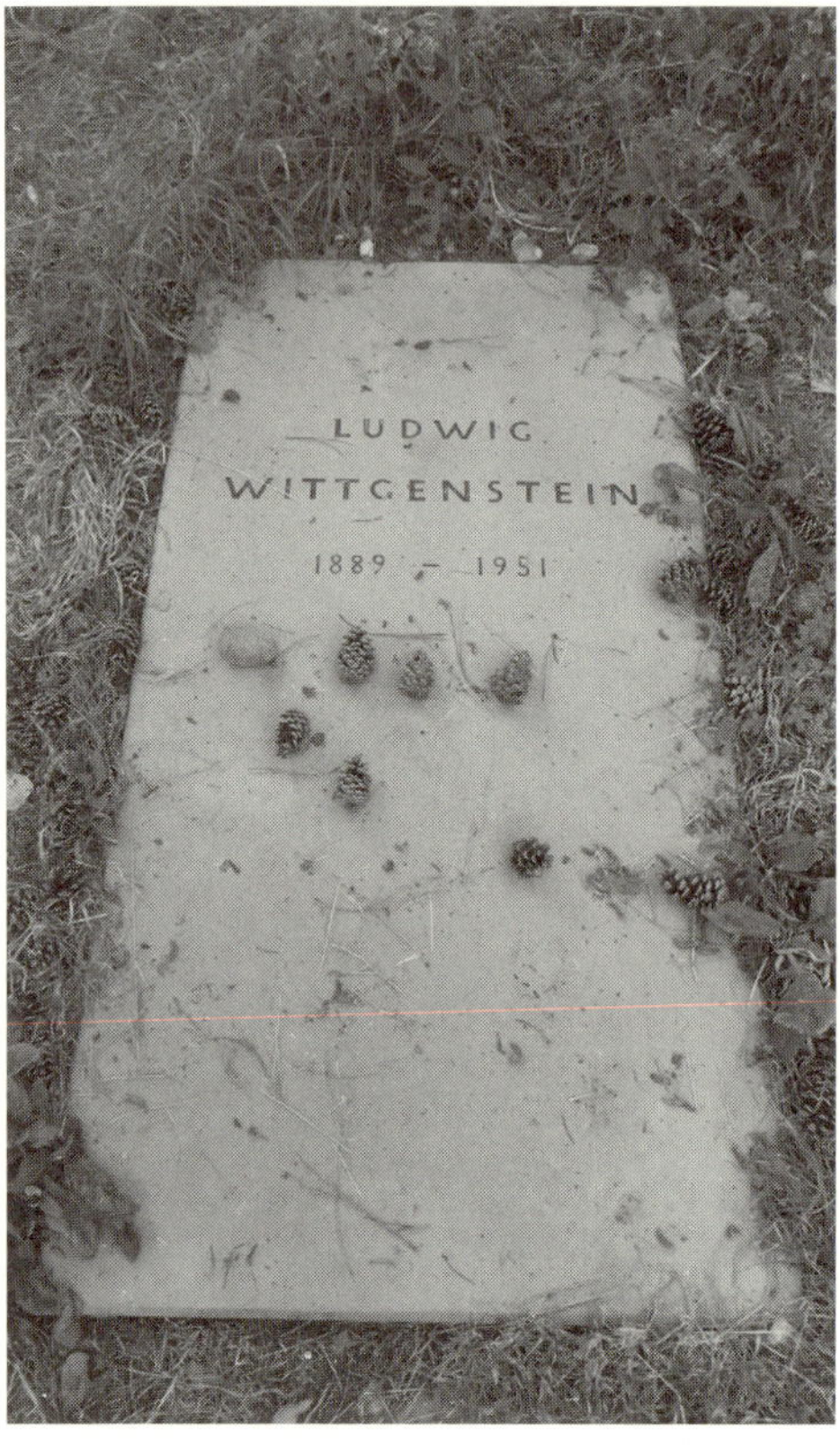

2015年7月に、渡辺隆明氏が再訪したときのウィトゲンシュタインの墓の様子。周囲や墓石が綺麗に掃除され、埋葬された当時のような状態になっている。

おわりに

これまで、ショルデンとウィトゲンシュタインについて、気の向くままにいろいろと書いてきた。ショルデンから日本に帰って来てから、彼とこの土地や小屋との結びつきについて、種々のことを考えるようになった。本章につづく第2章と第3章との関連で、そのことについて述べて、締め括りとしたい。

第2章「独創的な〈否定神学〉の著作としての『論理哲学論考』」における議論の内容は、ショルデンとは直接の関係はないが、間接的な結びつきはある。小屋が完成したあとすぐに従軍したウィトゲンシュタインの、それ以前の生活とそれ以後の生活とは断絶しているのではないのだ。このことについては、次のように論証できる。

『秘密の日記』は一九一四年八月九日から書かれ始めるが、その冒頭は、以下のとおりである。

一昨日、徴兵検査にかけられ、クラクフ〔クラカウ〕の第二要塞砲兵連隊に配属された。昨日の午前中にウィーンを発つ。今日の午前中、クラクフに着く。よい気分。僕の大きな書き物帳をトレンクラー〔人名〕に預けた。はたして僕は今後仕事ができるのだろうか??!　来るべき生活を思うとわくわくする！[43]

『秘密の日記』において、「仕事」とは、兵士としての任務や作業などを意味する場合もあるが、主に「哲学的思索／哲学上の研究」を意味する。そして、ウィトゲンシュタインは「僕の大きな書き物帳」に思索したことを書いていたのであろう。彼は、哲学的思索に没頭できる環境を求めてショルデンに行ったのだが、この日記によれば、彼は軍隊での新たな生活でも、哲学的思索に没頭できることを期待して「わくわく」しているのである。現実の軍隊生活はきわめて過酷なものであったが、事実として、ウィトゲンシュタインはそこで『論理哲学論考』となって結実する思索を展開した。ここには、ショルデンと東部戦線という、いわば「天国と地獄」のようなまったく正反対の生活環境におかれながらも、「仕事」＝哲学的思索に対する一貫した態度を堅持する彼の姿を見て取ることができよう。

第3章「太陽とウィトゲンシュタインの宗教体験」は、現地を訪れなければ、絶対に書けなかった内容である。読者のなかには「ウィトゲンシュタインのテキストやキリスト教の脈絡で、太陽について文献的にきちんと踏まえたうえで議論すべきだ」という人もいるだろう。しかしながら、彼のテキストで「太陽」が哲学的・宗教的考察の対象になっている部分を知らないし、パソコンで検索しても出てこない。また、文献学的アプローチがウィトゲンシュタインを理解する唯一の方法でもないだろう。

筆者は、彼の人間性にも大変興味をもっている。実際、ウィトゲンシュタインの「生」は種々の分野（哲学・宗教学・精神医学、映画・演劇・小説など）の対象になっており、そのこと自体が彼の人間としての魅力の証左ともいえる。そこで、精神医学の方面から見ると、ノルウェーの画家で統合失調症を患ったムンクとウィトゲンシュタインとの間に、「太陽体験」「統合失調症」「フィヨルド」をキーワードとして、意外な興味深い結びつきがあることがわかった。

さらに、精神医学的な視点とウィトゲンシュタインの強靭な哲学的思索とを関連づければ、「仕事」＝「哲学的思索」＝「知性の惑溺に対する闘い」が、生涯にわたって（死を前にして精神的に何度も不安定な状態に陥った軍隊生活の期間もふくめる）、彼を統合失調症の顕在的な発病から救ったのである。

［註］

1　わが国では一般に「小屋」と呼ばれているが、ウィトゲンシュタイン自身は「家」（House）と書いている（註15参照）。英語では、「ハット」「ハウス」「キャビン」「コッテイジ」などと呼ばれている。移築されたものを見たが、日本人としての筆者の感覚では、「小屋」というにはやや大きすぎる気がする。立派な「家」である。

2　「ラマ」は南米のアンデス地方に多く住むラクダ科の動物。そのラマが北欧の奥地にいることを売り物にしていると推測される。

3　マクギネス『ウィトゲンシュタイン評伝』一九九四年、三三一頁［原書、一八七―一八八頁］。

4　モンク『ウィトゲンシュタイン（1）』一九九四年、一〇〇頁［原書、九四頁］。

5　マクギネス、前掲書、三一四―三一五頁［原書、一八四頁］。

6 モンク、前掲書、一〇〇頁〔原書、九三―九四頁〕。
7 Wittgenstein, "Letters to Bertrand Russell 1912-1935," 1974, pp. 31-32.
8 ウィトゲンシュタイン『反哲学的断章』一九八一年、五八頁〔原書、四七七頁〕。
9 マクギネス、前掲書、三四一頁〔原書、一九九頁〕。
10 黒崎宏「ウィトゲンシュタイン紀行」一九九七年、一七六―二一八頁。
11 黒崎、同論文、一八五頁。
12 この時の模様は、松野智章撮影・編集「ウィトゲンシュタインのノルウェー（一五分版）」として、YouTube にアップされている。
13 マクギネス、前掲書、三二一―三二二頁、参照〔原書、一八八頁、参照〕。
14 これは、註15の手紙にある。
15 Wittgenstein, "Letters to George Edward Moore 1913-1948," 1974, p. 166.
16 「ショルデンホテル」の歴史は調べられなかったが、一〇〇年前の村の状況に思いを馳せると、現在の立派なホテルは新築されたものと推測される。さらに、一九一七年に描かれたショルデンの油絵があるが、その「ホテル」はまったく異なる建物に見える。
17 黒崎、前掲論文、一八三頁。
18 マクギネス、前掲書、三四七頁〔原書、二〇二頁〕。
19 マクギネス、同書、三四七頁〔原書、二〇二頁〕。
20 ウィトゲンシュタイン、前掲書、一六九頁〔原書、五四〇頁〕。
21 黒崎の年表（山本信・黒崎宏編『ウィトゲンシュタイン小事典』一九八七年、所収）には、そのようにある。だが、モンクの前掲書の一三四頁およびそこにある「註61・註62」の書簡の日付を見ると、小屋の「完成」は一九一五年の一月か二月の可能性もある。何をもって小屋の「完成」というかという問題もあるが、一九一四年の六月までには、そこに籠って思索に没頭できたと推測できる。
22 星川啓慈・石神郁馬「戦場のウィトゲンシュタイン」二〇一六年、参照。

23 黒崎、前掲論文、一八二頁。
24 黒崎、同論文、一八五頁。
25 マクギネス、前掲書、三四七頁〔原書、二〇二頁〕。
26 Wittgenstein, *op. cit.*, p. 166.
27 Wittgenstein, "Letters to Bertrand Russell 1912-1935," p. 46.
28 中井久夫「ウィトゲンシュタインの〝治療〟」一九七六年、二三五－二三六頁。
29 中井久夫「ルートヴィヒ・ヴィトゲンシュタイン」（一九七二年）の一五四－一五五頁にある「表3」の「精神的危機」の項目を見ると、ウィトゲンシュタインは、ノルウェーでの生活の前半ではある程度の精神的危機状態にあり、後半では良好な精神状態にあったようである。また、手紙を通してのラッセルとの「仲たがい」や「決別」など、精神的にマイナスとなることもあった（黒崎宏『ウィトゲンシュタインの生涯と哲学』一九八〇年、三九－四八頁、参照）。
30 中井、同論文、一三五頁。
31 中井、同論文、一四三頁。
32 誤解のないように述べておくが、管見のかぎり、ウィトゲンシュタインは統合失調症の顕著な症状を呈したことはない――言葉が出なくなる状態には陥っているが。あくまでも「親和性がある」ということにとどまる。しかしながら、相当に「親和的」である。中井は「彼はたえず発狂の恐怖を抱いていた。彼が生涯分裂病発病の瀬戸際にあったのは事実であろう」と推測している（同論文、一五三頁）。
33 これは一九一一年のことであり、「パイロット」が飛行船の操縦士なのか、航空機の操縦士なのかは、不明である。
34 中井、前掲論文、一三一－一三二頁。
35 加藤敏「病跡学」二〇〇七年、四一〇－四一一頁。
36 "Sprache, die allein ich verstehen"は「私が理解する唯一の言語」とも読める。
37 内海健「ウィトゲンシュタイン」二〇〇三年、二〇二－二〇三頁。

38　内海、同論文、二〇三頁。
39　内海、同論文、二〇三頁。
40　ウィトゲンシュタイン『ウィトゲンシュタイン哲学宗教日記』講談社、二〇〇五年、一二頁［原書、一一頁］。
41　二〇一六年五月二七日から、インターネットでウィトゲンシュタインのほとんどの遺稿にアクセスできるようになった。
42　Cf. Dowling, *The Brusilov Offensive*, 2008, pp. 62-112.
43　ウィトゲンシュタイン『ウィトゲンシュタイン「秘密の日記」』二〇一六年、一〇頁［原書、一三頁］。

第2章　独創的な「否定神学」の著作としての『論理哲学論考』
——ボヘンスキーの批判も踏まえて——

はじめに

本章では「ウィトゲンシュタインの『論理哲学論考』（以下『論考』とも略記）とはいかなる書物なのか」について考えてみたい。周知のように、この書物は「六・四」を分水嶺として、その前後における異質な文章群（命題群）で構成されている。もちろん、「六・四」を境にして、そうした文章群を截然と分けることはできないが、一般的に、「六・四」を境に『論考』の内容が質的に変化しているとされる。そして、これらの異質な文章群の間にある断絶／連続をめぐって、実に多くの研究者が持論を展開してきた。

また、これまでは、ウィトゲンシュタインの哲学に内在しながら「沈黙」「語りえないもの」

「示す」などについて議論されることが一般的であった。だが、彼の哲学から距離をとって、「そもそも彼の主張していることが成立するのか」という議論はそれほどなかったように思われる。

　著名なポーランドの論理学者であるボヘンスキー（一九〇二―一九九五）は『宗教の論理』（原書出版、一九六五年）において、ウィトゲンシュタインを直接名指すことはないとしても、暗に彼の「語りえないもの説」および「否定神学」を批判した。つまり、これら二つの立場は成立しない、というのだ。ウィトゲンシュタインが「否定神学者」[1]であることは、第二節で論証するように、間違いないところである。「否定神学」やこれと関係の深い「語りえないもの説」を外部から検討に付すことは、彼の哲学の理解を深めることにもなるだろう。

　まず、第一節では、ウィトゲンシュタインの「言われえないこと[2]は、言われえないのだ！」（一九一六年七月七日）という言葉が書かれることになった、ブルシーロフ攻勢での激闘と『秘密の日記』[3]（以下『日記』とも略記）の内容を跡付ける。この言葉は彼の哲学にとって決定的な意味をもつものである。第二節では、『論理哲学論考』の六・四以降と深い関係にある『草稿一九一四―一九一六』（以下『草稿』とも略記）や書簡などの論述を検討する。すなわち、第一説と第二節で、「語りえないもの」の宗教色が濃厚になる舞台裏を描き出すということである。そのうえで、ウィトゲンシュタインは否定神学者であることを論証したい。彼の否定神学は、座学に徹してそこから生まれた観念的なものではなく、先行する理論的（数学的・論理学的）思索に、後続する激しい戦闘体験が接続して生まれたものなのだ。論理学を知りつつも、「語りえないもの」

を「示す」という手法を独特の仕方で展開したことが従来の否定神学を一歩すすめた、といえるかもしれない。第三節では、ボヘンスキーの立場から、ウィトゲンシュタインが「否定神学」と「語りえないもの説」について否定的に考察する。しかしながら最終的に、『論考』の「六・四」以後の彼は否定神学の立場にたっていることを再確認したい。

『論理哲学論考』とは、⑴「命題によって世界を記述することは可能だ」（『草稿』一九一四年一〇月一九日など）という着想を洗練させ、言語（命題）がいかに世界のありさまを写し取るかをめぐって突き詰めた思索を展開したうえで、⑵ブルシーロフ攻勢での激烈な戦闘体験により、言語の限界を以前にもまして意識しつつこれを批判的に捉えながら、⑶神や宗教の領域に近づこうとするという、七年ほどのプロセスが生み出した書物である。

筆者としては、ウィトゲンシュタインの否定神学に魅力を感じるが、これに対するボヘンスキーの肯定神学からの批判もよく理解できる。その理由は、「肯定は否定に先立つ」と見なさざるをえないからだ。つまり、順序的にはどうみても、「肯定神学あっての否定神学」だということである。くわえて、宗教の信者は、神などの宗教の対象（the object of religion）が「語りえない」とだけしかいえないとすれば、それを信じることができないと思うからである。これは「何を信じて良いのかわからない」ということを意味する。何らかの形で、信者は宗教の対象に「肯定的な属性」を求めているであろう。その一方で、ウィトゲンシュタインはボヘンスキーのような平凡な見解こそを徹底的に否定した、ともいえる。否定神学を重視して、「肯定神学は否定神学への導入にすぎない」という主張もある。

　これらの見解を踏まえたうえで私見を述べれば、「基本的には肯定神学が先にあることは間違いないが、両者は相補的な関係にある」ということになる。その上で、次のようにもいえよう。たしかに否定神学は肯定神学があって成立するのだが、いったん否定神学が成立すれば、「神のリアリティは肯定神学以上に否定神学においてヴィヴィッドに感じられる」と。

　以下は余談になるが、一言述べておきたい。筆者はボヘンスキーの『宗教の論理』[4]やプランティンガの『神と自由と悪と』[5]を訳出したが、これら二冊は世界的に知られた「宗教と論理学」という分野（わが国ではほとんど見向きもされない分野）における名著である。その純論理学的な議論の展開には少なからず興味を引かれたし、今でもその興味は持ち続けている。だが最近、ウィトゲンシュタインの『秘密の日記』（および『論考』『草稿』）の内容を第一次世界大戦における激戦のさなかに位置づけるという仕事に携わり、今更ながら「宗教と人間の体験との繋がりの強さ・深さ」を痛感した。

　「体験／宗教体験」ということで二人を比較すれば、ボヘンスキーは聖職者であるにも関わらず、「宗教体験」については冷ややかであり、次のように述べている。

　ルドルフ・オットーに追随する宗教現象学者は、しばしば「そうした対象〔神〕についての特殊な種類の体験が存在する」と主張してきた。

しかしながら、この領域の真摯な経験的研究がまったくといってよいほど欠落しているにしても、信者のほとんど全部が（現状では）神を実際にはまったく体験してないように思われる。[6]（強調引用者）

これに対して、ウィトゲンシュタインは度重なる激烈な戦闘体験から、神や宗教の重要さを認識／再認識したに違いない。たしかに、彼が神に祈りを捧げても神は彼にみずからを顕現させることは（おそらく）なかったから、彼自身も「神体験」はしたことがないはずだ。それでも、後述するように、生死の間をさまよいながら、ウィトゲンシュタインがきわめて強烈な「宗教体験」（極限状態での神への祈りや語りかけなど）をしたことに疑いはない。筆者の推測では、こうした「体験」をめぐる見解の相違が、ボヘンスキーとウィトゲンシュタインの哲学的・論理学的対立の背景にある。

どちらの見解に賛同するかは、最終的に、読者の言語観や宗教観に委ねられることになるのだが、読者自身の「体験」への思い入れの程度もその決定に大きな影響を与えるだろう。すなわち、読者自身が「体験をどれほど重視するか」が『論考』の解釈と関連して問われるのだ。単定立的に与えられた『論理哲学論考』というテクストをいかに美しく読み解くかを重視する秀才型の読者が大半かもしれない。しかし、「複定立的にこのテクストがいかに形成されたか」に興味をいだく、筆者のような鈍才型の読者も少しはいよう。おそらく、『論考』というテクストは、秀才型の読み方では読み切れない著作である。

第一節　ブルシーロフ攻勢での激闘と『秘密の日記』『草稿一九一四―一九一六』

一・一　ブルシーロフ攻勢

ウィトゲンシュタインの『秘密の日記』『草稿一九一四―一九一六』『論理哲学論考』を読むためには、彼が参戦した第一次世界大戦における東部戦線での時々刻々と変化する戦況、とりわけ、戦史に残る「ブルシーロフ攻勢」についての知識が不可欠である。それらについての詳しい記述は別のところで行なったので[7]、ここではブルシーロフ攻勢の最小限の説明のあとに、その『日記』の重要箇所を指摘したい。

「ブルシーロフ攻勢」（一九一六年六月四日―九月二〇日）は、ロシアのブルシーロフ将軍によって立案・実行された、オーストリア＝ハンガリー二重帝国軍に対する攻勢である。一連の激闘は、ウィトゲンシュタインの存在を根底から揺さぶった。

この攻勢における戦闘では、ロシア軍とウィトゲンシュタインが所属していたオーストリア＝ハンガリー二重帝国軍との両軍あわせて、一〇〇万―一五〇万人もの死傷者を出したと推計されている。わずか三か月余りの戦闘で、それも原子爆弾や水素爆弾のような大量殺戮兵器がまだ登場していない陸戦で、これほどの死傷者が出たことは、ブルシーロフ攻勢の凄惨さを象徴するものといえよう。さらに、ウィトゲンシュタインが属していた歩兵師団の兵士の生還率が二〇パーセント程度（一万六〇〇〇人中三五〇〇人程度）だった――捕虜となった兵士もいるから、一万二五〇〇人の死傷者がでたというわけではない――と伝えられている。

ブルシーロフ攻勢が始まっておよそ一か月後、「一九一六年七月六日」の『秘密の日記』に、ウィトゲンシュタインは「先月は、大変な辛苦があった」と書いている。彼がいったいどんな作戦に従事していたのか、その詳細については不明である。しかし、ロシア軍は六月半ばにブコヴィナに侵攻した。彼のいた師団は、この戦いに参戦し、そのあと六月二四日から七月六日まで、コロメアの戦闘に参加した。けっきょく、オーストリア軍はカルパチア山脈まで押し戻され、この会戦の残りの期間をそこで過ごすことになった。次のウィトゲンシュタインの日記（一九一六年七月一六日）はそのときの模様を綴ったものである。

恐ろしく酷い天候。山中、〔環境は〕劣悪で、まったく不十分にしか護衛されていない。凍てつく寒さ、雨、そして霧。苦痛に満ちた生。自分自身を失わないでいることが、恐ろしいほど困難だ。というのも、僕は確かに弱い人間なのだ。しかし、霊は僕を助けてくれる。僕が今、病気だったら一番よかったのだが。というのも、そうであれば、少なくとも少しは休息をとることができただろうから。

以上はブルシーロフ攻勢についての概略であるが、ウィトゲンシュタインは、東部戦線において、度重なる弾幕射撃を始めとして危険極まりない諸状況のなかを、文字通り、奇跡的に生き抜いた。われわれ現代の日本人にとっては想像を絶する体験だったことに疑いはない。そして、戦闘が激しければ激しいほど、彼の『秘密の日記』に頻繁にみえる「神への祈り」「霊への言及」は迫真性を増す。一九一六年一〇月、彼は最前線から一時的に退くのだが、その時「まるで失語症のようにことばが見つからず、文章が組み立てられなかった」[8]そうである。

精神科医の中井久夫は、激戦を体験したウィトゲンシュタインの変化を、パスカルの宗教体験に譬えながら、以下のように論じている。

ヴィトゲンシュタインは〔ブルシーロフ攻勢における東ガリツィア地方での〕混戦状態の中で戦いつづけ、勇敢な行動を示す。まさにこのときから『日記』〔＝『草稿』〕の調子は一変し、従来の中立的な文体は激しい息づかいをはらんだ簡潔で断定的な短文に変わる。彼はまるで信仰告白のように「世界の意味は世界を超越し、世界は私の意志を超越している」（一九六年六月一一日）と熱烈に断言する。おそらく戦闘の極限状態の中で、彼はパスカルのような烈しい〝被造者体験〟を経験して一つの回心をなしとげたのであろう。[9]

郵便はがき

料金受取人払郵便

神田局
承認

8956

差出有効期間
2018年 9 月
30日まで

切手を貼らずに
お出し下さい。

101-8796

537

【受　取　人】

東京都千代田区外神田6-9-5

株式会社 **明石書店** 読者通信係 行

お買い上げ、ありがとうございました。
今後の出版物の参考といたしたく、ご記入、ご投函いただければ幸いに存じます。

ふりがな お 名 前	年齢	性別

ご 住 所　〒　　　-

TEL　(　　　)　　FAX　(　　　)

メールアドレス	ご職業（または学校名）

＊図書目録のご希望 □ある □ない	＊ジャンル別などのご案内（不定期）のご希望 □ある：ジャンル（　　　　　　） □ない

書籍のタイトル

◆本書を何でお知りになりましたか？

□新聞・雑誌の広告…掲載紙誌名［　　　　　　　　］

□書評・紹介記事……掲載紙誌名［　　　　　　　　］

□店頭で　□知人のすすめ　□弊社からの案内　□弊社ホームページ

□ネット書店［　　　　　　］　□その他［　　　　　　］

◆本書についてのご意見・ご感想

■定　価	□安い（満足）	□ほどほど	□高い（不満）
■カバーデザイン	□良い	□ふつう	□悪い・ふさわしくない
■内　容	□良い	□ふつう	□期待はずれ

■その他お気づきの点、ご質問、ご感想など、ご自由にお書き下さい。

◆本書をお買い上げの書店

［　　　　市・区・町・村　　　　書店　　　　店］

◆今後どのような書籍をお望みですか？

今関心をお持ちのテーマ・人・ジャンル、また翻訳希望の本など、何でもお書き下さい。

◆ご購読紙　(1)朝日　(2)読売　(3)毎日　(4)日経　(5)その他［　　　　新聞］

◆定期ご購読の雑誌［　　　　　　　　］

ご協力ありがとうございました。

ご意見などを弊社ホームページなどでご紹介させていただくことがあります。　□諾　□否

◆ご 注 文 書◆　このハガキで弊社刊行物をご注文いただけます。

□ご指定の書店でお受取り……下欄に書店名と所在地域、わかれば電話番号をご記入下さい。

□代金引換郵便にてお受取り…送料+手数料として300円かかります（表記ご住所宛のみ）。

書名	冊
書名	冊

ご指定の書店・支店名	書店の所在地域 都・道　府・県　　市・区　町・村
	書店の電話番号　（　　　　）

一・二　『秘密の日記』における書付

ウィトゲンシュタインが従軍中に書いた『秘密の日記』[10]は、『草稿一九一四―一九一六』と同じノートに書かれている。そして、基本的に左側のページが前者で右側のページが後者である――完璧に書き分けられているのではなく、書き分けが乱れているところもある。この『日記』はウィトゲンシュタインを知るうえで第一級の資料である。神や霊、生と死、人間関係の悩み、戦闘の恐怖、東部戦線の状況などに加えて、自分の性欲や自慰などについても、文字通り、赤裸々に書かれている。この『日記』を無視して『論考』の「六・四」以降を深く読むことは不可能である。自らの生理現象（性欲や自慰）にまで言及しているということは、それだけ、ありのまま、、、、、、、、、、、、の自分のことを書いていることになろう[11]。いわば、『日記』はウィトゲンシュタインの等身大の自画像なのだ。

『秘密の日記』における、一九一六年の七月六日の書付は次のようなものである。

先月は、大変な辛苦があった。僕はあらゆる可能な事態についてたくさん考えた。しかし、奇妙なことに、自分の数学的な思考過程と繋がりをつけることができない。

（Kolossale Strapazen im letzten Monat. Habe viel über alles Mögliche nachgedacht, kann aber merkwürdigerweise nicht die Verbindung mit meinen mathematischen Gedankengängen herstellen.）

文中「あらゆる可能な事態」の原語は“alles Mögliche”である。これを、①『論考』の「事態」「可能性」（可能的事実）をめぐる論理学上の問題（二―二・〇一四一など）に重きをおいて捉えるか、それとも、②当時のウィトゲンシュタインの従軍生活で「これから起こりそうなこと」に重きをおいて捉えるかで、日記の解釈が異なってくる。

ここで、マクギネスの見解を紹介しよう。彼は、一九一六年「七月六日」の『日記』と「六月一一日」の『草稿』の関係を、次のように述べている。

ようやく七月初めになって、〔ウィトゲンシュタインは〕ふたたびものが書けるようになった。彼が沈黙していた理由が戦闘に加わっていたためであることは、すでに見たところから予想できる。けれども、緊張が高まっていた五月、そして敗走した六月のあいだ、あらゆる可能な主題についてかなり省察した（と七月六日に書いている）(But during that May of mounting tension and that June of rout he had reflected (he tells us on 6 July) a great deal on every possible subject)。「奇妙なことに、私は私の数学的思考様式（my mathematical modes of thought）との繋がりをつけることができない[12]」。この困難は、彼が哲学的覚え書きを再開したさいの、次のような言葉〔「六月一一日」以降の宗教的文章のこと〕から明らかである。[13]

問題となるのは、英訳の「緊張が高まっていた五月、そして敗走した六月のあいだ、あらゆる可能な主題についてかなり省察した（と七月六日に書いている）」という部分である。素直にこの英訳を読めば、「ウィトゲンシュタインは、戦火の最中で身の危険を感じていた五月・六月ですらも、哲学やその他のあらゆる事柄について存分に思索を行なった」ことになる。

だが、マクギネスの右の解釈には問題が多い。この英文には、ドイツ語を見る限り、彼の思い込みが強く反映されている。⑴「僕はあらゆる可能な事態についてたくさん考えた」を、「五月と六月」に結び付けるのはおかしい。つまり、「先月（＝六月）」と明言されているうえに、その直後で文章が切れているから、「たくさん考えた」ことを「五月と六月」に結び付ける必然性はない。いいかえれば、「（と七月六日に書いている）」とはいえない。⑵“alles Mögliche”を“every possible subject”と、“mathematische Gedankengänge”を“mathematical modes of thought”と英訳することにも疑問を感じる。⑶『草稿』を見る限り、基本的に、ウィトゲンシュタインは考えたことをかなり克明に書いている。だが、「五月と六月」にはほとんど書き込みがない。もしも「あらゆる可能な主題についてかなり省察した」のであれば、その結果がそれなりに『草稿』に書き込まれるはずである。思索の結果が書かれていないということは、それほど思索に専念できなかったということであろう。[14]

以上のような理由から、マクギネスのように解釈することに、筆者は抵抗を感じる。

ここで、先ほどの論点に帰ると、筆者は①の解釈を採らず、②の解釈を採る。その理由は次のようなものである。⑴ブルシーロフ攻勢の激しい攻撃のため、ウィトゲンシュタインには六月に「〔学問的な〕あらゆる可能な事態についてたくさん考える」余裕はなかったはずである。そうした余裕があれば、『草稿』に書き込みがあるはずである。⑵もしも「あらゆる可能な事態」が「数学的な思考過程」とも深い関係にあるとしたら、それに続く「奇妙なことに、自分の数学的な思考過程と繋がりをつけることができない」というウィトゲンシュタインの文章は理解し辛い。それゆえ、「あらゆる可能な事態」というのは主として「数学的な思考過程」とはそれほど関係ないものだと解釈するのが自然である。

一・三　『草稿一九一四―一九一六』における書付

今度は、筆者の解釈を補足する意味で、一九一六年七月六日に書かれた右の書付と、同じ日に書かれた『草稿一九一四―一九一六』の書付を見てみよう。そこには次のように書かれている。

> そして、幸福な人は現に存在することの目的を満たしている、とドストエフスキーが語るかぎり、彼は正しいのである。
>
> あるいは、生きることのほかにはもはや目的を必要としない人、すなわち、満足している人は、現に存在することの目的を満たしている、と語ってもよいであろう。
>
> 生の問題の解決を人が認めるのは、この問題が消え去ることによってである。

しかし、生が問題であるのをやめるような具合に、すなわち、時間の中にではなく、永遠の中に生きる、という具合に、人が生きることは可能であろうか。（強調原著者）

前日の『草稿』の七月五日は「世界は私の意志から独立である」に始まり、「死にさいしても、世界が変わるのではなく、世界が存在することを止めるのである」で終わる。翌日の七月七日の『草稿』は「このことが、長い懐疑の末に、生の意味がある人々に明らかとなった時に、彼らがこの意味がどの点に存するかを語りえなかったことの理由ではないのか」に始まり、二行程度の書付をへて、「力学の方法はこのことに基づいているのではないか」で終わる。

要約すると、こうした『日記』や『草稿』の書付は、宗教的・倫理的な事柄を書いた流れのなかで書かれている――七日には「力学の方法」とか「対象の種類」という語が見られるけれども、これは例外である――のである。この流れを考えると、七月六日の「あらゆる可能な事態」は、数学的な思考過程とはあまり関係がなく、②の当時のウィトゲンシュタインの従軍生活で「これから起こりそうなこと」と捉えるのが妥当であろう。

「先月」つまり、六月に「大変な辛苦があった」というのは、ブルシーロフ攻勢における一連の戦闘のこと（ブコヴィナやコロメアなどにける戦闘）である。六月のウィトゲンシュタインは、神・霊・宗教・人生の意味・生と死など、「価値」（さらにいうなら「相対的価値」ではなく「絶対的価値」）の問題と密接に関わる生活をしていたのだ。「自分の数学的な思考過程」というのは、これ以前の『草稿』を紐解けば氷解する。[15] それは、『論考』の「六・四」にいたるまでの、数学的・論理学的思考のことである。これは「事実」を文（命題）によって写し取る「写像」の理論と深い関係にある。そうすると、当然のことながら、「価値」に関わる「大変な辛苦」をめぐる事柄や「軍隊生活でこれから起こりそうなこと」と、「事実」に関わる「数学的［・論理学的］な思考過程」をめぐる事柄とは「繋がりをつけることができない」（強調引用者）。

一・四　『秘密の日記』における「語りえないもの」と「沈黙」

だが、翌日の七月七日にはその「繋がり」がつく見通しが得られるのである。

しかし、繋がりはつけられるだろう！　言われえないことは、言われえないのだ！（強調原著者）

この「言われえないことは、言われえないのだ！」をドイツ語で書くと“Was sich nicht sagen läßt, läßt sich nicht sagen!”となる。『秘密の日記』の訳者の丸山空大によれば、ドイツ語の使役動詞 lassen には、再帰代名詞 sich と動詞の不定形とともに用いることで、「〜されうる」という「可能を含意する受動」を意味する用法がある。つまり、この文章を英語で書くと、“What cannot be said, cannot be said!”ということになる。そうだとすると、この日記の書き込みと、

「人は、語りえないものについては、沈黙しなければならない」“Wovon man nicht sprechen kann, darüber muß man schweigen” という『論理哲学論考』の結論との間に、本質的な共通性が存在することは明らかであろう。

文献的に決定的な証拠をあげよう。ウィトゲンシュタインの『論考』の「序文」には、次のように述べられている。これは『自然哲学年報』における「序文」と同じである——ただし、細かなことを述べると、段落の付け方は異なっている。

> 本書の核心は、ほぼ次のような言葉で捉えることができよう——およそ言われうるものは明瞭に言われえ、語りえないものについては沈黙しなければならない。

この文章の後半（「——」のあと）の原文は次のようなものである。

> Was sich überhaupt sagen läßt, läßt sich klar sagen; und wovon man nicht reden kann, darüber muß man schweigen.

セミコロンの前の文は、『秘密の日記』の文の裏返し——基本的に否定文を肯定文に置換しただけ——であり、その後の文は『論考』を締めくくる文とほぼ同じ文—— reden が sprechen に代わっているだけ——である。

約言すれば、ウィトゲンシュタインは、「語りうること」と「語りえないこと」という二つの「繋がりをつけられない」ことを、「繋がらない」という形で「繋がりをつけた」のである。

それでは、「繋がらないという形」とはいったい何なのか。ズバリというならば、「沈黙」であろう——もちろん、この沈黙は「示す」こと（後述）と密接な関係にある。

そうすると、『論考』の基本的枠組みが成立したのは一九一六年の七月六日・七日であると解釈しても差し支えないのではなかろうか。

一・五　『草稿一九一四—一九一六』における「一九一六年六月一一日」の書付

『秘密の日記』と『草稿一九一四—一九一六』は、同一のノート左側のページと右側のページに書かれている、と述べた。左側のページは長い間、遺稿管理人たち（アンスコム、リース、フォン・ヴリクト）の判断で公刊されなかった——二〇一六年現在でさえも英訳はない。遺稿管理人たちが、ウィトゲンシュタインの生理現象、周りの兵士にたいする罵詈雑言、境遇への不平不満などを始めとして、彼の「私的な」側面の公表は彼および彼以外の人々の人権やプライバシーの侵害にかかわると考えたとしても、無理はない。これに対して、『草稿』は一九六〇年という早い時期に公刊されている。なぜなら、そこには哲学的な事柄、公にしてよい事柄が書かれていたからである。そして、これは『論考』を研究するうえで、必須の文献とされてきた（『草稿』の「編集者の序言」も参照のこと）。つまり、右側のページには公刊するための正当な理由があったのである。

ブルシーロフ攻勢は、文字通りの「激戦」であり、ウィトゲンシュタインの存在そのものを根底から揺るがした戦闘である。『草稿一九一四―一九一六』の「六月一一日」から、「神と生の目的に関して、私は何を知るか」で始まる極めて宗教的な文章が書かれ始める。

神と生の目的とに関して、私は何を知るか。
私は知る、この世界があることを。
私の眼が眼の視野の中にあるように、私が世界の中にいることを。
世界についての問題となるものを、われわれが世界の意味と称することを。
世界の意味は世界の内にはなく、世界の外にあることを。
生が世界であることを。
私の意志が世界にあまねく浸透していることを。
私の意志が善か悪かであることを。
したがって、善と悪は世界の意味と何らかの関連があることを。
生の意味、すなわち世界の意味を、われわれは神と称することができるのである。
そして、父としての神という比喩をこれに結び付けること。

祈りとは生の意味についての思考である。
世界の出来事を私の意志によって左右するのは不可能であり、私は完全に無力である。
私は、出来事への影響をもっぱら断念することによって、自分を世界から独立させることができ、したがって、世界をやはりある意味で支配しうるのである。

この文章は、宗教的でもあり、神学的でもあり、哲学的でもあり、さらに、詩的でもある。この文章を詳細に解説するだけでも、一冊の著作が必要であろう。筆者には、この文章はきわめて凝縮された内容を含んでいるように感じられる。

一・六 ウィトゲンシュタインの手稿をもとに「六月一一日」について考える

以上の書付を踏まえたうえで、「六月一一日」という日付をめぐる議論に入りたい。まず、マクギネスの重要な言葉を引用しよう。

『草稿一九一四―一九一六』の編集者が、第二版でも一九一六年六月一一日としている記述の本当の日付は、七月一日か四日と思われる〔七月〕一一日と読めそうであるにしても(1 or 4 July (though 11 seems to be written) appears to be the real date of the remarks)。また、五月末のものと思われる、走り書きした式がわずかにある。「暗号日記」〔『秘密の日記』〕

　も、五月二九日から七月六日まで空白である。[16]

要するに、『草稿』の「六月一一日」という日付は実際には「七月一日か四日」だというのである。ただし、彼はその理由を明記していない。[17]

筆者の試みは、ウィトゲンシュタインの手稿の写真を見ながら、読者とともに、この「六月一一日」という日付を吟味することにある。結論からいえば、この日付は「七月初め」と推測するのが妥当である。ただし、マクギネスのように「七月一日か四日」とまで具体的な日にちをあげることはできない。いずれにせよ、右の宗教的な文章が書かれたのは「六月一一日」ではないことは（ほぼ）間違いない。

三枚の写真を紹介したい。

「写真1」は、左頁の下から三行目の「一九一六年五月一一日」（11.5.16）という日付から分かるように、『草稿』の一九一六年五月一一日の書付である。最後の二行目から次の頁（「写真2」）の中ほどにかけて、次のように書かれている。

　$|p|(a, a)$

　二つの基底をもつ操作もやはり存在する。そして“｜”操作はこの種のものである。[18]

　$|(\xi, \eta)$....は操作の結果の系列の任意の項である。

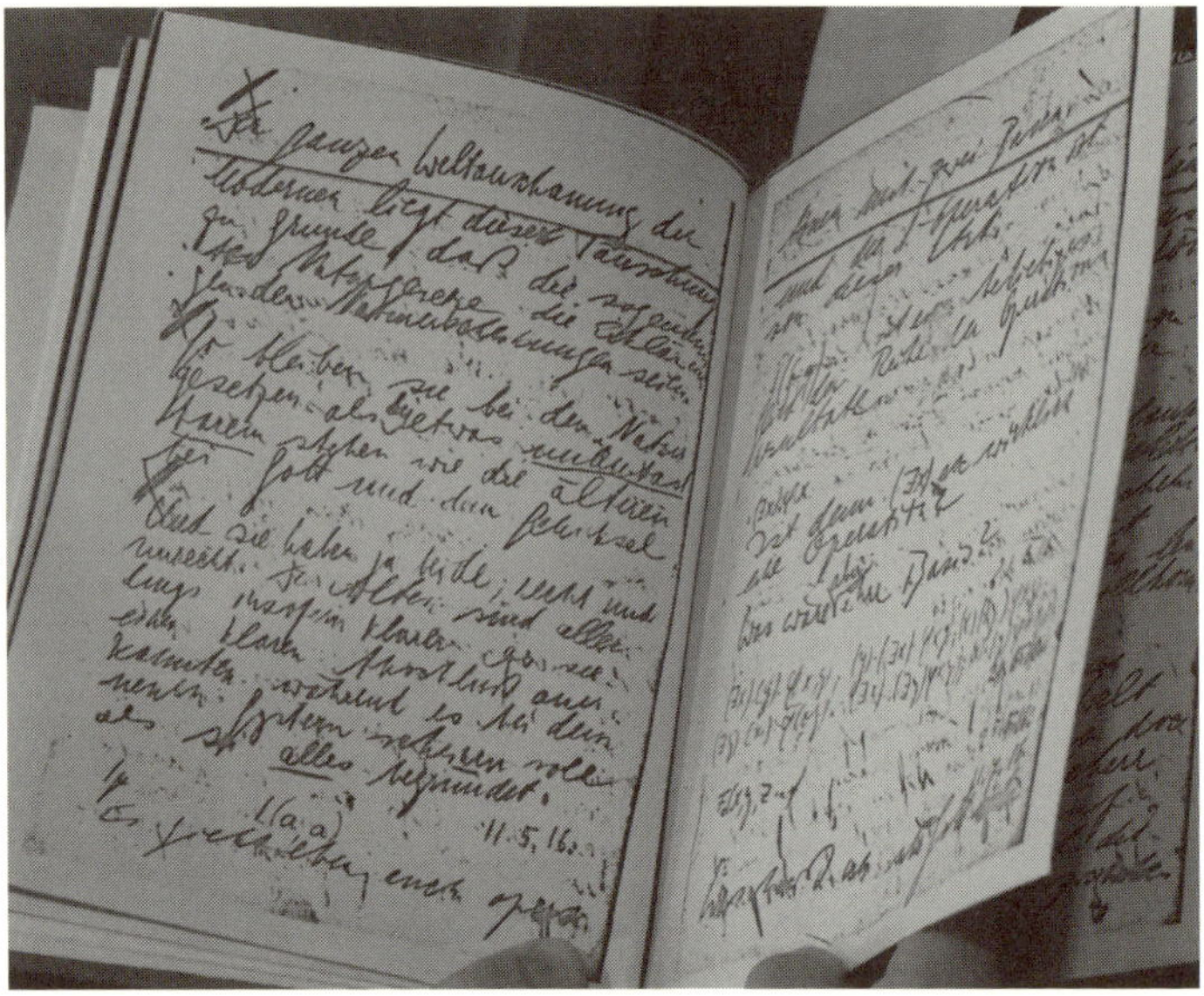

写真１

(∃x)・φx (∃x) 等はいったい現実に操作なのか。ところで、操作であるとすれば、その基底は何であろうか。

右頁（「写真2」）の中ほどで、五月一一日の書き込みは終わり、その後、五月二一日には論理学の記号が書かれ、二四日にもほんの少しだけ記号が書かれ、二五日は日付だけが書かれている。マクギネスが「五月末のものと思われる、走り書きした式」というのは、写真にもある「五月二一日・二四日」の「式」のことである。「五月二五日」という日付もふくめて、これらは、『草稿』の編集者たちの判断によって、すべて削除されている。

編集者たちは「『草稿』にあるものでこ

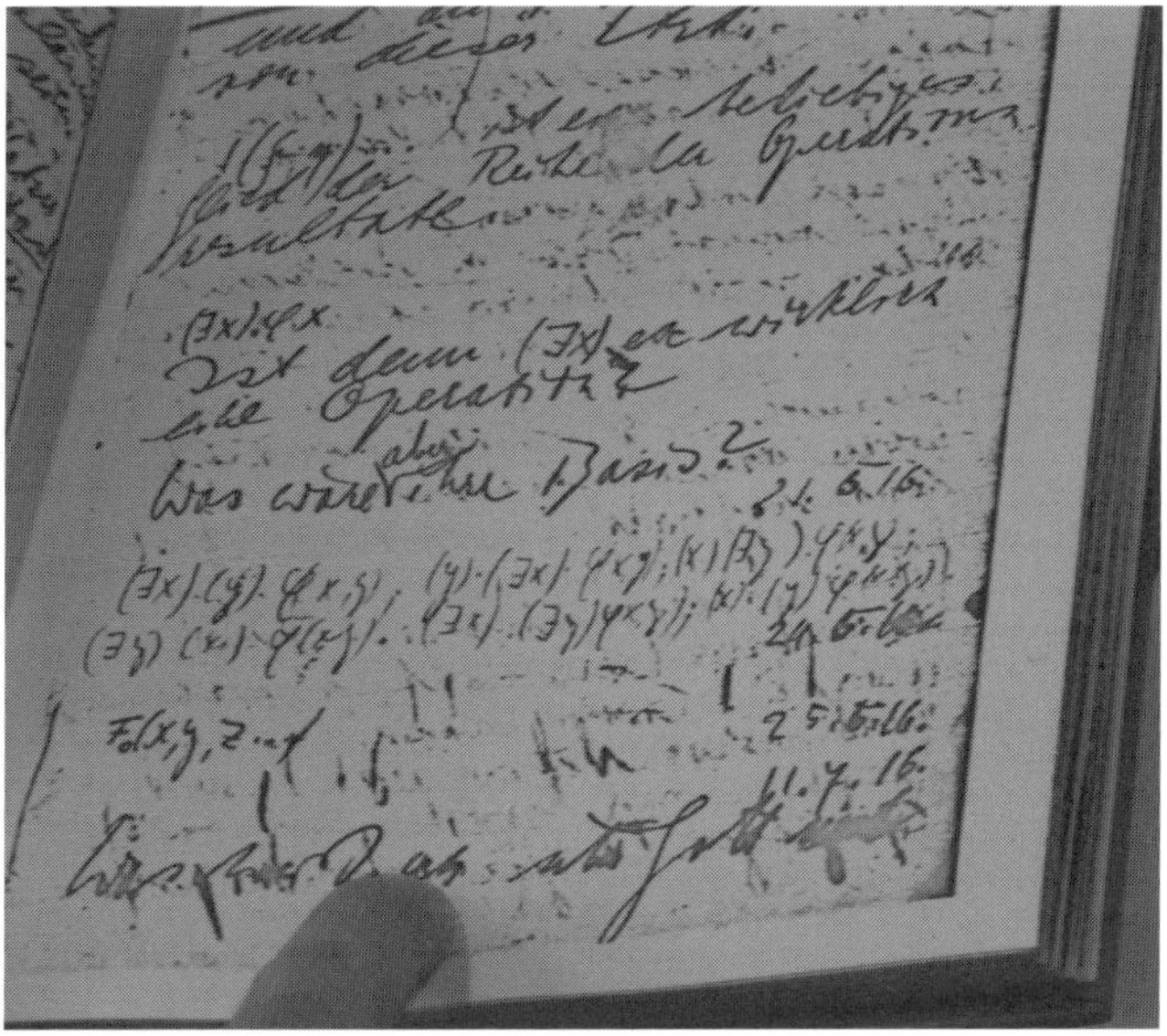

写真２

こに収録されなかったものはほんのわずかである」(『編集者の序言』)というが、ノートの左側は全部削除されているのだから、この言葉を全面的に信頼することはできない。そのあと続けて、「そのほとんどすべては、判読不可能か取るに足らない記号法のスケッチであった」というが、その具体例がたとえば「五月二一日・二四日」の「式」のことなのである。

実は、この三日分の日付(五月一一日・二一日・二四日)は書き直されているのである。すなわち、「五月」はもともと「六月」であったのだが、その上に、「五月」と上書きされているのだ(写真では見にくいが)。

それゆえ、以下で詳細に吟味する「七月一一日」という日付も、もしそれが間違っていたのなら、ウィトゲンシュタインは書き直すことができたことになる。しかしながら、この日付には、書き直された形跡はみえない。

「問題の日付」は、「写真2」の下から二行目である。「一九一六年七月一一日」(11.7.16) と書かれているのである。「七」はどうみても「六」には見えない。しかし、管見の限り、出版されている『草稿』の独語版、英語版、日本語版のすべてに、「六月一一日」と書かれている。マクギネスも右の引用で「『草稿一九一四—一九一六』の編集者が、第二版でも一九一六年六月一一日としている記述の本当の日付は……」と書いているゆえんである。

実は、「六月一一日」という日付は、編集者であるアンスコムとフォン・ヴリクトが出版の際に書き直した日付なのだ。だからこそ、マクギネスも疑義をさしはさんでいたのだ。二人が日付を変えて出版した理由を推測すると、それは納得のいくものである。『草稿』の編集者たちは、おそらく次のように考えて、「七月一一日」にしか見えない日付を「六月一一日」にしたのであろう。

(1)「七月一一日」とすると、七月五日から九日の日記の前に七月一一日の日記が来てしまう。これは絶対にありえない。さらに、「七月一一日」付の日記は別に書かれている。

(2)「七月一一日」ではありえないとすれば、ウィトゲンシュタインは何かが原因で「六月」を「七月」と勘違いして、「七月」と書いた可能性がある。

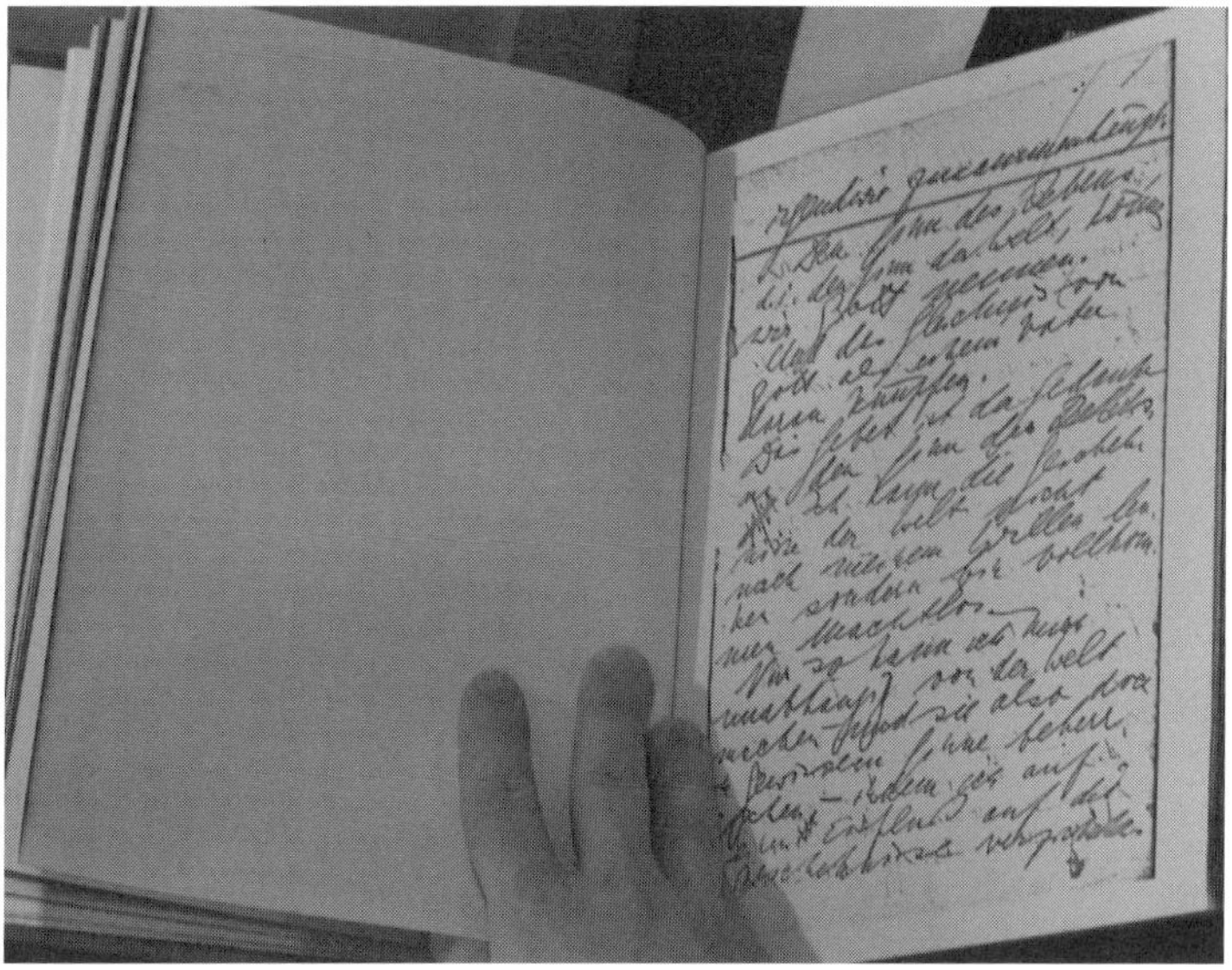

写真３

(3)この二つのことから、「月」だけを訂正して「六月」とすれば、すべての辻褄が合う。

このように解釈すれば、編集者たちの書き換えを理解できよう。しかし、これでは日付をめぐる真相は解明できない。

「一九一六年七月一一日」という日付の下に何が書かれているかというと、先に引用した文章の冒頭の「神と生の目的に関して、私は何を知るか」（Was weiß ich über Gott und den Zweck des Lebens?）のうちの「生の目的」を省いたものである。すなわち、「写真2」の最後には "Was weiß ich über Gott und" と書かれているのである――ただし、"und" は電子版では鮮明に見えるのだが、この「ウィトゲンシュタイン・

ペーパーズ」では判読できない。

この後、ノートでは、暗号体の文章がきて（左頁）、右の文章の続きがくる（右頁）、そして、また暗号体の文章（左頁）がきて、「写真3」のページがくる。「七月一一日」の続きである。「写真3」の最初に見えている部分（最初の二行）は "irgendwie zusammenhängt. / Den Sinn des Lebens, d.i. den Sinn der Welt, können wir Gott nennen" と書かれている（「/」は改行を示す）。つまり、先に引用した文章の「善と悪は世界の意味と何らかの関連があることを。／生の意味、すなわち世界の意味を、われわれは神と称することができる」の傍線部分である。

そして、この一連の書き込みの後、『草稿』は「世界は私の意志から独立である」で始まる七月五日まで書かれていない。すなわち、五月一一日から七月五日までで、文章が書かれているのは、世に知られた「六月一一日」だけだということである。ちなみに、先にも述べたように、『秘密の日記』も、五月二九日を最後に、七月六日まで書かれていない。

①ウィトゲンシュタインの戦闘の状況、②マクギネスの見解、③「六月一一日」という日付の手稿にもとづく考察、④すぐ次に引用する『草稿』における七月八日の書付の内容などから判断すれば、一般に「宗教的な文章が書き始められた」とされる「六月一一日」という日付はおそらく七月初めということになろう。

わずか数日後の七月八日には、その流れで、ふたたび以下のような宗教的な文章が認められるのである。

神を信じるとは、生の意味に関する問いを理解することである。

神を信じるとは、世界の事実によって問題が片付くわけではないことを見てとることである。

神を信じるとは、生が意味を持つことを見てとることである。

世界は私に与えられている。すなわち、私の意志は完成したものとしての世界に、まったく外側から近づくのである。

（私の意志が何であるかを、私は今なお知らない。）

したがって、われわれは、ある見知らぬ意志に依存している、という感情を懐くのである。

このことがどうあるにせよ、いずれにしてもわれわれはある意味で依存している。そして、われわれが依存するものを神と称することができる。

神は、この意味では運命そのものであるか、あるいは――同じことになるが――私の意志から独立な世界である。

私は運命から独立しうる。

二つの神的なるもの、すなわち世界と私の独立した自我、が存在する。

私は幸福か不幸かのいずれかである。これがすべてである。善悪は存在しない、ということができる。

たとえ、死を前にしても、幸福な人は恐れを懐いてはならない。

時間の中にではなく、現在の中に生きる人のみが幸福である。

現在の中での生にとって、死は存在しない。

死は生の出来事ではない。死は世界の事実ではない。

もし永遠ということで、無限の時の継続ではなく無時間性が理解されているのなら、現在の中に生きる人は永遠に生きる、ということができる。

幸福に生きるためには、私は世界と一致せねばならない。そして、このことが「幸福である」といわれることなのだ。

この時、私は、自分がそれに依存していると思われるあの見知らぬ意志と、いわば一致している。これが「私は神の意志を行なう」といわれることである。

死を前にした恐れは、誤った、すなわち悪しき生の最良の印である。

私の良心が平衡を失うとき、私はあるものと不一致である。だが、それは何なのか。世界なのか。

良心は神の声であるということは、確かに正しい。

たとえば、私はこれこれの人を侮辱したと考えることは、私を不幸にする。これは私の良心なのか。

「いかなるものであれ、汝の良心に従って行動せよ」ということは可能か。

幸福に生きよ！　（強調原著者）

『草稿』の七月上旬以降に書かれたものが『論考』の「六・四」以降の重要な内容になり、この書物は「論理学」と「倫理学」を混合したような不思議な書物となっている。その事情について、中井久夫は次のように推測している。

おそらくあの一九一六年夏の危機〔ブルシーロフ攻勢〕の中で、彼〔ウィトゲンシュタイン〕のそれまでの論理哲学的探究は、一見そのままでありながら根本的な価値転換、つまり〝語りうるもの優位〟から〝語りえないもの優位〟へという逆転を起こし、全体系がいわば目に見えない組替えを起こしたのであろう。これが『論考』が二重の意味をもつかにみえる理由である。[19]

『論考』はまだ出版されていなかったにせよ、この時点に限れば、間違いなく『論考』の「六・四」以降のほうがそれ以前よりも重要だったのである。

第二節　「否定神学」の著作としての『論理哲学論考』

これまで内外の多くの研究者たちが、『論理哲学論考』の「語りえないもの」について論じてきた。研究史を踏まえれば、基本的には「語りえないもの」には二種類あるだろう。①一切の事実／出来事の総体としての世界の内部にそもそも存在しないがゆえに、言語（命題）がカバーできる範囲を超えているという理由で、語りえないもの（神・倫理・絶対的価値など）、②言語（命題）の中に示されているが、言語によっては語りえないもの（論理形式・論理それ自体など）。当然、神や宗教は前者に属する「語りえないもの」である。ウィトゲンシュタインを「宗教者」「否定神学者」とみなしている筆者としては、第一の意味での「語りえないもの」に焦点をあてて議論を展開していきたい。

二・一　カント哲学とウィトゲンシュタイン哲学の類縁性

カントは『純粋理性批判』（第二版）の序文において、「信仰を容れる場所を得るために知識を除かなければならなかった」と述べた。こうした見解とウィトゲンシュタインの『論理哲学論考』における見解には類縁性が見られることが、後述するように、早くから指摘されてきた。カントは右の序文で次のように論じている。

> 要するに、思弁的理性から、経験を超越して認識すると称する越権を奪い去らぬ限り、私は、神・自由・〔霊魂の〕不死を、私の理性に必然的な実践的理性使用のために想定することすらできないのである。思弁的理性が、超経験的認識を得るために使用せざるを

> えない原則は、実際にはたんに、可能的経験の対象に達するに過ぎないのである。それにもかかわらず、このような原則が、経験の対象になりえないものに適用されるとなると、これらの原則は実際にもこのような超経験的なものを常に現象に変じて、純粋理性のあらゆる実践的〔道徳的〕拡張を不可能であると公言するにいたるのである。それゆえ、私は、信仰を容れる場所を得るために知識を除かなければならなかった (Ich mußte also das *Wissen* aufheben, um zum *Glauben* Platz zu bekommen)[20]。（強調原著者）

ステニウスは『ウィトゲンシュタインの「論考」[21]』（一九六〇年）のなかで、カント哲学とウィトゲンシュタイン哲学との相似関係を詳細に論じた。カントが「理性」について行なったことを、ウィトゲンシュタインは「言語」について行なったというのが、その眼目である。右のカントの術語を使用すれば、ウィトゲンシュタインは「思弁的理性」の原則は経験の対象にしか適用できず、超経験的対象には適用できないのと同様に、ウィトゲンシュタインにおいては、事実を写像する言語は、経験の対象しか扱えないのであり、経験の領域を超える対象（倫理＝宗教的領域にある対象）を扱えないのである。また、カントが「信仰を容れる場所を得るために知識を除かなければならなかった」のと同様に、ウィトゲンシュタインは「思考の表現〔言語〕に限界を定め」（『論考』序文）、言語は倫理＝宗教的領域に到達することはできない（「語りえない」）と断じたのである。カントの「実践理性の要請」によって与えられるものが信仰の領域であり、これがウィトゲンシュタインの「語りえないもの」の領域と対応するのである。

二・二 『論理哲学論考』は何の著作か

そのほとんどが論理学的な論考でうめられている『論理哲学論考』とはいったいどのような著作なのか。これについて、二つの研究をおさえておきたい。

まず、一つ目の研究は、ウィトゲンシュタインの研究史上でも賛否両論の議論を引き起こした、ジャニクとトゥールミンの『ウィトゲンシュタインのウィーン』[22]（原書出版、一九七三年）である。これは『論考』を「倫理の書」として解釈できる可能性を世に示したものであり、第六章は「『論考』再考——倫理の証文」と訳されている。そのサブタイトルにある「倫理の証文」の原語は"An Ethical Deed"である。"Deed"には「行為」という意味もあるので、「倫理的行為」という訳も考えられる。この場合、ウィトゲンシュタインが『論考』を著わしたこと自体が「倫理的行為」だということになる。さらに、"Deed"には「偉業」という意味もあり、これを採用すると、『論考』の出版は「倫理的偉業」となる。

何が「倫理的行為／倫理的偉業」なのかといえば、筆者には、『論考』の趣旨は「倫理的なものである」ことを力説しているフィッカーあての書簡——日付はないが、一九一九年一〇月—一一月のものと推測されている——の一部が想起される。

……本書〔『論考』〕の意義は倫理的なものです。……すなわち、私の書物は倫理的なものをいわば内側から限界づけています。そして、倫理的なものは、厳密には、そうすることによってのみ限界づけられる、と確信しております。要するに、私は、本書において、今日多くの人々が駄弁を弄しているあらゆる事柄〔倫理的な事柄〕について沈黙し、このことにより、それらの事柄〔倫理的な事柄〕のすべてに確固たる位置を与えたことを、信じています。[23]（最初の強調のみ引用者）

一言でいえば、ウィトゲンシュタインは、倫理的な事柄について語ることは無意味な行為であることを指摘し、それは事実に還元できないうえに語ることもできない深遠なものであるとして、それを護ったのである。すなわち、唯物論者も論理実証主義者も倫理の領域に踏み込めないようにしたのだ。なお、ウィトゲンシュタインにおいては、「倫理」と「宗教」を明確に区別する必要はない。「倫理＝宗教」とセットとして理解して差し支えない。

こうした解釈に対して、黒崎宏は、『論考』の構成から判断して「ウィトゲンシュタインが述べていることは、『論考』の〈倫理的側面〉という一面のみを強調しすぎている」「フィッカーへの手紙というのが、実は、ウィトゲンシュタインがフィッカーへ『論考』をいわば売り込むためのものだった」と論じている。[24] ただし、後述するように、そのように言い切ることはできないだろう。

二つ目の研究は、鬼界彰夫の秀抜な『論考』解釈（二〇〇五年）である。

表面的に『論考』は、言語の論理的限界が何かを述べる言語哲学の書物であるかのように見える。しかし言語の限界を明らかにする『論考』の言語理解はこの書物の叙述の最終目的ではなく、別の最終的結論を導くための……手段にすぎない。その最終的結論とは書物の文字通り最後に登場する、「話をするのが不可能なことについては、人は沈黙せねばならない」という「命題」である。より正確にいうならこれは事実を叙述する命題ではなく、人に沈黙を要請、あるいは強制する一つの命令、言葉の使用に関する倫理的命令であり、沈黙律と呼びうるものである。上述の『論考』の言語理論とは、この沈黙律において人が一体何について沈黙しなければならないかを示す手段として用いられているのである。そしてこの理論が、それについて有意味には語りえないとしているものとは、世界の「外部」にあり、世界と世界の出来事に意味を与え、すべての価値の源泉である存在としての「神」である。つまり『論考』とはこうした存在としての「神」について我々が沈黙することを命じている書物なのである。

それゆえ『論考』全体を一個の著述行為としてみるなら、それは沈黙律を唯一の教説とする公の宗教的行為に他ならないのである。[25]（強調引用者）

鬼界の見解は、ウィトゲンシュタインの膨大な資料——ジャニクやトゥールミンや黒崎が目にすることのできなかった『秘密の日記』や『哲学宗教日記』もふくむ——を読み込んだ上での解釈であり、これが『論考』解釈の決定版とすら思われる。

以上のことから、本章では、『論理哲学論考』を「倫理学の著作」「〈神〉についてわれわれが沈黙することを命じている書物」として捉えることにする。いいかえれば、これらを合わせて、『論考』を二〇世紀を代表する「否定神学の書物」として捉えることにする。以下では、ウィトゲンシュタインの「否定神学」の詳細について論じよう。

二・三　『原原論理哲学論考』における「語りえないもの」と「沈黙」

『論理哲学論考』が完成するまでには、種々の段階がある。鬼界も述べているように、「大まかに言えば、『論考』は〈原『論考』[26]〉を番号に沿って並べ替えることによって出来上がった[27]」のである。本章では、あえて文番号がふられる以前のテクストを『原原論考』と呼ぶことにしたい。なぜならば、確かに『原論考』でも「人は、語りえないものについては、沈黙しなければならない」という文には文番号「七」がふられているのだが、文番号をふられる前の『原原論考』ではそれらとまったく違う位置に文番号七の「文」が配置されているからである。そこにおける文番号七の「文」の位置がきわめて重要である。

ちなみに、『原論考』の大部分は「戦地用鉛筆」(field-pencil) で書かれている。マクギネスも

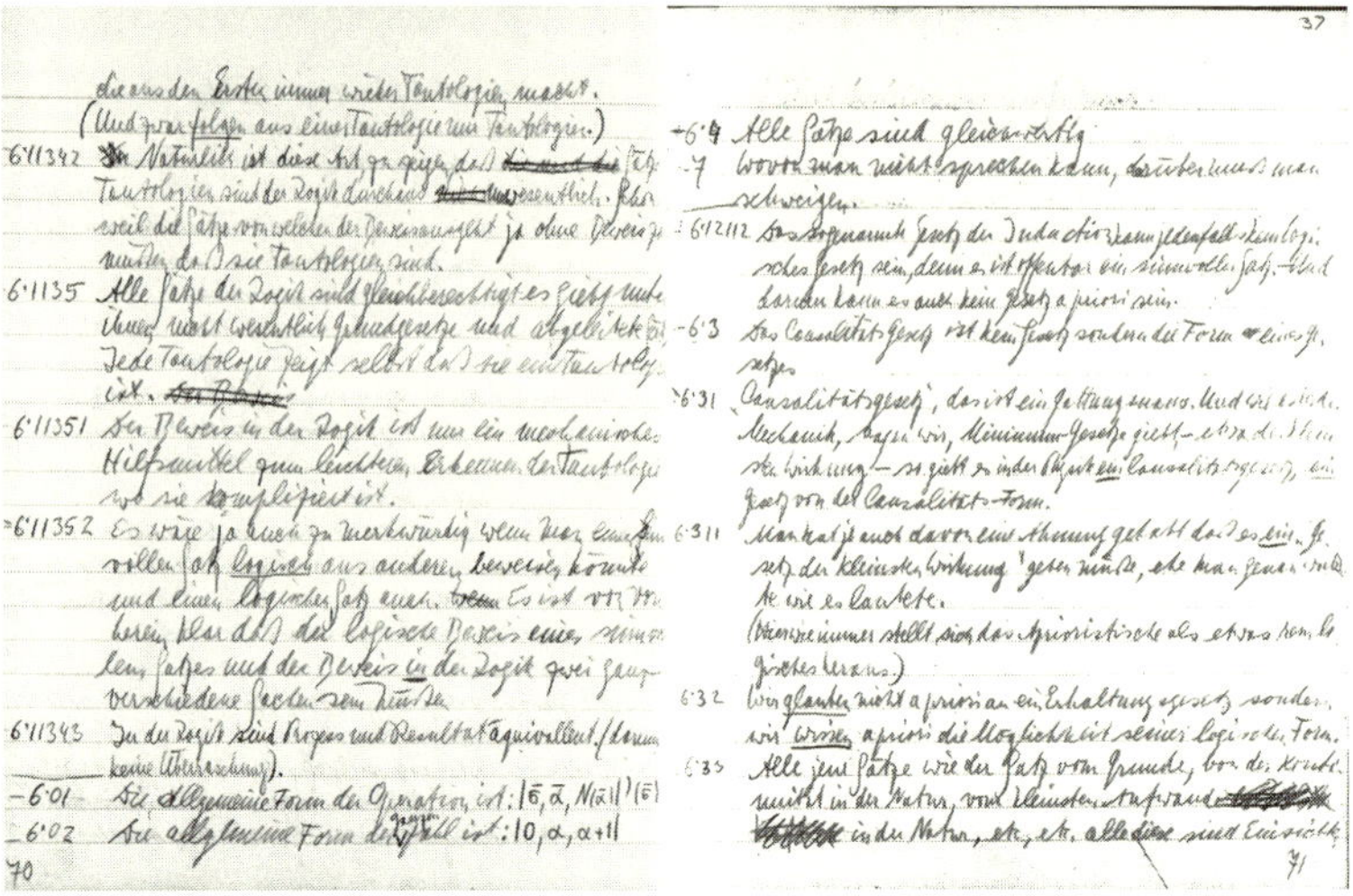

『原原論考』／『原論考』。右頁の最上に「6.4」、その下に「7」という文番号の数字が見える。

これを根拠に「『原論考』ノートは〔『原原論考』ノートも〕実際に前線でまとめられたと思われてならない[28]」と論じている。

手書きの『原原論考』は全部で一二一頁だが、その中ほどの七一頁に、『論考』とまったく同じ文章表現で文番号七は存在する。すなわち、これはもともと、『原論考』や『論考』の場合のように、最後に補助命題もなく屹立するような位置を与えられていたのではないのだ。目立たないところにひっそりと埋め込まれていたのである。『原原論考』での文番号七の「文」の前後を再現すると、次のようになる[29]。写真でいえば、左頁の下から二行目から右頁の上から一二行目までである。

操作の一般形式は、$[\bar{\sigma}, \bar{\alpha}, N(\bar{\alpha})]'(\bar{\sigma})$ である。

（『原論考』六・〇一、『論考』六・〇一に対応）

整数の一般形式は、[0, α, α+1] である。

（『原論考』六・〇二、『論考』六・〇三に対応）

あらゆる命題は等価値（gelichwertig）である。　（『原論考』六・四、『論考』六・四に対応）

人は、語りえないものについては、沈黙しなければならない。

（『原論考』七、『論考』七に対応）

いわゆる帰納法則は、とにかく論理法則ではありえない。それは明らかに、意味のある命題なのだから。この理由からして、帰納法則はまた、ア・プリオリな法則でもありえない。

（『原論考』六・一二一一二、『論考』六・三一に対応）

因果法則は法則ではなく、法則の形式である。　（『原論考』六・三、『論考』六・三二に対応）

「因果法則」は種族名詞である。そして、次のように言えるであろう。力学には最小法則（例えば最小作用の法則）が存在するように、物理学にはある一つの因果法則、ある一つの因果形式の法則が存在する。　（強調原著者、『原論考』六・三二一、『論考』六・三二一に対応）

『原論考』の文番号でいえば「七」と「六・一二一一二」の間にある線は、その前後でなんらかの断絶があることを意味するのであろう。もう少し引用の前を紹介すると、『原論考』の六・〇一の前は、トートロジーや論理学や命題に関するものである。そのなかでも、とりわけ「論理学におけるすべての命題は、同等の地位をもつ（gleichberechtigt）」などは、『原論考』の六・四と緊密にかかわる。こうしてみても、やはり「七」は特異である。「六・四」との関わりのみでいうと、「七」の主張は「価値に関わる命題は事実に関わる命題ではない。事実を表現する命題はどれも同じ地位しかもっていない／同じ次元にしかない。これとは別の高い次元にある価値に関わる命題は述べるべきではない」ということになる。

読者は気づいたであろうか。『論考』の「六・四」と「七」は、『原原論考』において、隣り合わせで書かれていることを！

ここで、筆者の推測を述べたい。確かに、七は『原論考』の段階でも、前後の脈絡から孤立しているように見える。しかし、『原原論考』の段階では、ウィトゲンシュタインは六・四にひかれ、「論理学の命題と価値にかかわる命題との次元の相違」が脳裏を過り、七で「神（倫理＝宗教）をめぐる言説は価値に関わることだから、神について語ってはいけない」と書き記したかったのではないか。

これだけだと根拠薄弱に聞こえるかもしれない。だが、「命題はより高次の存在〔神〕を一つとして表現することができない」（『論考』六・四二）、「世界がいかにあるかということは、より高次の存在〔神〕にとっては全くどうでもよいことだ。神は世界の内には現われない」（強調原著者、同、六・四三二）、「言い表わせぬもの〔神〕が存在することは確かである。それは自らを示す」（強調原著者、同、六・五二二）などの言葉と絡めて解釈すれば、右の推測は妥当性のある推測であろう。もしもそうだとすると、もともと「七」の「語りえないもの」は、神や倫理＝宗教との関連で書かれた可能性が高くなる。

二・四　『草稿一九一四―一九一六』の冒頭における「示す」という語と「価値」にかかわる命題

ウィトゲンシュタインは『論理哲学論考』において、「語りうるもの」と「語りえないもの」とを峻別したのだが、その裏には、「語りうるもの」と「示し（zeigen）うるもの」という峻別もある。

「示す／示される」[30]という言葉は、『草稿』が書き始められてから間もない、三日目（一九一四年九月三日）に登場する。

> したがって、主語－述語**命題**等の存在によって、示される（gezeigt）ことが必要なすべてのことが示される（gezeigt）のであれば、その場合には、哲学の課題は私が初めに想定していたのとは異なっている。しかし、もしそうでないとすれば、不足していることは一種の経験によって示され（gezeigt）ねばならないこととなる。そして、私はこのようなことは論外だと思う。（強調原著者）

これは慎重に吟味すべき論述だが、とにかく、この時点で「示す／示される」という言葉が登場するのである。そして、「示す」がすべて受動態で書かれていることは、なんとなく示唆的である。

右の文章に続く文章は「記号と記号で指示されたものとの論理的同一性はいったいどこに存するか、という問いには明らかに不明瞭なものがある！　そして（またまた）この問いが哲学的な問題全体の中核なのである」（強調原著者）というものである。おそらく、こうした問題意識が、「写像」理論の「論理形式／現実の形式／写像の形式」といったものに結び付いていくのであろう。

筆者は、同じく九月三日の、右の文章に続く文章を重視したい。それは「価値」（倫理）にかかわるものである。

「Aは善い」（A ist gut）は主語－述語命題か……といった問いが与えられたとしよう。そもそもこうした問いにはどのような決着がつけられるというのか?!　たとえば、この問いに肯定的に答えられねばならないことについて、いかなる証拠が私を納得させうるであろうか？（強調原著者）

さらに、九月二一日には、次のようにある。

> 「pであることは善い」と私がいうとき、このことはそれ自体で善いのでなくてはならない。（強調原著者）

この二つの引用から読み取れることは、次のようなことである。(1)最初の引用からは、「Aは善い」という価値判断をふくむ文は主語－述語命題とはいえない、ということ、(2)二番目の引用からは、「善なるもの」はpという事態に内在するものであり、それを主語－述語命題の形では記述できない、ということである。平たくいえば、「善い」「美しい」などといった価値判断をふくむ形容詞は、「丸い」「赤い」などという事実に適用される形容詞とは異質／異次元のものなのである。藤本隆志はこうしたことについて簡潔に述べている。

> 「よい」という形容詞はpを変項あるいは常項として命題ないし命題関数を構成しうるような述語ではなく、pなる事態そのものに内在する全く別種のことがらであるから、通常の主語－述語形式の形でこれを考えることはできない、というのである。[31]（強調引用者）

すでに、『草稿』を書き始めた時点において、ブルシーロフ攻勢の激闘体験を体験した後の宗教的（否定神学的）文章が胚胎されていた、といえよう。

二・五　『論理哲学論考』における「語る」と「示す」

「語る」と「示す」という二つの事柄の峻別についても、ウィトゲンシュタインは意外と早い時期に言及している。

第1章第一節で、ムーアが一九一三年の三月にショルデンを訪れたさい、ウィトゲンシュタインは彼に自分の見解を示したことを述べた。それは次のような見解から始まっていたのであった――「いわゆる**論理的な**命題は、言語の、それゆえに世界の論理的性質を示すものの、何も語らない」（強調原著者）。すでに、ここに「語る」と「示す」の峻別が見られることは明白であろう。

『草稿』に目を転じれば、一九一四年の一一月二九日に、「語る」と「示す」の峻別が登場する――「示されうることは語られることができない」（Was gezeigt werden *kann*, kann nicht gesagt werden）。これは論理学的な思索の只中で書かれており、文脈的には、倫理的・宗教的な事柄とは一切関係ない。そして、これは『論考』の「四・一二一二」に対応している――「示されうることは語られることができない」（強調箇所が二箇所になっただけ）。それが、ブルシーロフ攻勢をへて、倫理的・宗教的な事柄とも関わりをもつようになったのであろう。たとえば、『論考』の「六・五二二」には「言い表わせぬもの（神秘的なもの＝神）は自らを示す」（強調原書者）とある。

『論理哲学論考』は、論理実証主義者たちの解釈とは異なり、ただ単純に「語りえないもの」を「無意味なもの＝存在しないもの」として切り捨てたのではない。「語りえないもの」といえども、言語が司る領域を超えたところで存在しており、それが「示されうる」ことをも明らかにしたのである。すなわち、ウィトゲンシュタインは、「語りうるもの」の領域の外側に「示されうるもの」の広大な領域を認め、そこに、「神」や「論理形式」など、多くの「語りえないもの」の存在を認めたのだ。したがって、黒崎も強調しているように、「この〈語りうるもの〉と〈示されうるもの〉の区別は、〈語りうるもの〉と〈語りえないもの〉の区別を裏から支えている基本的区別であり、彼の哲学の根幹をなすものである」[32]。いいかえれば、ウィトゲンシュタインは、「語る」という語と「示す」という語を対立・対照させながら、『論考』を構成していったのである。

しかしながら、ウィトゲンシュタインは「示す」を一つの意味で用いたのではなく、いくつかの意味で用いている。その使用方法を、シュテークミュラーは三つに、黒崎は四つに分類する。シュテークミュラーの分類[33]では、第三番目のもの、つまり「まったく言語によるのではない示し方」「神秘体験に訴えなければならない示し方」（強調原著者）が重要である。この示し方によって示されるものは、「カントにとって〈実践理性の要請〉としてのみ与えられるものに類比的なもの」（強調原著者）である。シュテークミュラーは、カントとウィトゲンシュタインの相似関係を詳細に論じたステニウスにならって、ウィトゲンシュタインの立場を「超越論的言語主義」と呼ぶ。ステニウスとシュテークミュラーが論じるように、カントの「実践理性の要請」によって与えられるのが宗教の領域であり、これがウィトゲンシュタインの「語りえないもの」

の領域と対応する（筆者もそのように考える）。そして、この「示す」の用法が、まさに、前出の『論考』の六・五二二に見られるものなのである。

シュテークミュラーの分類とは異なるが、黒崎も四通りの「示す」の用法を区別している[34]。そのうち、第三番目の「示す3」（＝明確な記述による暗示）と関わりが深い『論考』の一節は、次のものである。

哲学は、語りうるものを明確に表現することによって、語りえないものを暗示する（bedeuten）にいたる。（四・一一五）

ウィトゲンシュタインの考えでは、哲学において重要なのは、「語りうるもの」ではなく「語りえないもの」である。しかし、「語りえないもの」は、語りえないがゆえに、語りえない。そこで、われわれは「語りうるもの」を明確に語ることによって、「語りえないもの」をいわば「暗示する」のである。したがって、ウィトゲンシュタインにとっての哲学の最終目標は、結局のところ、「示す3」によって神秘的なるものを暗示することである。

ウィトゲンシュタインは、「神は世界の内には現われない」「語りえないものについては、沈黙しなければならない」（『論考』）とか、「私はまったくしっかりと或る宗教を心に描くことができる。だが、その宗教には教理がなく、したがってそこでは何も語られない。宗教の本質は、明らかに、語られるということは何らの関係もない[35]」(『ウィトゲンシュタインとウィーン学団』)と述べる一方で、次のように明言している。

> 言い表わせぬもの(das Unaussprechliche)が存在することは確かである。それは自らを示す(Dies *zeigt* sich)。それは神秘的なものである(Es ist das Mystische)。(六・五二二)

ウィトゲンシュタインの原文では「言い表わせぬもの」は抽象名詞で一貫して単数の形をとっているが、ペアーズとマクギネスの英訳では、これは明確に複数である(things that cannot be put into words)[36]。英訳では、“the Unspeakable”とか“the Unsayable”と訳す可能性も充分にあったはずだ。実際に、ウィトゲンシュタインを意識したボヘンスキーの「語りえないもの説」の原語は“the theory of the Unspeakable”である(第三節参照)。しかし、英訳者たちは、言語が現実を写しとるために現実と共有しなければならない「論理形式」などもふくめて、複数のものが「言い表わせぬもの」「神秘的なもの」であることを念頭において訳したのであろう。

それにもかかわらず、ここでいわれる「神秘的なもの」は端的に「神」である、との解釈も充分に可能である。筆者は、六・四を分水嶺として、その前後の論述はたがいに独立性が強いとみている(後述)ので、この脈絡における「神秘的なもの」から「論理形式」などは排除したい。さらに、六・四二や六・四三二に登場する抽象名詞で書かれている「より高貴なるもの」(das

Höhere）も「神」を指す、と解釈したい。

まず、右の「六・五二二」の引用で注意すべきことは、「言い表わせぬものは自らを示す」と再帰的表現が用いられていることである。四・〇二二には「命題はその意味を示す」とあり、前述の四・一一五には「哲学は語りえないものを暗示する」とある。この二つの場合のように、命題なり哲学なり人なり（ウィトゲンシュタインをふくめる）が、ある対象を主語とは異なる目的語として「示す」ことと、六・五二二の場合のように、あるものが再帰的に「自らを示す」こととの間には、同じ「示す」ことであっても、大きな隔たりがある。くわえて、この「示す」は、ウィトゲンシュタイン自身によって強調されていることも確認しておこう。

そのうえで、筆者は、六・五二二に、ウィトゲンシュタインの「心の揺れ」をみる思いがする。すなわち、哲学者としては「厳然たる事実として、言い表わせぬものについて語ることはすべて無意味におちいる」と考えざるをえないのだが、一人の「宗教的人間」として、彼は「神秘的なものは自らを示す」と論じることにより、神をまったく世界の外に追いやることだけは避けたかったのではないか。さらに、その神は、語りうる事柄から成立している世界の向こう側から、彼に自らを示すのではないか。もちろん、神は、存在論的に世界の「内側」に入ってくるとか、直接体験の対象であるとかいうのではない。あくまでも、「示される」ことに止まる。

二・六　「沈黙」の積極的な意味

『論理哲学論考』の最後の「沈黙」は種々の解釈が可能である。おそらく、『論考』の読者がすべて賛成する「唯一の正解」というべき解釈はないだろう。また、これをどのように解釈するかは、『論考』を読む者の楽しみ／苦しみ／試金石でもある。

一言でいうと、ウィトゲンシュタインは『論考』において「語ることのできる領域」と「語ることのできない領域」との間に明確な線引きをしたのである。そして、「真なる事柄を語る場合にはこうしなければいけない」ということを示し、「語りえないものについては何も語ってはいけない」と命じたのである。

筆者はかつて、『論考』の文番号七の「人は、語りえないものについては、沈黙しなければならない」をめぐって議論を展開した。[37] そのときの結論的見解は次のようなものである。

(1)ウィトゲンシュタインには、生涯にわたって、神や信仰など「語りえないもの」について語りたいという欲求や衝動があった。
(2)文番号七は、基本的に、この衝動を抑えるために、ウィトゲンシュタインが自分自身に向けて述べた「自戒」の言葉である。
(3)この言葉は、『論考』の最後で公にされることにより、一般性を持つことになった。

現在でも、この解釈には説得力があると思っているが、ここでは、さらに別の角度から、この言葉について考えてみたい。

一見では、右の「沈黙」は、どちらかといえば、消極的なものである。しかしながら、この言葉に積極的な意味を持たせることも充分可能である。それは、先に引用したフィッカーあての手紙を想起すればよい。その手紙には次のように書かれているのであった。

> 私は、本書〔『論考』〕において、今日多くの人々が駄弁を弄しているあらゆる事柄〔倫理的な事柄〕について沈黙し、このことにより、それらの事柄〔倫理的な事柄〕のすべてに確固たる位置を与えたことを、信じています。（強調引用者）

すなわち、先述したごとく、ウィトゲンシュタインは『論考』において、倫理的な事柄について語ることは無意味な行為であることを指摘し、それは事実に還元できないうえに語ることもできない深淵なものであるとして、それを護ったのである。

ここで、ウィトゲンシュタインとともに彼の姉のストンボロー邸の建築に従事した、建築家エンゲルマンの言葉も紹介しておきたい。彼は論理実証主義者とウィトゲンシュタインを比較して、『論考』の「語りえないもの」について、以下のように述べているのである。

ウィトゲンシュタインは熱烈に「人間生活において本当に大事なものは、自分〔ウィトゲンシュタイン〕の見解では、まさしく、それについてはわれわれが沈黙しなければならないものである」と信じている。[38]（強調原著者）

二・七　「沈黙」の断絶機能と接続機能

ウィトゲンシュタインが、『秘密の日記』において、論理学的な／事実的な事柄と倫理的な／価値的な事柄との間に「言われえないという形で繋がりはつけられる」というとき（一九一六年七月七日）、エクスクラメーションマーク（！）を使用している。ということは、「彼は積極的な形で両者を結び付けることを心に浮かべていた」という想定がまったく成立しないというわけでもない……。

フィッカーあての書簡は右の『日記』の書付の三年少々後に書かれており、『日記』を書いた時に、ウィトゲンシュタインがその書簡のような内容を明確に意識していたか否かは定かではない。しかしながら、理論的に考えてみると、明確には意識していなかったとしても、当時の彼がおぼろげながら「語りえない倫理的な事柄を積極的に擁護する」というような直感を懐いていた可能性も否定しきれない――一九一四年九月二一日には「〈pであることは善い〉と私がいうとき、このことはそれ自体で善いのでなくてはならない」と認めているのであった。また、その後のウィトゲンシュタインの宗教についての一貫した否定神学的スタンスも思い浮かぶ。

「沈黙」は断絶と接続という背反する機能をもつ。『秘密の日記』における「言われえないこと」は、言われえない」という表現と、『論理哲学論考』における「語りえないものについては、沈黙しなければならない」という表現とは、次の二つの側面をもつのではないか。すなわち、①二つの異質な事柄（言われえない／語りえない事柄と、言われうる／語りうる事柄）を峻別・切断するという側面と、②それよりも一つ高い次元で今度は両者を接続・結合するという側面とである。いいかえれば、第一段階で、「語りうるもの」と「語りえないもの」とを峻別・切断し、第二段階で、両者を接続・結合するのだ。ただし、「段階の相違」は必ずしも「時間の前後」を意味するものではない。

第一段階は説明するまでもなかろう。問題は第二段階である。

第二段階においても、いくつもの方法が考えられる。たとえば、次のようなものである。

(1)シュテークミュラーや黒崎のように、「語る」と「示す」の関係を論じるという方法があろう。つまり、「語りえないもの」は言語によって語ることができなくとも、種々の方法で「示す」ことができることを論じるのである。ウィトゲンシュタイン自身も、たとえば「示されうることは語られることができない」（『草稿』一九一四年一一月二九日）と書いていた。そして、「示す」という形で、「語りうるもの」と「語りえないもの」とを繋げるのである。

(2)フィッカー宛の書簡に述べられているように、語りえないものごとについて沈黙することによりそれらに確固たる位置を与える、という方法も当然考えられる。エンゲルマンも証言していたように、ウィトゲンシュタインは「人間生活で本当に大切なものは沈黙しなければならないものである」と考えていたのである。

(3)「語りうるもの」と「語りえないもの」を相補的に捉える方法もあるだろう。「語りえないもの」はやはり「語りうるもの」があって初めて存在することができる。ウィトゲンシュタインは、ブルシーロフ攻勢が開始されるちょうど一か月前の一九一六年五月四日に「死の近さが僕に生の光をもたらす」と認めているが、彼は「死こそが生にその意味を与える」と考えていた。死と生とは断絶しているが、「あれかこれか」という二者択の対象ではない。この場合には、死が生に光や意味を与えるという形で繋がっている。死がなければ、生は輝かないしその意味も見いだせない。反対に、生がなければ、生きていないのだから、死もない。両者は相補的な関係にある。これと同様に、「語りえないもの」は「語りうるもの」と相補的な関係にあると解釈できよう。

二・八　『論理哲学論考』の「六・四」以前と以降をどう読むか

『論理哲学論考』は一九一八年夏の休暇中に一応の脱稿がなされ、ウィトゲンシュタインが復員したのは翌一九年の夏である。その後、『論考』は紆余曲折をへながら『自然哲学年報』に掲載され（一九二一年の秋）、一九二二年の秋に一冊の著作として出版された。細かなことを別とすれば、『論考』は実質的に文字通りの「激戦」を何度も体験した軍隊生活のなかで執筆された著作といってよい[39]。

『論考』のほとんどの部分を占める数学・論理学に関する議論のあとに（「六・四」以降）、ウィトゲンシュタインはほんのわずかながらも、神、神秘、より高貴なるもの、魂、生、死、倫理、善なる意志、永遠、無時間性などという語を使用しながら思索の軌跡を残し、『論考』を締めくくった。

この最後の部分をめぐっては、これまで実に多くの議論や論争がなされてきた。一冊の著作の整合性や纏まりという観点からは、この部分は削除するほうがよいだろう。ウィトゲンシュタイン自身もそのことに気づいていたかもしれない。だが、現実には、彼はこの部分を書いて遺したのである。問題は、この事実をどのように解釈するかである。おそらく、従軍せずに『論考』を執筆したのなら、最後の部分は書かれなかったであろう。これが書かれたのは、東部戦線での戦闘（とりわけ、ブルシーロフ攻勢での度重なる戦闘）に参加していたからである。

『草稿』には、「世界の意味」が「世界の内」にではなく「世界の外」にあり、その「世界の意味」を「神」と称することができる、と書かれていた（一九一六年六月／七月一一日）。それならば、当然の帰結として、「世界の意味」である神は、「世界の内」にではなく、「世界の外」に存在しなければならない。鬼界が述べたように、『論考』の言語理論が有意味には語りえないとしているものとは、「世界の〈外部〉にあり、世界と世界の出来事に意味を与え、すべての価値の源泉である存在としての〈神〉」なのである。もしも神が「世界の内」に自らを現わしたとすれば、それはもはや「神」ではなくなってしまう。

また、『論考』では「いかに世界があるかは、より高貴なもの〔神〕にとっては、まったくどうでもよいことである。神は世界の内に自らを現わしたりはしないのである」（強調原著者、六・四三二）と認められている。細かいことになるが、「神は自らを示す(zeigt sich)」ことはあっても「神は自らを現わす(offenbart sich)」ことはないのである。管見のかぎり、ウィトゲンシュタインに対して、神は「自らを現わす」ことはなかった。戦場における極限状況において、彼が神に祈りを捧げても、神は応えてくれなかったのである……[40]。

それでも、ウィトゲンシュタインが神の存在を信じていることに疑いはない。中井も「彼はパスカルのような烈しい〝被造者体験〟を経験して一つの回心をなしとげた」旨を述べていた。彼にとって「キリスト教は幸福へと至るただ一つの確実な道」（強調原著者、『日記』一九一四年一二月八日）なのだ。

ここで、「六・四」以前と以後にある二つの種類の命題群[41]に関係する、ウィトゲンシュタイン自身の言葉を思い起こそう――彼は『日記』において、これらに「繋がりをつけることができない」（一九一六年七月六日）とも「繋がりはつけられるだろう」（同七日）とも書いていたのであった。いいかえれば、「六・四」に先立つ命題群とその後にくる命題群に「繋がりをつけることはできない」ともいえるし、「繋がりをつけることはできる」ともいえるのだ。

それでも、あえて問うならば、問題は「ウィトゲンシュタインが〈六・四〉の前後のいずれの命題群を重視したか」ということである。

まず、両方とも同じくらい重要である、という健全な意見もあるだろう。この見解をとる人たちは、異質な命題群に整合性をもたらす解釈を模索するであろう（「繋がり」はつくのだから）。また、それほど宗教に関心のない人たち（たとえば論理実証主義に基本的に共鳴する人たち）は、前者に決まっている、というだろう（「繋がり」はつかないのだから）。しかしながら、筆者は「ウィトゲンシュタイン自身は戦闘体験をへて書かれた〈六・四〉以降の諸命題のほうを重視したに違いない」と推測する（たとえ「繋がり」がつくとしても）。分量的にはわずかにせよ、これが最後にきちんと書かれて出版されたという事実は、やはり重要である。さらに、フィッカーあての書簡もふくめて彼が書き残したものを読む限り、またエンゲルマンの証言を考慮に入れても、そのように解釈するのが妥当である。

二・九　中井久夫の『論理哲学論考』解釈

筆者の見解は右の通りであるが、「論理と論理」が一冊の本において渾然一体となっていることを、ウィトゲンシュタインの精神状態の変化と結びつけた中井の解釈は、出色である。前半部分はすでに引用したが、それに続く部分も紹介しておきたい。

> おそらくあの一九一六年夏の危機の中で、彼のそれまでの論理哲学的探究は、一見そのままでありながら根本的な価値転換、つまり〝語りうるもの優位〟から〝語りえないもの優位〟へという逆転を起こし、全体系がいわば目に見えない組替えを起こしたのであろう。これが『論考』が二重の意味をもつかにみえる理由である。しかし一九一六年六月から日を経るにしたがって、同じく語りえないものの優位性とはいえ、それは当初の極限的な体験としての直接性を失い、次第に一つの哲学としての間接性へとゆるやかな意義変化を起こしている。これが、限界状況を体験した彼がそのまま剛毅な沈黙の中へ歩み去らず、想をあらたにして一つの哲学体系をつくりあげようとした理由であろう。[42]（強調引用者）

中井の解釈にはもちろん頷かされるけれども、たとえウィトゲンシュタインが新たに「一つの哲学体系」を創りあげようとしていたとしても、『論考』の「六・四」を分水嶺とするならば、やはり、彼はそれ以降の論述を重視していたであろう。

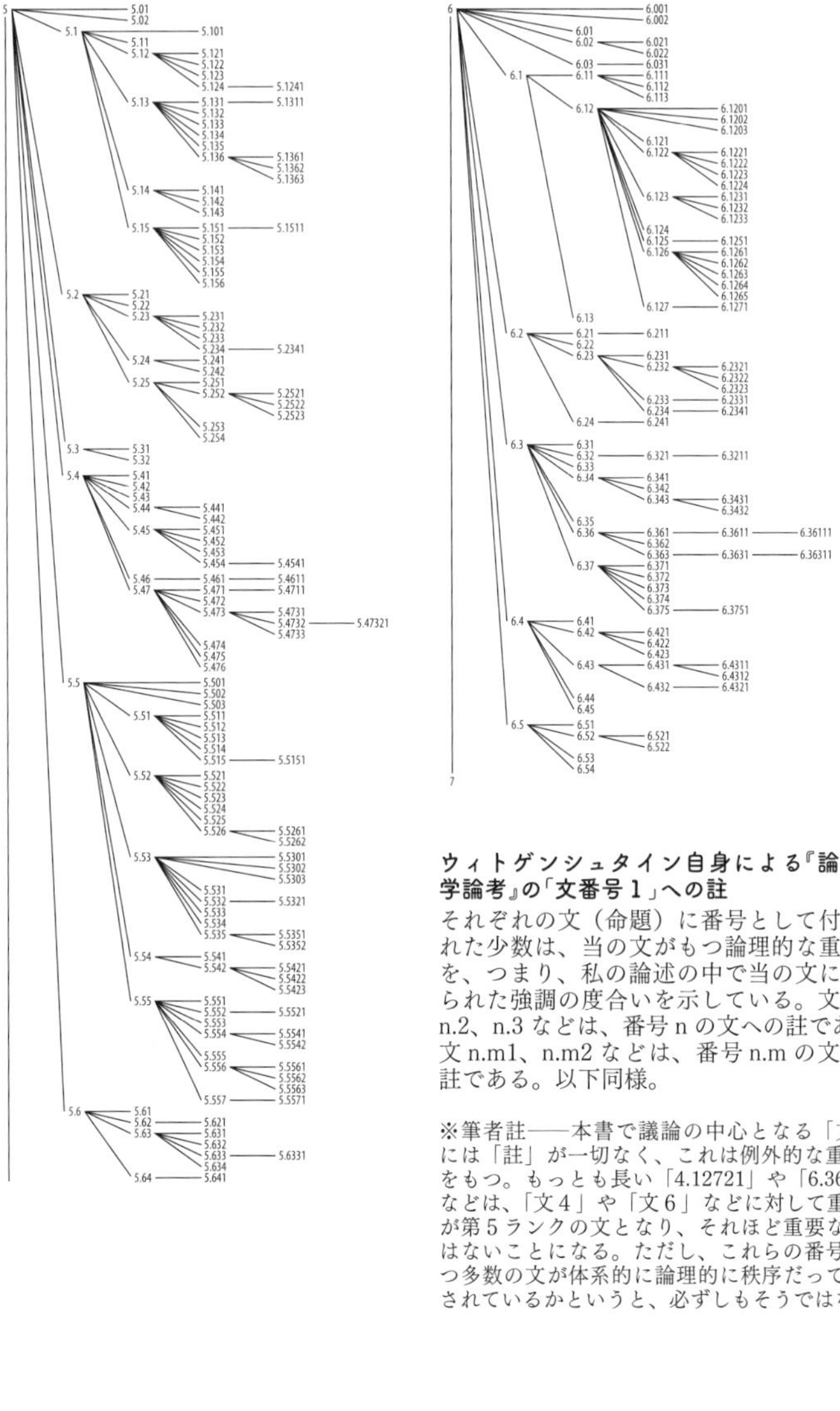

ウィトゲンシュタイン自身による『論理哲学論考』の「文番号1」への註

それぞれの文（命題）に番号として付けられた少数は、当の文がもつ論理的な重要さを、つまり、私の論述の中で当の文に与えられた強調の度合いを示している。文 n.1、n.2、n.3 などは、番号 n の文への註であり、文 n.m1、n.m2 などは、番号 n.m の文への註である。以下同様。

※筆者註――本書で議論の中心となる「文7」には「註」が一切なく、これは例外的な重要さをもつ。もっとも長い「4.12721」や「6.36311」などは、「文4」や「文6」などに対して重要性が第5ランクの文となり、それほど重要な文ではないことになる。ただし、これらの番号をもつ多数の文が体系的に論理的に秩序だって整理されているかというと、必ずしもそうではない。

The Phylogenetic Tree of Wittgenstein's *Tractatus logico-philosophicus*
ウィトゲンシュタイン『論理哲学論考』の系統樹

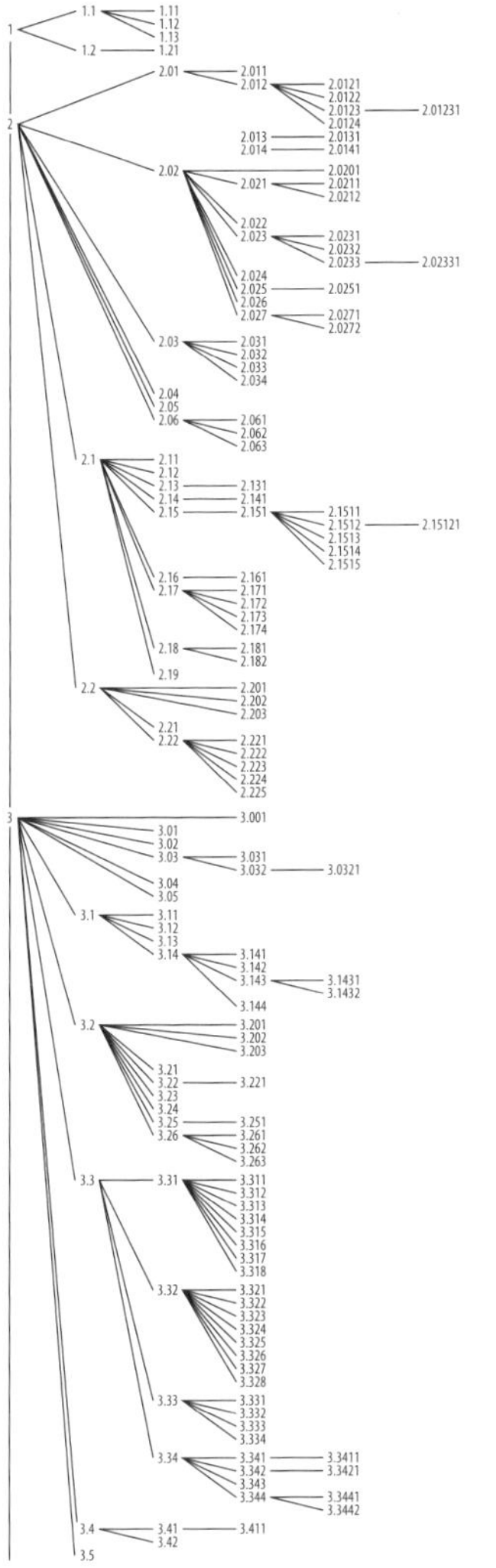

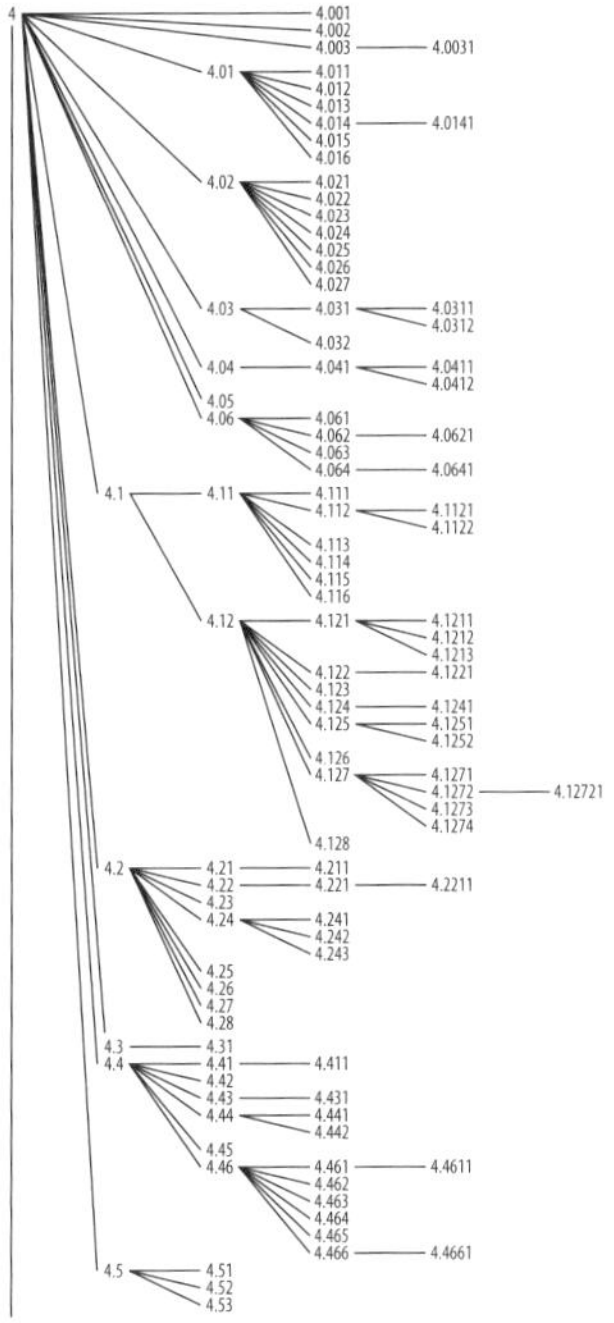

増成隆士氏作成の『論理哲学論考』の系統樹
この系統樹は、1990年頃に、筆者が増成隆士先生（筑波大学名誉教授）から頂いたものである。オリジナルの手書きの系統樹は２列であり、文１から文４までが左側に、文５から文７までが右側にある。
本書の系統樹では、各ブロックの左端に、『論考』の支柱となる文番号（命題番号）がある。すなわち、一番左に文１（文番号１）と文２と文３、その右に文４、その右に文５、一番右に文６と文７がある。

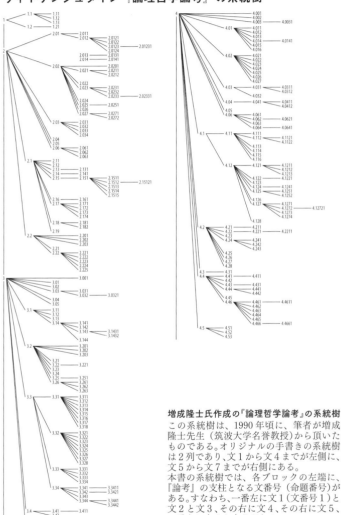

第三節　ボヘンスキーのウィトゲンシュタイン批判

三・一　「否定神学」

「マタイによる福音書」には「父のほかに子を知る者はなく、子と、子が示そうと思う者のほかには、父を知る者はいません」（第一一章第二七節）とある。「子が示そうと思う者」とは精確には誰なのか、筆者は知らない。しかしながら、キリスト教の最初期から、「神の不可知性」が確認されていたことは推測できる。

否定神学は東方教会に顕著にみられる神学であるが、その代表的な人物としては、次のような人々があげられる。アレキサンドリアのクレメンス、オリゲネス、ニュッサのグレゴリオス、偽ディオニュシオス・アレオパギテース、証聖者マクシモス、グレゴリオス・パラマスなどである。

一言で「否定神学」を筆者なりに定義すると、「神は人間の思考が作り出した一切の述語を超えたものであるから、神については〈神は〜でない〉という否定的表現でしか語れない」とする神学のことである。また、ボンディによれば、否定神学とは神について論じる一つの方法であり、同時に「神と交わりをもつ方法」である。この方法では、「神はどのようにしても概念化されることのない存在として前提され、感覚と思惟とにより造られたカテゴリーのすべてを超えたところに求められる[43]」。

いうまでもなく、否定神学とは神の存在を否定するものでは決してない。否定的言辞で語ることにより、逆説的に、神の存在を肯定するものである。いいかえれば、否定神学は、神の存在を形而上学的思考によって説明したり証明したりすることに限界を感じ、神の存在を観念的思考の外部におしだすことによって、逆説的に、これを肯定しようとするのである。神についてはあえて何も言わない／言わせないことにより、神の存在のリアリティ感がさらに増大するというわけだ。

このように否定神学を捉えれば、ウィトゲンシュタインは否定神学者の典型であろう。彼は、フィッカーあての書簡で次のように語ったのであった。

> ……本書〔『論理哲学論考』〕の意義は倫理的なものです。……すなわち、私の書物は倫理的なものをいわば内側から限界づけています。そして、倫理的なものは、厳密には、そうすることによってのみ限界づけられる、と確信しております。要するに、私は、本書において、今日多くの人々が駄弁を弄しているあらゆる事柄〔倫理的な事柄〕について沈黙し、このことにより、それらの事柄〔倫理的な事柄〕のすべてに確固たる位置を与えたことを、信じています。（強調原著者）

その「限界づけ」は恣意的なものではなく、「語りうるもの」と「語りえないもの」の間に論理学的観点（「写像」の理論と「真理関数」の理論）から明確な一線を引いたのだから、当時、ウィトゲンシュタインは最先端をいく否定神学者であったといえよう。くわえて、「語りえないもの」をいかにして「示す」かに腐心し、神の存在を暗示しているとすれば、彼は二〇世紀最高の独創的否定神学者である、と述べても許されるだろう。

余談になるが、ウィトゲンシュタインは生涯を通じて、神に祈りを捧げたり神に語りかけたりした。『哲学探究』にある「言語ゲーム」の多数の具体例の最後に「祈り／祈ること」（Beten）があげられている（第一部第二三節）が、当時の執筆状況に鑑みると（第3章第一節参照）、おそらく、これは偶然の配置ではなく、きわめて意識的な配置であろう。

「祈り」といえば、ポントスのエウァグリオス（四世紀の神学者）は、神との最高の合一状態を「純粋の祈り」と呼んでいる。この祈りは、いかなる種類の言葉も図像も介することなくなされる「神との交わり」であるが、そこでは、人は「すべて造られたものを超えて存在する神」以外には何ものをも意識しない状態に没入する[44]（第6章第三節参照）。そして、神に祈り、神に語りかけるウィトゲンシュタインがこうした状態（もしくはそれに近い状態）になることは、『秘密の日記』や本書の多くの箇所で引用する彼自身の言葉から、想像できるであろう（註57参照）。

以上で、「否定神学」の概括的説明をおこない、ウィトゲンシュタイン自身が「否定神学者」（それも先進的で独創的な否定神学者）であることを確認した。

三・二　「否定神学」と「肯定神学」

「否定神学」なるものが存在するのであれば、当然、「肯定神学」なるものも存在することになる。六世紀前半に書かれたと推測されている、偽ディオニュシオスの文書は、聖書に示された神の「名」を扱う「肯定神学」と否定神学とを区別している。「善なる者」「存在者」「生命」などの総括的な「名」から始まって、種々の「名」がある。だが、彼は「名」そのものはあくまでも「仮のもの」であることを強調している。神自身はそれらの「名」を超えて存在するからである。ボンディによれば、肯定神学は「被造物との関係において存在する神を積極的に認識しようとする魂の働きに関連する神学」であるが、それはあくまでも「否定神学への導入」にすぎない。

否定神学は、神が何でないかを叙述しつつ、神に迫ろうとする。実際の手順としては、神が神に付けられた名のどれでもないことを主張しながら、議論を進めることになる。このような議論の進め方により、形而下の世界から知解可能な世界を通って概念を超えたところにある神の暗黒の中に入り、神との合一にまで進んでいく。[45]

ウィトゲンシュタインは否定神学の立場にたち、以下でその議論を跡付けるボヘンスキーは肯定神学の立場にたつ。二人の見解は真正面から対立するように見えるけれども、やはり、これも長いキリスト教の歴史のなかで相補的にキリスト教を深化させるプロセスの一局面であろう。

こうした問題意識のなかにボヘンスキーの考察を位置づけてみると、「ウィトゲンシュタインの〈語りえないもの〉〈沈黙〉をめぐる主張が成立するか否か」という、ウィトゲンシュタイン哲学の外部からの議論を展開することができる。ボヘンスキーの観点からいえば、この問いに対する回答は「否」ということになる。

ボヘンスキーの基本的立場に対しては「ウィトゲンシュタインと比較すれば、彼の議論は常識的で凡庸だ」という批判もできよう。それでも、彼の議論は徹底したウィトゲンシュタイン批判として読むことができるし、充分な説得力をもっている。これまで、筆者もウィトゲンシュタインの「沈黙律」や「語りえないもの説」に魅せられ続けてきた。いうまでもなく、彼の思索に内在しながらそれらを理解することは重要である。だがその一方で、彼の思索の外にでて、それらを外から批判的に眺めながら吟味することも、われわれの宗教哲学全体にとっては有益であろう。

三・三　ボヘンスキーによる「語りえないもの説」と「否定神学」に対する批判

カトリック教会のドミニコ修道会の聖職者にして論理学者・哲学者でもあった、ボヘンスキーは『宗教の論理』（一九六五年）を著わした。これは、出版後、多くの学術誌で書評され、高い評価を受けたものである。[46] この著作の中に「語りえないもの説」[47]と「否定神学」[48]に対する論評がある（本節における議論と関連する「神秘」「アナロジー」をめぐる考察も重要である）。以下でみるように、ボヘンスキーがこの二つを明確に区別して考察していることは卓見である。だが、彼はどちらについても否定的な結論を下している。

たしかに、ボヘンスキーはウィトゲンシュタインを名指しで批判しているのではない[49]。しかしながら、右の二つの批判的論評は、ウィトゲンシュタインのことを念頭においているように読める――筆者にはそのようにしか読めない。以下では、そのボヘンスキーの議論を跡づけてみたい。

その前に、ボヘンスキーの二つの基本的見解を紹介しておこう。

(1)ハイデガーは、「自体原因〔自己原因〕の前に人間は畏怖の念から膝まずくこともできず、また、かかる神の前で音楽を奏したり踊ったりすることもできない[50]」と述べた。すなわち、人は、祈りの対象としては抽象的すぎる「自己原因」には祈らない、というのである。これと同様に、現実の信者たちは、対象言語で語ることのできる具体的な諸属性を、信仰する対象〔神〕に帰属させている。ボヘンスキーはこの事実を重視しつつ議論を展開する。すなわち、「語りえない」とか「沈黙しなければならない」とだけしかいえないものを、信仰の対象にする信者など存在しないのだ。

(2)ボヘンスキーは「宗教的言説はその使用者によって超越的対象〔宗教の対象〔神〕〕について述べるものだとされている。けれども、宗教的言説自体はすべて、世俗的言説の語か、世俗的言説の語を使うことによって定義される語によって構成される[51]」と考えている。筆者なりにいいかえると、愛、全知、全能、世界の創造などの神の諸属性も、「AはBを愛している」「Aはすべてを知っている」「Aは何でもできる」「AはBを創った」という世俗の言説で使用される言葉が根底にあり、これらによって類推的に説明されるのだ。

こうした二つの観点から、ウィトゲンシュタインの「語りえないもの説」と「否定神学」を見直すと、ボヘンスキーがいうように、それらは「論理学的に問題はないとしても、現実の信者の信仰とはかけ離れており、放棄すべきだ」ということになるのである。

なお、ボヘンスキーが「宗教の対象に帰属させられる、対象言語で語りうる属性のクラス（空でなく一つ以上の要素をもつクラス）が宗教的言説において存在する」[52]と明言していることや論述の方法などから、彼が「肯定神学」の立場から議論を展開していることは明白である。

三・四 「語りえないもの説」について

洋の東西を問わず、古くから「宗教的言説にはまったく意味がない」とみなす人々は、この見解をしばしば「宗教の対象は語りえない」と表現してきた。「宗教の対象」とは、たとえばキリスト教の「神」である。ボヘンスキーはこうした学説を「語りえないもの説」とよぶ。

この説は、これまで、「矛盾している」とよくいわれてきた。一例をあげれば、この説は「宗教の対象については何も述べることはできない」と主張するけれども、そういうこと自体が宗教の対象について何事かを述べているのだから、この説は矛盾をふくんでいる、というわけだ。

しかしながら、事態はこれよりもさらに複雑である。ボヘンスキーは以下の（A）と（B）の二つの事柄について論じている。

（A）語りえないもの説は明白な矛盾をふくんでいない。

（B）しかしながら、語りえないもの説は宗教的言説の要求を満たさない。

ボヘンスキーの結論を先取りして紹介しておくと、「語りえないもの説は、論理学的には矛盾はないけれども、現実に即していないので放棄すべきである」というものである。

三・五　「語りえないもの説」は明白な矛盾をふくんでいない

ボヘンスキーの第一の主張は「論理学において普通に受け入れられている規約に固執するとしても、〔語りえないもの説には〕不整合は出てこない」というものである。まず、彼は次の定式[53]を考える。

①「lという言語においてxは語りえない対象である」というような対象xと言語lとが存在する。

これは明らかに真であろう。なぜなら、そのような対象xと言語lを見いだすことは簡単だからである。牛とチェスの言語がその一例である。チェスの言語で牛は語りえないものであることは、まったく明らかである。つまり、チェスの言語で牛については何もいうことができないのだ。

さらに、ボヘンスキーは、右の定式を次のように普遍化して吟味をおこなう。

②oはどのような言説によっても語りえないような対象である。〔ここで、〃o〃は「定項」であり「宗教の対象」をあらわす。〕

これは①よりも容易ならぬ事態である。①の場合には、チェスの言語で牛について語れなくとも、生物学や動物学の言語では牛について語れるのである。けれども、②は「oはどのような言語によっても語りえない」と主張している。ボヘンスキーは「これは矛盾に帰着するように思われる」と述べる——その理由は次項にある。

ボヘンスキーの基本的な立場は、「対象言語とメタ言語を区別すれば、この矛盾を回避できる」というものである。

その議論に先立って、「対象言語」と「メタ言語」について述べよう。言語はすべて一様に言語外の事物について語っているとは限らない。ある言語について言語で語ることもできる。たとえば、「"flower"は花である」というときには、現実世界に存在している「花」という対象について述べているのではなく、それに対する記号である英語の語（flower）について日本語で述べているのだ。こうした事情をもう少し敷衍しておこう。

まず、（a）花なら花という言語化される以前の対象がある。次に、（b）その対象を指示する

「花」という対象語があり、「花が咲いている」という対象言語で書かれた文がある。さらに、（c）「〈花が咲いている〉は日本語で書かれている」とか「〈花が咲いている〉という文（判断）は正しい」というメタ言語で書かれた文がある。すなわち、「花が咲いている」という対象言語の文に対して、これについて何事かを述べる、レベルを異にする言語があるのだ。ここで重要なのは、（b）の対象言語のレベルと（c）のメタ言語のレベルを混同しない、ということである。

以上をふまえれば、ボヘンスキーの以下の主張も理解できるだろう。彼にしたがえば、「言語のクラスについて何かを主張する論理式〔註53参照〕は、それらの言語のどれによっても定式化できない」という規約を認めておくのが安全である。いいかえれば、そうした論理式は、それが言及する対象言語ではなく、メタ言語によって定式化されなければならないのだ。

ボヘンスキーは〝o〟を宗教の対象と見なしているのだが、②で言及されているあらゆる言語のクラス（「どのような言説」）を対象言語のクラスと見なすと、②そのものはメタ言語で述べられていることになる。そうだとすれば、②は有意味であり、いかなる点においても不整合はない。もしそうであれば、語りえないもの説は明白な不整合をまったくふくんでいないことになる。一般論理学の視点からは、この説に対する反論はできない。

三・六　「語りえないもの説」は宗教的言説の要求を満たさない

しかしながら、応用論理学の一形態である「宗教の論理学」の視点から、語りえないもの説を吟味すれば、事態は変わってくる。宗教的言説の論議領界の内部で、「②は矛盾をふくまないのかどうか」という問いに対して、ボヘンスキーは「②は矛盾をふくむ」と答える。これが第二の主張であり、その論証は以下のようになる。

まず、ボヘンスキーは②がもたらす帰結はどのようなものかを考察する。もし②で言及された諸言語のクラスをあらゆる対象言語のクラスと見なせば、「②は対象言語で語りうる属性を宗教の対象に帰属させることを排除する」(強調引用者)ことになるという。つまり、②によれば、「宗教の対象に帰属させうる唯一の属性は、それらの諸言語のどれにおいても語りえない、というメタ言語の属性「メタ言語でしか語りえない属性」である」というわけだ。

さらに、語りえないもの説によれば、宗教の対象は「いかなる言語においても語りえないような唯一の対象」――宗教の対象が「唯一」的なものであるとするのは、彼がキリスト教の神をイメージしているからであろう――と定式化される。そして、この説にしたがえば、これ以外に宗教の対象を記述することはできない。しかしながら、これが意味するのは「信者は、対象言語で語りうる属性を宗教の対象に帰属させる命題は受け入れないし、受け入れられない」ということである。つまり、これは、信者が宗教の対象について容認するのは「それは語りえない」ことのみである、ということだ。

ボヘンスキーはこの点を鋭く衝いて、「現実の宗教的言説と矛盾するのはまさにこの帰結である」と断じる。これは、宗教的言説の命題的要素を問題とする場合には直接にあらわれ、非命題的要素の場合には間接的にあらわれる。

命題的要素の場合。宗教の対象は少なくともいくつかの対象言語で語りうる属性をもっている。たとえば、キリスト教においては「神はこの世の創造者である」「神は三つの位格において一つである」「神は全知である」「神は人を愛する」などといわれている。これは明らかに、対象言語で語りうる神の属性であって、メタ言語で語られる神の属性ではない。以上から帰結することは、「宗教の対象に帰属させられる、対象言語で語りうる属性のクラス（空でなく一つ以上の要素をもつクラス）が宗教的言説において存在する」ということである。宗教的言説において、対象言語で語りうる諸属性を、宗教の対象はもっているのだ。

非命題的要素の場合。この場合には、対象言語で語りうる属性が明らかに想定されている。たとえば、キリスト教の祈りの要素である、賛美や崇拝などの慣用句（第６章第三節・第四節参照）の使用者は「慣用句が語っている対象（つまり神）がきわめて高い価値をもっている」ことを当然視している。ところで、ある対象に価値を帰属させることができるのは、「少なくとも一つの事実的な、対象言語で語りうる属性が、その対象に帰属していることが想定されている」という条件の下においてのみである。人が「それについては何も語りえない」と考える用意しかないような存在者を賛美したり崇拝したりすること、高く評価することは、不可能であろう。

以上のような議論の帰結として、「語りえないもの説は、一般論理学の枠組みでは不整合はないとしても、実際の宗教的言説とは不整合である」ということになり、ボヘンスキーは「語りえないもの説は放棄すべきである」と結論づける。

三・七　「否定神学」について

前項で述べた「語りえないもの説」と「否定神学」には密接な関係があり、一見よく似ているように感じられよう。しかし、ボヘンスキーによれば、否定神学は語りえないもの説とは違う。彼のいう否定神学は、語りえないもの説のように、「宗教的言説は何も意味しない」とは主張しない。これは「宗教的言説は何かを意味してはいるのだが、その意味しているものはなんであれ、まったく否定的なものである」と主張するのだ。

語りえないもの説と同様に、否定神学も批判にさらされている。ボヘンスキーは三つの例をあげる。

①「xは白くない」ことを意味している一つの表現があるとする。もしこの表現が宗教の対象に適用されたとき、白くないことの否定を意味していると想定されるならば、それは宗教の対象は白いことを意味する。そして、宗教の対象はまったく肯定的な属性を得ることになってしまう。

②もし否定神学の主張が「宗教の対象について述べられることはいずれも、その述べられたことの否定を意味する」というのであれば、矛盾が必然的にともなう。というのは、

少なくとも二重否定の原理を容認するならば、宗教の対象に「白くないという属性」（白いという属性の否定）と、「白くないことはないという属性」（白くないという属性の否定）つまり「白いという属性」（二重否定の原理からの帰結）とを、帰属させなければならないからである。

③もし否定神学の理論の範囲を肯定的な属性のクラスに限定しようとするならば、それらの諸属性を定義しなければならない。しかし、肯定的な属性を定義することは難しい。そして、それらの属性の満足のいく説明はいまだに知られていない。

否定神学に対して、ボヘンスキーは以下の（C）（D）二つの事柄について論じている。

（C）否定神学は明白な矛盾をふくんでいない。

（D）しかしながら、否定神学は宗教的言説の要求を満たさない。

否定神学に対するボヘンスキーの結論を先取りして紹介しておくと、「語りえないもの説」の場合とおなじく、「否定神学説は、論理学的には矛盾をふくまないが、現実に即していないので放棄すべきである」というものである。

三・八 「否定神学」は明白な矛盾をふくんでいない

否定神学の理論に精確さをあたえようとするならば、否定の対象となる「肯定的属性とは何か」を定義しなければならないだろう。そこで、ボヘンスキーはこれを次のように定義する。

①直接に知覚・認識される属性は肯定的な属性である。

②肯定的な属性をあらわす記号と、肯定的論理学の語のみをふくんだ論理式で定義される属性は、肯定的な属性である。

さきに「それらの〔肯定的〕属性の満足のいく説明はいまだに知られていない」と述べられていたように、ボヘンスキー自身による右の定義も問題をはらんでいる。①に関連して「直接に知覚・認識される肯定的属性とは何か」という疑問が出てくる。肯定的属性には、赤い・大きい・長いといった具体的なものからはじまって、人間を愛するとか全知全能、さらに完全・絶対・永遠といった抽象的なことまで考えられる。これらの例のすべてが「肯定的属性」と見なされよう。しかし、そうだとすれば、たとえば完全性・絶対性・永遠性・全知全能性といった神の重要な属性は「直接に知覚・認識される」のだろうか、という疑念が出てくる。信者は神がそうした属性をもっていると信じてはいても（あるいは頭では理解していても）、それらを直接に知覚・認識することはできないだろう。そうだとすれば、①の定義は宗教の本質的な部分との関連ではあまりにも狭すぎる、ということになる。

この点については、ボヘンスキーも「この定義は、肯定的な属性のクラスを、否定神学の支持者が意味しているものをはるかに超えて〔厳しく〕限定する」ために、「あまり満足のいくものではない」と述べている。それでも、一応、右の二つの肯定的属性の定義を認めたうえで、さらに彼の議論を追ってみよう。

ボヘンスキーは、否定神学者は以下のような仮説を支持するだろう、と語っている。〝t〟という語を任意の世俗的言説で使用される語だとすると、「tによって意味されているものは宗教の対象には適用できない」と主張できる。そこで、tという「語」とその「意味」を切り離して、「tは世俗的言説においてφという意味で使用されている語である」とすれば、次の結果を得る。

③すべてのtについて、もしtが世俗的言説においてφという意味で用いられており、しかもそのφが肯定的な属性であるとすれば、宗教の対象はφという属性をもたない。

これは、ひらたく言えば、宗教の対象はあれやこれやの肯定的な属性をもってはいない、と述べているのである。つまり、宗教の対象は世俗的言説の語によって表現されるいかなる肯定的な属性ももっていないのだ。

すこし補足しておくと、「右の定式で、なぜtという世俗的言説が必要なのか」と問いたくもなろう。ボヘンスキーが③のように述べる理由の一つは、深いところで、彼の言語観とかかわっている。彼は「信者たちが宗教の対象について語るときに使う宗教的言説は、それ自体が世俗的言説であるような語や、そのような語によって定義された語によって、もっぱら構成されている[54]」と考えているのだ。

いずれにせよ、ボヘンスキーの主張によれば、③のように定式化すると、語りえないもの説とおなじく、否定神学は直接的にはいかなる不整合も含意しない。というのは、③は宗教の対象に純粋に否定的な属性だけを帰属させているからである。あるいは、宗教の対象に、少なくとも肯定的な属性は帰属させていないからである。

三・九　「否定神学」は宗教的言説の要求を満たさない

さらにすすんで、ボヘンスキーは「宗教の対象」を次のように定式化する。

④すべてのtについて、もしtが世俗的言説においてφという意味で用いられており、しかもそのφが肯定的な属性であるとすれば、φという属性をもたないような唯一のx。

このように定式化した直後に、ボヘンスキーは重要な主張をする。

> これは、語りえないもの説でおこることと対照的に……メタ言語的な属性ではない。第二水準の対象言語の属性である。今度もまた、語りえないもの説でおこることと似て、「第一水準のあらゆる対象言語の属性が宗教的言説によって宗教の対象に帰属させられることはない」といわれている。[55]（強調引用者）

しかしながら、この引用部分はひじょうに重要な指摘であるにもかかわらず、ボヘンスキーは「第一水準の対象言語（の属性）」と「第二水準の対象言語（の属性）」という言葉の説明をしてくれてはいない。けれども、右の傍点部分と以下の論述から、彼が「現実の信者たちは、第一水準の対象言語の属性を、宗教の対象に帰属させることができなければならない」とみなしていることだけは間違いない。

> 宗教的言説が宗教の対象に第一水準の〔対象言語の〕属性を帰属させ、さらに、その属性のうちのいくつかを宗教的言説の命題的部分において宗教の対象に帰属させているのは、明らかである。そして、宗教的言説の非命題的な要素〔たとえば神を賛美する慣用句など〕は、宗教的言説を使用する人々がそうした属性〔第一水準の対象言語の属性〕を宗教の対象に帰属させることを、前提としている。[56]

くり返しになるが、ボヘンスキーは「現実に、信者たちは第一水準の対象言語の属性を宗教の対象に帰属させている」「宗教の対象が対象言語で語られるどのような肯定的属性も持てないような宗教的言説は存在しえない」と考えているのである。

このことを踏まえて、定式③④とボヘンスキーの議論とをふり返るとすれば、語りえないもの説のところで見られた反論と同様の反論が、否定神学に対してもなされることになる。すなわち、「否定神学の理論は、一般論理学の枠組みでは不整合はないとしても、全体としての〔実際の〕宗教的言説とは不整合である」ということになるのだ。人は、いかなる肯定的な属性も帰属させられない存在者を、崇拝したり賛美したりすることはできない。

それゆえ、語りえないもの説の場合と同様に、ボヘンスキーは「ここで定式化されたような否定神学の理論は放棄すべきである」と結論する。

三・一〇 小括

以上で、ボヘンスキーの議論を跡付けてきたが、ここで、ボヘンスキーとウィトゲンシュタインの見解を比較しよう。

(1)ボヘンスキーのいう「語りえないもの説」における「宗教の対象〔神〕」について、彼が述べたこと（第五項の②）をウィトゲンシュタインが認めるならば、ボヘンスキーはウィトゲンシュタインの「語りえないもの説」を否定することになる。もちろん、「メタ言語」をめぐっては、ウィトゲンシュタインはこれを容認しない立場にたち、ボヘンスキーはこれを容認する立場にたつ。だが、右の②をウィトゲンシュタインが認めるとすれば（認めない理由があるだろうか）、ボヘンスキーの立場からは、ウィトゲンシュタインの「語りえないもの説」は「宗教的言説の要求を満たさない」――②の帰結として「②は対象言語で語りうる〔肯定的〕属性を宗教の対象に帰属させることを排除する」――ことになり、「放棄すべきである」ということになる。

(2)ウィトゲンシュタインは自分の「沈黙律」「否定神学」について、分析的に説明しているところはない。だが、ボヘンスキーのいう「否定神学」――「宗教的言説は何かを意味してはいるのだが、その意味しているものはなんであれ、まったく否定的なものである」――は、仮にウィトゲンシュタインの「沈黙律」「否定神学」と直接の関係をもたないとしても、それらの解釈に新たな光を投げかけている。すなわち、ボヘンスキーは暗黙のうちにウィトゲンシュタインの『論考』などにみられる否定神学を自分の視点から要約しなおし、整理し、そのうえで彼の説を批判したといえるのだ。そして、ボヘンスキーが「宗教の対象〔神〕」について述べたこと（第八項の③および第九項の④）をウィトゲンシュタインが認めるならば（認めない理由があるだろうか）、最終的に、ボヘンスキーの立場からは、ウィトゲンシュタインの「否定神学」は「宗教的言説の要求を満たさない」――③④の帰結として「第一水準のあらゆる対象言語の〔肯定的〕属性が宗教的言説によって宗教の対象に帰属させられることはない」――ことになり、「放棄すべきである」ということになる。

一言でいうと、ウィトゲンシュタインが右の二つ／三つの論点を認めるならば（実際にはたとえ認めないとしても）、ボヘンスキーは彼の「語りえないもの説」と「否定神学」の双方を否定したことになる。

おわりに――独創的な「否定神学」の著作としての『論理哲学論考』

まず、筆者が問題にしたいのは、「肯定と否定のどちらが先立つか」ということである。先に紹介したボンディの解説によれば、否定神学は「形而下の世界から知解可能な世界を通って概念を超えたところにある神の暗黒の中に入り、神との合一にまで進んでいく」と考えていたのであった。たとえ、彼が肯定神学は「否定神学への導入にすぎない」とみなしていたとしても、現、実、問、題、と、し、て、は、肯定神学がなければ、否定神学は成立しない。また、ウィトゲンシュタインの「語りえないものについては、沈黙しなければならない」という沈黙律の主張も、種々の「語りの内容」（「今日多くの人々が駄弁を弄しているあらゆる事柄」）があって初めて、成立するであろう。

つぎに、エウァグリオスのことを紹介したときに、否定神学は「神との最高の合一状態」「純粋の祈り」「神との交わり」「神以外には何ものをも意識しない状態」と密接な関係があることを述べた。同じように、ボンディも、否定神学は概念を超えたところで実現される「神との合一」

をめざすものとしていた。これらはすべて「体験／宗教体験」の諸様態であるといえよう。

否定神学者としてのウィトゲンシュタインは、自身の「体験」（戦闘体験と神への祈りなどの宗教体験）[57]と「語りえないもの」とを結び付けて思索を展開している。これに対して、肯定神学者としてのボヘンスキーは、「体験」を議論にもちこまず、あくまでも論理・理性の内部においてのみ思索を展開している。

宗教哲学的思索の傾向を筆者なりに分類するならば、①体験重視型、②論理（理論）重視型、③両者の混合型の三種類に分類できる。いわゆる否定神学者は①であり、ボヘンスキー（やプランティンガやカント）は②であり、ウィトゲンシュタインは③である。①の否定神学者の主張はよく理解できるが、これは言語（概念）の果たす役割（肯定神学）を軽んじすぎているように思われる。②のボヘンスキーの主張にも納得するが、これは体験を軽んじすぎているように思われる。もっとも筆者の興味を引くのは③のウィトゲンシュタインの型である。しかしながら、彼を始めとする③の思索には種々のバリエーションもあり、理解するのが困難である。

本章で論じてきたように、ウィトゲンシュタインは、最終的に、否定神学者だといえる。しかしながら、筆者を惹きつけてやまないものは、彼が「否定神学者になっていくプロセス」とその「思索の結果」である。すなわち、まず一方では、(1)「命題が世界を記述するのは可能だ」（『草稿』一九一四年一〇月一九日）という着想を洗練させ、(2)「写像の理論」や「真理関数」の理論などによって言語の限界を確定する作業に従事し、(3)ブルシーロフ攻勢における激烈な戦闘体験によって言語の限界をいっそう鋭い眼差しで見つめ、(4)神の領域に否定神学的に近づこうとする、というプロセスがある。また他方では、血の滲むような思索が結晶した『論考』には、何度読み直しても引き付けられる不思議な魅力、すなわち、「六・四」を境にしてその前後で断絶しながらも繋がっている、という不思議な魅力がある。もちろん、筆者が論じたように、否定神学者としてのウィトゲンシュタインは「六・四」以降を重視したであろう。しかし、それでも、彼自身が『秘密の日記』で「繋がりはつけられる」(一九一六年七月七日)と認めたように、その前後で繋がりは保たれているともいえる。

『草稿』の最初(一九一四年九月三日・二一日の書付)から、ウィトゲンシュタインに否定神学的傾向を読み取ることは、不可能ではないかもしれない。しかしながら、大きな流れとしては、彼はブルシーロフ攻勢における戦闘体験を経てから否定神学的立場にたつようになった、といえるであろう。このようにして生まれた『論理哲学論考』とは、一言でいうならば、(1)論理学的に言語の限界を明確に確定し、(2)神について語ることを禁じて「語りえない」宗教の領域を護り、(3)「語る/示す」「語りうるもの/語りえないもの」という二本の基軸によって独創的な否定神学を構築した書物である、ということになる。

［註］

1　厳密にいうと、「否定神学」は学説の名称であって、「否定神学者」という人物は存在しない。それゆえ、ウィトゲンシュタインを「否定神学者」というのは適切ではない、という指摘もあるかもしれない。だが、彼の多くの論述に否定神学的傾向があることは事実である。本書において、ウィトゲンシュタインを「否定神学者」として捉えるということは、「彼の多くの論述には否定神学的傾向がある」ということである。

2　ウィトゲンシュタインの「言う／話す／語る／言い表わす」などには、"sagen/reden/sprechen/aussprechen" などが対応する。彼のテクストにおいて、こうした語がどのように使用されているかを詳細に研究すれば、新たな知見がもたらされるかもしれない。

3　L. Wittgenstein, *Geheime Tagebücher 1914-1916* (W. Baum hrsg.) Turia & Kant, 1991. バウムによって出版されたテクストには問題が多い。丸山空大「テクストについて」（二〇一六年）を参照されたい。丸山の訳（後掲）は、次の電子版も参照しながら訳出している。*Wittgenstein's Nachlass, Bergen Electronic Edition*, Oxford University Press, 2000.

4　J. M. Bochenski, *The Logic of Religion*, New York University Press, 1965. J・M・ボヘンスキー（星川啓慈訳）『宗教の論理』ヨルダン社、一九九七年。

5　A. Plantinga, *God, Freedom, and Evil*, William B. Eerdmans Publishing Company, 1977.　A・プランティンガ（星川啓慈訳）『神と自由と悪と』勁草書房、一九九五年。

6　ボヘンスキー、前掲書、八四頁［原書、六七－六八頁］。

7　「ブルシーロフ攻勢」については、次のものを参照されたい。①星川啓慈・石神郁馬「戦場のウィトゲンシュタイン」二〇一六年。②Dowling, *The Brusilov Offensive*, 2008.

8　中井久夫「ルートヴィヒ・ヴィトゲンシュタイン」一九七二年、一四二頁。

9　中井、同論文、一四〇頁。

10　ウィトゲンシュタイン（丸山空大訳）『ウィトゲンシュタイン「秘密の日記」』二〇一六年。この『日記』が世に出される複雑な過程については、丸山空大「テクストについて」（前掲）を参照されたい。

11　中井は、『秘密の日記』の存在が知られていなかった時点で、いわばこの『日記』の内容を予言するような論述をしている。
『日記』〔この文脈では『草稿』のこと〕において重要な転回がみられるのは必ずこれらの激戦〔「ガリシア会戦」「ブルシーロフ反攻」〕のさなかである。このことは、従来問題にされていなかったようである。『日記』が戦闘や兵士としての日常を全く語らず、抽象的語句で埋められていることから、兵士としての彼〔ウィトゲンシュタイン〕が哲学的超然性をもって生きていたように思われているが、事実はおそらく正反対であろう。『日記』と戦闘の現実とはほとんど陰画と陽画のように対応する。彼ほど真剣な兵士はなかったのではなかろうか。……『論考』においては〝書かれていないこと〟が〝書かれていること〟以上に問題にされるが、これと同様、『日記』においても記されていないものは記されているものと同じくらいに重要なのである。（中井、前掲論文、一三七―一三八頁）
「『日記』において記されていないもの」とは、当時、中井が知る由もなかった『秘密の日記』そのものであり、そこには「真剣な兵士」としてのウィトゲンシュタインの姿が彼自身によって記録されている。中井の洞察力の凄さに圧倒される。

12　マクギネス『ウィトゲンシュタイン評伝』一九九四年、四一三―四一四頁〔原書、二四四―二四五頁〕。マクギネスも丸山も『秘密の日記』から訳している。マクギネスの場合は、英文がさらに日本語に訳されている。マクギネスの英文の日本語訳は、英語の原文を参照のうえ、一部、筆者が訳しなおした。

13　マクギネス、同書、四一三―四一四頁〔原書、二四四―二四五頁〕。

14　Cf. Dowling, *op.cit.*, 2008, pp. 62-112.

15　『草稿』は一部（第三冊目）が欠落しているから、宗教的な文章が書かれ始めるようになる前の一九一六年四月一五日から五月一一日までの書き込みである。

16　マクギネス、前掲書、五五四頁、註38〔原書、二四四頁、註38〕。

17　マクギネスはウィトゲンシュタインの種々の貴重な資料を見ることのできる立場にあった。ここで「七月一日か四日」とする理由を明記していないとしても、そう主張する論拠はあるのかもしれない。

18　訳者の奥雅博は、この部分は「おそらく『論考』の五・五、六・〇一で定着する、シェッファーの縦棒の拡張によってえられた各基底の同時否定、であろう」という（ウィトゲンシュタイン『草稿』三八六頁、訳註40）。
19　中井、前掲論文、一四五頁。
20　カント『純粋理性批判（上）』一九六一年、四三頁［原書、二八頁］。
21　E. Stenius, *Wittgenstein's Tractatus: A Critical Exposition of Its Main Lines of Thought*, Blackwell, 1960. この時点では、ステニウスはウィトゲンシュタインの『秘密の日記』の存在については知る由もなかった。
22　A. Janik and S. Toulmin, *Wittgenstein's Vienna*, Simon and Schuster, 1973. S・トゥールミン／A・ジャニク（藤村龍雄訳）『ウィトゲンシュタインのウィーン』TBSブリタニカ、一九七八年。
23　Wittgenstein, *Briefe an Ludwig von Ficker*, 1969, S.35.
24　黒崎宏『ウィトゲンシュタインの生涯と哲学』一九八〇年、一二七―一三二頁、参照。
25　鬼界彰夫「隠された意味へ――ウィトゲンシュタイン『哲学宗教日記』（MS 183）訳者解説」（ウィトゲンシュタイン（I・ゾマヴィラ編・鬼界彰夫訳）『ウィトゲンシュタイン哲学宗教日記』講談社、二〇〇五年、所収）二七九頁。
26　Wittgenstein, *Prototractatus: An Early Version of Tractatus Logico-Philosophicus*, 1971.
27　鬼界彰夫『ウィトゲンシュタインはこう考えた』二〇〇三年、二一頁。
28　マクギネス、前掲書、四四五頁［原書、二六五頁］。
29　ウィトゲンシュタインの手稿の手書きノンブルで七〇―七一頁。『原原論考』と『論考』の文章の対応関係は、一字一句にいたるまで精確に対応しているわけではない。
30　「示す」の場合は、zeigen が最も重要である。それでも、「語る」の場合と同様に、「示す／指し示す／暗示する／意味する／指示する」などについても、"zeigen/auf etwas zeigen/bedeuten/bezeichen" などの語が、ウィトゲンシュタインのテクストにおいてどのように使用されているかを詳細に研究すれば、新たな知見がもたらされるかもしれない。
31　藤本隆志『ウィトゲンシュタイン』一九八一年、三〇〇頁。

32 黒崎、前掲書、一四五頁。
33 シュテークミュラー『現代哲学の主潮流2』一九八一年、二一八—二二六頁〔原書、五五四—五六一頁、参照〕。
34 黒崎、前掲書、一五三—一六五頁。
35 ウィトゲンシュタイン『ウィトゲンシュタインとウィーン学団』一九七六年、一六七頁〔原書、一一七頁〕。
36 Wittgenstein, *Tractatus Logico-Philosophicus* (D.F. Pears and B.F. McGuinness trans.) 1961. p. 73.
37 星川啓慈「『論理哲学論考』における〈語りえないもの〉と〈沈黙〉をめぐる新解釈」二〇〇九年。
38 Engelmann, *Letters from Ludwig Wittgenstein with a Memoir*, 1967, p. 97.
39 『論考』の執筆開始は、ウィトゲンシュタインがケンブリッジにいた一九一二年六月からと解釈できる。『論考』の詳しい執筆経過については、次のものを参照のこと。①マクギネス、前掲書、四四三—四四六頁〔原書、二六四—二六六頁〕。②鬼界彰夫、前掲書、三九—四二頁。
40 ウィトゲンシュタインにとって重要なのは「自分がそれに依存していると思われるあの見知らぬ〔神の〕意志と一致していることである」(『草稿』一九一六年七月八日、註57、参照)。本文でも述べていることだが、理論的には、神が世界の内に現われる必要はないのである。
41 厳密にいうと、『論考』の多くの文章は、形として命題のように見えても——たとえば『論考』の柱である命題番号一から六までは「〜である」("ist")の形で書かれている——実質的には「事実を写し取る」命題ではない。『論考』の命題のほとんどは「疑似命題」である。だからこそ、ウィトゲンシュタインも六・五四において、「自分の諸命題は無意味である」と述べているのだ。
42 中井、前掲論文、一四五頁。
43 ボンディィ「否定神学」一九九五年、四九五頁。
44 ボンディィ、同論文、四九五頁、参照。
45 ボンディィ、同論文、四九六頁。
46 日本では、市井三郎が『宗教の論理』に言及し、(1)ボヘンスキーが非形式論理学のひろい領域の可能性を示唆する「応用論理学」を提案していること、(2)それがこの著作において具体的に平明に展開されていることなどを、紹介している。市井三郎「非形式論理学の諸問題」一九六八年。

47 ボヘンスキー、前掲書、四五―五〇頁〔原書、三二―三六頁〕。比較的短いので、細かな引用箇所は示さない。

48 ボヘンスキー、同書、一三一―一三五頁〔原書、一一一―一一四頁〕。比較的短いので、細かな引用箇所は示さない。

49 ボヘンスキーの『宗教の論理』（原書出版、一九六五年）においては、「ウィトゲンシュタインの有名な言葉を使えば、〔バッハの〕フーガは客観的構造を〈示す〉のである」（四〇頁〔原書、二七頁〕）と述べられているだけである。また、『記号論理学の綱要』（原書出版、一九四九年）においては、三か所で、ウィトゲンシュタインは記号論理学者のうちの「実証主義者」として言及されているのみである。しかし、『現代の思考法』（原書出版、一九五四年）においては、やや詳しくウィトゲンシュタインについて述べられている。この著作で、ボヘンスキーは、「認識できないもの」が問題となり「言いえないもの」が問題となったとき、こうした問題に対処する三つの立場の見解をあげている。①ベルグソンやヤスパースたちの見解、②ウィトゲンシュタインたちの見解、③ハルトマンたちの見解。そして、ボヘンスキーは次のように解釈する。⑴ウィトゲンシュタインたちにとって、「述べる」ということは「客観的意味内容をもつ記号を使う」という限りのことが意味されている、⑵「言いえないもの」に対しては、その定義からいっても「言われえない」のであるから、「述べる」ことは不可能である（六四―六六頁）。また、ボヘンスキーの「対象言語」と「メタ言語」の基本的な見解については、同書の「意味論的階層」をめぐる議論（六八―七〇頁）が参考になろう。

50 ハイデッガー『同一性と差異性』一九六〇年、七五頁〔原書、七七頁〕。

51 ボヘンスキー『宗教の論理』一一四頁〔原書、九四頁〕。

52 ボヘンスキー　同書、四九―五〇頁〔原書、三六頁〕。

53 丸付き数字で示したボヘンスキーの「定式」「論理式」は、すべて論理記号を用いた論理式で書かれている。本節では、それらをすべて普通の文章に書き換えている。

54 ボヘンスキー、前掲書、一一五頁〔原書、九五頁〕。さらに、「宗教的言説自体はすべて、世俗的言説の語か、世俗的言説の語を使うことによって定義される語によって構成される」とも述べられている（同書、一一四頁

〔原書、九四頁〕）。

55 ボヘンスキー、同書、一三四—一三五頁〔原書、一一三頁〕。

56 ボヘンスキー、同書、一三五頁〔原書、一一三頁〕。

57 中井は「戦闘の極限状態の中で、彼〔ウィトゲンシュタイン〕はパスカルのような烈しい〝被造者体験〟を経験して一つの回心をなしとげたのであろう」と論じている。ウィトゲンシュタインが直接的な神体験をした可能性は（おそらくないだろうが）皆無ではないとしても、最終的な決定は誰にもできない。この文脈では、神の直接体験の有無は決定的な事柄ではない。神に祈ることや語りかけること自体が、宗教体験の一つの様態である。また、「神との合一」「神との最高の同一状態」などを広く解釈すれば、ウィトゲンシュタインが一心に神に祈っている時（一種の「純粋の祈り」「神以外には何ものをも意識しない状態」）は「神との合一」「神との最高の同一」の状態にあるとも考えられる。

第3章　太陽とウィトゲンシュタインの宗教体験
——一九三七年三月に書かれた『哲学宗教日記』の分析——

はじめに

ウィトゲンシュタインの私的・宗教的体験が赤裸々に書かれている『哲学宗教日記』[1]（以下『日記』とも略記）の第二部は、『秘密の日記』とならんで、彼の神観・宗教観や宗教体験を知るには第一級の資料である。しかしながら、この『日記』を理解するためには、どうしても彼が篭ったショルデンの「小屋」——第1章で紹介したように、彼自身の言葉では「家」（House）——の跡を訪れ、人里から隔絶されたその地理的・自然的環境を実際に確かめてみないと理解できない部分が多い。例えば、太陽の描写や彼の孤独感や宗教体験はそれらと切り離しては理解できない。第1章で詳しく述べたように、筆者は、二〇一四年三月四日、ウィトゲンシュタインの小屋の跡を訪れる機会を得た。

本章では、第一次世界大戦中に書かれた『秘密の日記』の記述も踏まえながら、『哲学宗教日記』に頻繁に出てくる「太陽」や「光」が、「単独者」としてのウィトゲンシュタインが神と向かい合うときにどのような役割を果たしたのか、を考察する。結論をいえば、「一九三七年三月二六日、小屋から見える春先の暖かい太陽の光が、彼に落ち着きのある宗教体験（一種の宗教的境地）をもたらすことに寄与した」ということになる。

さらに、この結論から、「太陽」「フィヨルド」「統合失調症」などをキーワードに、もう一歩あゆみを進める。そうすると、ノルウェーの画家で統合失調症を患ったムンクと、統合失調症ときわめて高い親和性をもつウィトゲンシュタイン（第1章第五節・第2章第二節参照）との間に、意外な接点を見出すことができる。すなわち、太陽は一種の「救い」の原因となり、二人を精神的窮地から救ったのだ。たしかに、精神的に危うい状態を脱した後の「経過」という観点からは、二人の体験は区別すべきかもしれない。しかしながら、二人の「太陽の体験」は、太陽／光と人間／宗教／精神的治癒との関係という観点からは、多くの共通項をふくむであろうし、これらの関係の理解に優れた事例を提供するであろう。

第一節　『哲学宗教日記』と『秘密の日記』

一・一　一九九〇年代以降のウィトゲンシュタイン研究

第1章と第2章で言及した、ウィトゲンシュタインの『秘密の日記』[2]が紆余曲折のすえ、一九九一年に、バウムによって出版された。これはかなりショッキングな事件であった。それまでもこの資料は「ＭＳ一〇一―一〇三」として専門家には知られてはいたが、この出版により、ウィトゲンシュタインの一九一四年八月から一九一六年八月までの軍隊での私的な生活がかなり詳細に一般の人々（ドイツ語を読める人々）にもわかるようになったのだ。そこには「神への祈り」[3]や「神への語りかけ」なども見られる。

さらに、いわゆる「コーダー遺稿」[4]が一九九三年に知られるようになってから、ウィトゲンシュタイン研究は一つの曲がり角を迎えた。象徴的なタイトルをもつ書物をあげるとすれば、クラゲとノードマンの『ルートヴィヒ・ウィトゲンシュタイン――私的な場合と公的な場合』（二〇〇三年）[5]をあげることができよう。この資料集の出版により、彼の神や宗教などに関する「私的な」文書や遣り取りが、それまで以上に脚光を浴びるようになったのだ。この資料集の中に、『哲学宗教日記』の英訳も収められている。

これら二つの『日記』は「宗教者ウィトゲンシュタイン」「人間ウィトゲンシュタイン」を理解する上で、第一級の資料である。これらを読んだアブレウとネトは「完全無欠（the Perfect）

に向かう道を見出そうとするウィトゲンシュタインの苦行の文書」[6]と評しているが、筆者もそのように感じる――「苦行」というのはもちろん精神的なものである。彼は「完全なる人間」を目指すのであるが、それは苦難の道のりであった。彼自身、こう書いている。

> 新約聖書に述べられていることのどれだけが正しく、どれだけが間違っていようとも、疑えないことが一つだけある。つまり、正しく生きるためには、私は自分に心地よい生き方とはまったく違ったように生きなければならないだろう、ということである。すなわち、生きるとは表面で見えているよりもずっと真剣なものだということである。生きるとは恐ろしいほど真剣なことなのだ。（強調原著者、一九三七年二月一三日）

本章では、その苦難の道のりの一側面を、ショルデンにおける冬から春にかけての太陽の状態との関わりで考察する。ただし、例えば右の一九三七年二月一三日や二二日などの日記に見られるような、極めて生々しい事柄を問題とするのではない。精神的に落ち着きを見せる、ないし、一つの宗教的境地に到達した、「一九三七年三月二六日」の日記に焦点を合わせて考察をすすめていく。

一・二　鬼界彰夫の指摘

本章での考察の中心となる『哲学宗教日記』におけるウィトゲンシュタインの言葉は、一九三七年三月二六日のものである。

私は、自分のあるがままにおいて、自分のあるがままに照らされ、啓かれている。私が言いたいのは、私の宗教は、そのあるがままにおいて、そのあるがままに照らされ、啓かれている、ということだ（Ich bin so erleuchtet als ich bin; ich meine: meine Religion ist so erleuchtet, als sie ist）。

「照らされ、啓かれている」の原語は、Licht（光＝英語の light）から派生し、「照らす、啓蒙する、悟る」などの意味をもつ erleuchten の受動態である。『日記』の訳者である鬼界は「この動詞はウィトゲンシュタインが自己の宗教性の展開を表現する上で、最も重要な言葉であり、最初は第一次世界大戦中に心の闇を神が照らす事を祈るときに用いられた[7]」という。そして、『日記』に先行する大戦中の具体例として、一九一六年三月二九日の『秘密の日記』をあげる。

これから監察である。私の霊は委縮しきっている。神よ、我を照らし給え（erleuchte mich）！　神よ、我を照らし給え！　神よ、我が魂を照らし給え（erleuchte meine

Seele）！（一九一六年三月二九日）

しかし、このerleuchtenという語は、『秘密の日記』では頻繁に見られるわけではない。筆者の調べでは、後ほど引用するが、あともう二か所（一九一四年九月一五日、一九一六年五月四日）にしか見られないのだ。

だが、この語は使用頻度が低いから重要ではない、ということにはならない。この語が使用される文脈には重要な共通点がある。それは、ウィトゲンシュタインが死と隣り合わせにいる状況において使用されていることである。

さらに、鬼界は、erleuchtenは一九一六年三月二九日の場合とほぼ同様の意味で、『哲学宗教日記』においては次のようなところで現われるという。

> 明日、私の信仰は今日よりも明るくなったり（あるいは、暗くなったり）することはあるのだ。助け給え、照らし給え！　そして、決して闇が私の許を訪れませんように！（強調原著者、一九三七年三月二三日）
>
> それ〔純粋な服従によって死ぬこと〕は恐ろしいことだ。この恐ろしさが、ある光の輝きによって照らされますように！（同年三月二五日）

これらの erleuchten の用例は「心の闇を神が照らす事を祈るときに用いられた」のであるが、一九三七年三月二六日の書付の場合、鬼界は「心の闇が上からの光により照らされると同時に、それをきっかけとしてウィトゲンシュタイン自身の宗教性が、ある境地、すなわち信仰に到達するという意味も込められている」と述べて、だからこそ「照らされ、啓かれている」と訳したのだという。[8] つまり、「照らされている」だけでよいところに、わざわざ「啓かれている」を加えたというのである（ちなみに、英訳は illuminated である）。

先述したように、本章においては、こうした鬼界の指摘を踏まえながら、「太陽がウィトゲンシュタインが落ち着きのある宗教的境地に到達することに寄与した」ことを論じるのだが、本章で見るような、太陽とウィトゲンシュタインとの種々の関係がなければ、『日記』で書かれているような三月二六日の宗教体験は、彼にもたらされなかったであろう。

一・三　ウィトゲンシュタインの「小屋」と一九三六年―一九三七年頃の執筆活動

ウィトゲンシュタインの「小屋」については、第1章でも詳しく述べたが、これは、一九一四年の六月に、ノルウェーの「ソグネフィヨルド」の最奥部に位置するショルデンという村の山の中腹に建てられた。小屋の位置と規模およびその環境は次のようになる。(1)小屋の位置は、北緯六一度二九分一五秒、東経七度三七分五四秒。(2)基礎の石組みの上の部分の湖面からの高さは、二五メートル程度。(3)西側の湖に向かっている基礎部分の石組みの幅は、幅八メートル、奥行七メートル。さらにつけ加えると、小屋は周囲を山々でかこまれており、小屋のある位置は日当たりが悪い。航空写真で見ると、周りに陽が当たっていても、小屋の周辺は日陰になっている。[9]
一九七一年に小屋の跡を訪れ、湖畔と湖上から基礎の石組みを見た黒崎宏は、次のように述べている。

見たとたん、私は全く「凄い」と思った。そして私は、ウィトゲンシュタインの壮絶な生き方の一端にふれた思いがした。人里離れた所に住むとはいえ、これほど無遠慮に他人の接近を拒絶できる場所は、そう多くはあり得ないであろう。[10]

また、マクギネスは次のように語っている。

この小さな家には湖を隔てて素晴らしい眺望があり、フィヨルドが南西方向に開け、家屋それ自体も、夏に蔦でおおわれ緑樹で囲まれると、充分に快適な様相を呈した。だが、そこに冬のあいだ中棲みつくには、隠者か苦行僧〔登塔者／柱頭行者＝高柱の上に住み俗世間から離れて苦行した禁欲者〕のような気質を必要とするであろう。相当の勇気も必要である。[11]

「無遠慮に他人の接近を拒絶できる場所」「冬のあいだ中棲みつくには、隠者か苦行僧のような気質を必要とする」という二人の表現は、先のアブレウとネトの言葉やウィトゲンシュタイン自身の言葉とも呼応するであろう。

ウィトゲンシュタインは、⑴一九三六年の八月中旬から一二月の初めまで、⑵一九三七年の一月末から四月末まで、⑶一九三七年の八月中旬から一二月中旬まで、ショルデンに滞在する。また、この間の『哲学宗教日記』の日付は、次のように、大きく三つに分類できる。①一九三六年一一月一九日から一二月一日まで、②一九三七年一月二七日から四月三〇日まで、③一九三七年九月二四日のみ。以下においては、太陽・神・宗教についての記述が頻出する②を中心に、議論を展開する。

ところで、『哲学探究』（以下『探究』とも略記）には神や宗教のことは（まったくではないにせよ）ほとんど出てこない。この著作がアウグスティヌスの『告白』の引用から始まることは知られているが、その冒頭および全体には宗教色はほとんど無い。しかし、この著作の背後には、ウィトゲンシュタインの宗教的な葛藤があるのだ。早い時期に、ドゥルーリーは「私はすべての問題を宗教的観点から見ないではいられない」[12]（強調引用者）という言葉を彼から聞いて、『哲学的考察』が「神の栄光」に捧げられていることや、『探究』で論じられている諸問題が宗教的観点から見られている可能性に言及している。ドゥルーリーは、当時ほとんど無視されていたウィトゲンシュタインの思索の次元の一つが「宗教」だった、といいたかったのである。

その後、「ウィトゲンシュタイン文献学」の成果を利用することができるようになり、新発見の資料も精読した鬼界は、次のように力説している。

『哲学探究』という記念碑的著作は、この〔ウィトゲンシュタインの〕宗教の歩みの結果としてのみ生み出されたのである。これこそが日記が我々に与える最大の驚きである。日記第二部〔『哲学宗教日記』の一九三六年から翌年にかけて書かれた部分〕とはこうした彼の宗教の歩みと『探究』生誕の忠実な記録である。[13]（強調引用者）

『探究』は、それまでの研究を放擲し、一九三六年一一月から書き始められる。この時期には、第一部第一節から第一八八節に相当する部分が書かれた。つまり、この時期は「後期ウィトゲンシュタイン」の哲学的基礎が確立したきわめて重要な時期なのだ。そして、まさにその時、つまり、同年同月一九日から『哲学宗教日記』の第二部は書き始められるのである。

この事実は特筆に値する。ウィトゲンシュタインは冷静に哲学的な思索を展開している（哲学的には苦難の道を歩んでいるのは分かるにしても）ようでいて、実はその裏には、それと並行する彼の「宗教的人間」としての生々しい姿があったのだ。このことは、『秘密の日記』の場合と同様である。『草稿一九一四―一九一六』（以下『草稿とも略記』）と『秘密の日記』は同一のノートに書かれているが、早い時期（一九六〇年）に公刊されたノートの右側のページ（『草稿』）には、超然とした態度で「論理学」についての哲学的思索が認められていた。しかし、長い間知られることのなかった左側のページ（『秘密の日記』）には、それと並行する彼の「宗教的人間」「実存的人間」としての生々しい姿が自分で記録されていたのである（第2章第一節参照）。

一・四　「神に語ること」と「神について他人に語ること」

『哲学宗教日記』の中に、ウィトゲンシュタインの「公的な」哲学と「私的な」宗教とを結びつける、決定的に重要な言葉が二つある。それは、厳冬期の一九三七年二月一五日と翌一六日に書かれた以下の言葉である。

> これらの〔宗教的〕像や〔宗教的〕表現は、むしろ生のある高い領域においてのみ、その生命を保持するのである。この領域においてのみ、それらを正しく使うことができるのである。本当のところ、私にできるのは、「語りえぬ」といったことを意味する仕草をし、何も語らないことだけだろう（Ich könnte eigentlich nur eine Geste machen, die etwas Ähnliches heißt wie “unsagbar”, & nichts sagen）。（点線・傍線・二重傍線原著者、二月一五日）

この言葉は、『論理哲学論考』（以下『論考』とも略記）の出版から二五年余りたっても、ウィトゲンシュタインは当時と同様の公の見解を抱いていることを示している――「私にできるのは、〈語りえぬ〉ことについては、何も語らないことだけだろう」と。

だが、その一方で、ウィトゲンシュタインは『論考』の終わりで、神について「語りえないものについては沈黙しなければならない」と「沈黙」を命じておきながら、「私的な」生活ではそれを無視して、神に向かって饒舌なまでに語りかけている。[14] これは矛盾であろう。

この矛盾を解く鍵が次の言葉である。

> 神に〔向かって自分が直接に〕語りかけることと、神について他人に語ることは違う (Es ist ein Ding zu Gott zu reden & ein anderes, von Gott zu Anderen zu reden)。（二月一六日、強調引用者）

ウィトゲンシュタインが『論考』で禁じているのは、語りえない「神」に「ついて」(von) 語ることである。『論考』の「語りえないもの」を直訳すれば、「それについて語ることのできないところのもの」(Wovon man nicht sprechen kann) となる。解釈の仕様によっては、『論考』の最後でも、「単独者」として人が神に向かって自ら語りかけることを禁じているのではないのだ。

第2章第三節で、「メタ言語」に対する見解や、対象言語によって神に「肯定的属性」を帰属させることの是非をめぐって、ウィトゲンシュタインとボヘンスキーを比較した。まさに、このことがここでも示されているであろう。ウィトゲンシュタインは、人が自分自身で神に語りかけることは許すとしても、人が他人に神に「ついて」語ること／神に「肯定的属性」を帰属させることは許さないのだ。

ウィトゲンシュタイン自身によるこの区別――「神に語りかけることと、神について他人に語ること」――は決定的に重要である。『日記』において、彼は「単独者」として神に語りかけていることはあっても、神について／神の属性について他者に向かって話したり書いたりしているわけではない。これは『秘密の日記』においても同様である。『論考』が完成される以前においても、ウィトゲンシュタインは神に向かって語りかける／祈ることが頻繁にあっても、神の属性について述べているところは、管見の限り、ほとんどないのだ。『哲学宗教日記』において、ウィトゲンシュタインは例えば次のように神に語りかけている。

> 神よ！　私をあなたと次のような関係に入らせてください！　そこでは私が「自分の仕事において楽しくなれる」という関係に！　……〔神よ！〕私の理性を純粋で穢れなきように保たせてください！（一九三七年二月一六日）
>
> 孤独を求めてノルウェーに来たことを神に感謝します！（同、二月二〇日）

これらは、神の属性について第三者に述べている言葉ではなく、「神への語りかけ」（請願／嘆願／感謝）である。これらは、第6章の術語でいえば「日常生活世界という意味領域において、宗教的な意味領域を構成する言語行為」であり、鬼界の表現をもちいれば、神との「特別の関係に入る〔言語〕行為[15]」である。

ウィトゲンシュタインの『日記』における神についての言及の多くは、神に対する請願／嘆願／感謝など、「神への語りかけ」であり、「第三者に対する神の属性についての客観的記述」ではない。いいかえれば、彼は神に対して請願／嘆願／感謝などの「言語行為」をおこなっているのだ。『日記』には世界の「創造者[16]」としての神について語っている部分もあるが、基本的に神の属性記述はあまり見られない。もしも彼に「神は〈記述の束〉か、それとも〈固有名〉か」と尋ねれば、「後者である」と答えるだろう。

そうだとすると、本人が意識していたか否かは別として、ウィトゲンシュタインは右で指摘した矛盾した行為——一方で公に、神について「沈黙」を命じておきながら、他方で私的に、神に向かって饒舌に語りかけていること——をしているのではないことになる。だからこそ、彼は、私的な文書（主として日記）では、神に対して積極的／衝動的に語りかけているのだ。

このように考えると、一九二九年に行なわれた「倫理について」という講演（「倫理学講話」）の最終部分の理解も深まるであろう。そこでは、以下のように述べられている。前半は『論考』の主張と同じ内容であり、「語りえないもの」について語ることは「全く絶対に望みのない」ことであるという。しかしながら、締め括りの文章では、矛盾的に、「この傾向に深く敬意を払わざるをえない」というのだ——望みのないことを行なうのはたんに愚かなことではないか。この言葉をどのように解釈すればよいのであろうか。

私の全傾向、そして私の信ずるところでは、およそ倫理とか宗教について書きあるいは語ろうとしたすべての人々の傾向は、言語の限界に逆らって進むということであった。このように、獄舎の壁に逆らって走るということは、全く絶対に望みのないことである。倫理学が人生の究極の意味、絶対的な善、絶対的に価値あるものについて何かを語ろうとする欲求から生ずるものである限り、それは科学ではありえない。それが語ることは、いかなる意味においても、われわれの知識を増やすものではない。しかし、倫理学は人間の精神に潜む傾向の証拠であり、私は個人的にはこの傾向に深く敬意を払わざるをえないし、生涯にわたってそれを嘲るようなことはしないだろう。[17]

語ることが無意味である「神の属性」について述べることは「言語の限界に逆らって進む」ことであり、「全く絶対に望みのない」ことである。だが、神に祈る／神に語りかけることは、「人間の精神に潜む傾向の証拠」であり、ウィトゲンシュタイン自身も「この傾向に深く敬意を払わざるをえない」のである。そして、神に祈る／神に語りかけることは、決して無意味な行為ではないのであり、「神との特別の関係に入る行為」（鬼界）なのだ。

『日記』に「神に〔向かって自分が直接に〕語りかけることと、神について他人に語ることは違う」と書き、両者を峻別したのは、「倫理について」の講演から八年後である。だが、その時点から改めて講演をふり返ると、ウィトゲンシュタインの矛盾的な締め括りにも納得がいくであろう。

一・五　第一次世界大戦の戦闘における神と光

第2章で述べたように、ウィトゲンシュタインは、一九一四年八月のオーストリア＝ハンガリー二重帝国軍への入隊にはじまって、捕虜という囚われの身から自由の身になる一九一九年の八月まで、五年にわたる軍隊生活をする。彼は、両側性ヘルニアやカタルなどに悩まされながら、また屈強な体格でもないのに、数々の激戦で勇敢に闘い、種々の勲章を得ている。度重なる激戦をかいくぐって、彼が無事に生還できたことは一種の奇跡である。とりわけ、一九一六年六月から九月にかけてのブルシーロフ攻勢での戦闘は、彼の神観や宗教観を考えるうえで、最も重要な出来事である。[18]

戦闘状態や危険な状態が近づくと、宗教的な書付が増える。そのさいのキーワードは、頻出する「神」「霊」はもちろんのこと、数は少ないが、「照らす」「光」である。それらを従軍中に書かれた『秘密の日記』から、時系列にそって拾ってみよう。

銃撃戦になったら、どのように行動すればよいのだろう。自分が撃ち殺されることを恐れはしないが、任務を適切に遂行しないことを恐れる。神よ、我に力を与え給え！　アーメン。アーメン。アーメン。（一九一四年九月一二日）
神よ、私と共にいてください！　今では私はまともな人間になる機会があるといってもよいかもしれない。私が死に直面しているからである。霊が私を照らしてくれますように！（一九一四年九月一五日）
ロシア軍はクラカウに向かって快進撃している。市民はみな街を離れなければならなくなってきている。事態はわれわれにとって非常に悪化しているように見える！　神よ、我を助け給え!!!（強調原書者、一九一四年一一月九日）
これから監察である。私の霊は委縮しきっている。神よ、我を照らし給え！　神よ、我を照らし給え！　神よ、我が魂を照らし給え！（一九一六年三月二九日）
たぶん明日、私自身の要望により、偵察に派遣されるであろう。そのとき初めて私の戦争は始まる。そして、おそらく私の人生も。たぶん、死の接近が私に人生の光明（das Licht des Lebens）をもたらすであろう。神が私を照らしてくれますように！（一九一六年五月四日）

月並みだが、ウィトゲンシュタインにも、多くの人々と同様に、生命の危険を感じたときや窮状に陥ったときには「神や霊や光を求める」という、一種の思考パターンがある。

一・六　従軍期間と小屋での滞在期間との共通項

ウィトゲンシュタインの従軍期間と小屋での滞在期間には、複数の共通項がある。ここでは、それを二つないし三つあげたい。

(1)「光」。これは、『秘密の日記』では、霊的／精神的な光であり(「太陽」という言葉は一度も登場しない)、『哲学宗教日記』では、こうした光にくわえて、「太陽」の物理的光である。

(2)「孤独」。ウィトゲンシュタインには従軍中なかなか一人になれる時間はなく、多くの若い兵士たちと一緒に過ごさなければならなかった。彼と気の合う将校たちもいないわけではなかったが、多くの場合、周りの人間とうまくやっていけない旨を『秘密の日記』で実に頻繁に書いている。つまり、多くの兵士たちに囲まれながらも、精神的には「孤独」であったということだ。

例えば、入隊後間もない一九一四年八月一五日には、次のように書いている。

> 昨日、私は、われわれが拿捕した、ヴィスワ川に停泊する艦の探照灯の操作係に任じられた。乗組員はならず者ばかりだ！〔職務に対する〕熱意はない。信じがたい粗野、暗愚、悪意！　つまり、共通の重大事は人々を必ずや高貴にする、というのは真実ではないのだ。(強調原著者)

また、『哲学宗教日記』には、例えば次のように認めている。

今、私は心が不確かな時、頻繁に、「ここには誰もいない」と自分に向かって言い、自分の周りを見渡している。けれども、これが私の中で卑劣なものになりませんように！（点線原著者、一九三七年二月二二日）

自己とともにある孤独——あるいは神とともにある孤独——とはたった一人で猛獣と一緒にいるようなものではないか？　いつ襲いかかられるか分からないのだ。（同四月一七日）

やはりというか当然というか、ショルデンの山中にある人里離れた小屋で、ウィトゲンシュタインは物理的にも精神的にも「孤独」であったのだ。

(3)良好とはいえない「健康状態」。従軍中に『秘密の日記』を書いていたときには、前述したようなヘルニアやカタルの諸症状、激戦や重労働による心身疲労、人間関係からくる悩みなどに苦しめられ、ショルデンで『哲学宗教日記』を書いていたときには、後述するような血便、腸の痛み、衰弱、めまいなどで苦しめられていたのである。

このように、精神的に孤独で優れない健康状態で、戦場とショルデンにおいて、ウィトゲンシュタインは神に向かって頻繁に直接に語りかけ、祈りを捧げていたのである。

第二節　一九三七年三月四日以降の『哲学宗教日記』にみる「太陽」

二・一　筆者が小屋の跡を訪れた「三月四日」の日記

『哲学宗教日記』には、日付（月と日）が記されているが、時々「年」が書きこまれている。おそらく、何か改まった気分やある種の思い入れがあることを示唆しているのだろう。そうしたものの一つが「一九三七年二月二八日」である。この直後から、太陽の記述が頻繁に登場し、それは三月三〇日まで続く。

計量的なことをいえば、次のようになる。この三一日間に日記を書いた日数は、全部で二五日である。これらのうち、太陽に言及した記述があるのが、一一日分である。すなわち、三月四日、八日、一四日、一七日、一八日、一九日、二二日、二三日、二四日、二七日、三〇日。これは、ウィトゲンシュタインには日記にその日の天候を書き込む習慣がなかったことを考慮すれば、かなりの頻度であろう。

さらに、次のようなこともいえる。「太陽」は女性名詞、die Sonne であり、『日記』ではこれを sie という代名詞で受けることもある。そうすると、例えば三月一九日の日記では、die Sonne は一度しか出てこないが、sie を含めると、「太陽」は全部で七回も登場するという具合である。それゆえ、この三一日間の太陽への言及頻度は極めて高いといえる。これに対して、「月」（der Mond）についての言及は一度もない。

小屋跡から南側を望む。中央付近の明るい部分は太陽ではなく、雲の切れ目である。仰角はかなりあり、この写真では、山の写真も殺風景である。
太陽は時間の経過とともに移動するとしても、ウィトゲンシュタインはこのような環境で太陽を待ち望んでいたのである。

三月以前には、太陽は稜線の下側にあってあまり見えず、三月以降に、稜線の上に出てくるのであろう。三月八日には、「私は今、自分の家から太陽が見えるのをとても待ち焦がれている。そして毎日、あと何日間太陽がまだ見えないのか見積もっている」とある。『日記』に登場する「太陽」という言葉の頻度ならびにそれについての記述は、「太陽が見えるのをとても待ち焦がれている」ウィトゲンシュタインの姿を彷彿とさせる。

その頃、ウィトゲンシュタインの健康状態はそれほど良くなかった、と推測しうる。その根拠として、三月前後の日記の二か所をあげよう――「身体の具合が悪い。非常に弱っており、めまいがする」（一月三〇日）、「血便が繰り返し出るようになってからもう二か月になる。痛みも少しある。――ひょっとすると、自分は直腸癌で死ぬかもしれないと頻繁に考える」（強調原著者、四月二〇日)。

哲学的著作の執筆にも大変な思いをしているうえに、孤独であれば、ましてや厳冬期で体調が思わしくない状態での孤独であれば、神に祈りを捧げたり語りかけたりしたくなるだろうし、太陽の陽射しは何にもまして有り難いものであろう。

筆者がウィトゲンシュタインの小屋の跡に立ったのは、二〇一四年三月四日の午後一二時三四分であった。気温は六―七度で、天候は曇り（ときどき小雨）。風も少し吹いていた。太陽は直接には見えなかった。ウィトゲンシュタインによって、太陽についての言及が頻繁になるのは、偶然にもこの三月四日からである。その日にはこう書かれている。


ああ主よ、自分が〔あなたの〕奴隷だということさえ分かればよいのですが！

今、太陽が私の家にとても近づいている。ずっと元気に感じる！　身に余るほど調子が良い。――


いうまでもなく、「ああ主よ、自分が〔あなたの〕奴隷だということさえ分かればよいのですが！」というのは、神の属性などに「ついて」語っている言葉ではない。これも神に対して直接語りかけている言葉（一種の願望）である。

この日の日記はこれだけである。前日の三日には「ひざまずくことが意味しているのは、人は

〔主の〕奴隷だということである。（ここに宗教が存するのかもしれない）」（強調原著者）と記されている。この続きで、右の三月四日の文章が書かれているのである。ウィトゲンシュタインは自分が主の奴隷となり、自分を放下することを求めていたのだ。しかし、これは簡単なことではなかった。

この「主の奴隷」という概念は重要であり、これは『日記』でも一貫したものである。例えば、一月二八日に「自分に対して、俺は自由な人間ではなく奴隷だ、と言わなければならなかった」とあるのだが、これに続けて、「信仰が人間を幸せにするというのがどういう意味なのかが分かった。それは、信仰は人間を直接神のもとにおくことにより人間に対する恐怖から解放する、ということなのだ」（強調原著者）という。「ひざまずく」という表現にしても「膝に助けてもらって祈るのではない、人がひざまずくのだ」（強調原著者、二月一九日）と述べられている。

三月四日の書付は、右のような文章の流れの中で理解されるべきものだが、きわめて示唆的である。なぜならば、そこには「ウィトゲンシュタイン」「神」「太陽」という三項が端的に現われているからだ。さらに、これは、先述したように、「太陽」という言葉が集中的に登場し始める最初の部分にもあたる。この日以降、『日記』の論述は「これらの三項を軸として展開されている」といってもよい。一言でいうと、神とウィトゲンシュタインは早春の太陽を媒介にして結ばれているのだ。

二・二　太陽や光と関わる宗教的な論述

二月二一日の日記には次のように認められている。

周りが冬であるように、私の心の中は（今）冬だ。すべてが雪に閉ざされ、緑もなく、花もない。

だから私は、春を見るという恵みが自分に分かち与えられるのかどうか、辛抱強く待たなければならない。（点線原著者）

これは、厳冬期の自然環境とそれに対応する自分の心境の描写だが、そのままウィトゲンシュタインの宗教的展開にも当てはまる。すなわち、春の訪れとともに、精神的葛藤を経ながらもある宗教的高みへと至るプロセスが訪れ、「恵みが自分に分かち与えられる」ことになるのである。ウィトゲンシュタインが達した一つの宗教的境地としても、また、太陽が彼の神観・宗教観となんらかの関係をもつという観点からも、先に引用した三月二六日付けの日記が注目される。

私は、自分のあるがままにおいて、自分のあるがままに照らされ、啓かれている。

私が言いたいのは、私の宗教は、そのあるがままにおいて、そのあるがままに照らされ、啓かれている、ということだ。私は、昨日、今日よりも照らされ方が少なかったわけではないし、今日、昨日より多く照らされているわけでもない。なぜなら、もし昨日、私が事をこのように見ることができたのなら、私は確かにそう見ただろうからである。（強調原著者）

erleuchten という言葉の重要性についてはすでに指摘したが、ここにはもう一つ重要な事柄がある。それは、「あるがままの自分（als ich bin）」「あるがままの私の宗教（als meine Religion ist）」ということだ。右の書付に六年も先立つ、一九三一年三月一日の日記には、次のように書かれている。

ベートーヴェンはまったくのリアリストだ。私は、彼の音楽はまったくの真理だ、と言っているのだ。私はこう言いたいのだ、彼は人生をまったくそのあるがままに見て、それからそれを高めるのだ、と。それはまったく宗教であり、宗教的な詩などではない。……彼は英雄として、世界をそのあるがままに見ることにより、世界を救うのである。（強調原著者、三一年三月一日）

ベートーヴェンのことは別として、ここにウィトゲンシュタインの核心的宗教観（の一部）が出ている。すなわち、彼は「人生や世界をそのあるがままに見て、それを高めるのが宗教だ」と考えているのである。この「人生をまったくそのあるがまま見る」(Sehen das Leben ganz wie es ist) ということが、三月二六日の彼の宗教的境地に繫がっていくのだ。

ここで、erleuchten の使用頻度を見てみよう。この語は、二月二八日─三月三〇日の間にも、全部で三回しか登場 しない。つまり、先に引用した三月二三日・二五日、そして二六日の三回である。

また、「光」をめぐる論述については、次のようなものが注目される。

自分の感覚に従うなら、彼〔真に義を求める人〕はただ光を見るだけではなく、直接に光の下へおもむき、今や光とともにある本質を持つようになる (mit ihm 〔dem Licht〕 nun eines Wesens werden) のだ……と言えるだろう。(強調原著者、二月一五日)

人間はおのれの日常の暮らしを、消えるまでは気がつかないある光の輝きとともに送っている (Der Mensch lebt sein gewöhnliches Leben mit dem Scheine eines Lichts)。それが消えると、生から突然あらゆる価値、意味、あるいはそれをどのように呼ぶにせよ、そうしたものが奪われる。人は突然、単なる生存──と人が呼びたくなるもの──がそれだけではまったく空疎で荒涼としたものであることを、悟る。まるで、すべての事物から輝きが拭い去られてしまったかのようになる。すべてが死んでしまう。(強調原著者、二月二二日)

そしてさらに、春が到来し、「今日、太陽はここで一二時に昇り、今、完全に現われている」（強調原著者）、「今朝、樹々は厚い雪に覆われていたが、今、それはすべて融けている」という三月二二日、ウィトゲンシュタインは次のように認める。

ここには誰もいない、しかし、ここには壮麗な太陽（eine herrliche Sonne）があり、そして、一人の卑しい人間（ein schlechter Mensch）がいる。（強調原著者）

鬼界訳では「壮麗な太陽」（英訳では a glorious sun）だが、herrlich は「神の栄光」（die Herrlichkeit Gottes, the glory of God）という成句にも使用され、宗教的なニュアンスも持つ（ちなみに、「主」は“Herr”である）。そうすると、この太陽はたんなる天体としての太陽ではなく、一種の「神の現われ」とも解釈しうる。「一人の卑しい人間」というのはいうまでもなくウィトゲンシュタイン自身であり、彼は「単独者」として、太陽を介しながら、神と向かい合っているのである。[19]

ここで、三月二六日の前日、二五日の日記について検討したい。三月月二四日と二五日の日記は、「三月二五日」（強調原著者）という強調された日付の区切りがあるものの、一続きの文章（「私は……と考えた」）である。そして、「ここ二日まったく良く眠れない、自分が死んだように感じられ、仕事ができない。考えが濁っていて、暗く意気消沈している。（つまり、私はある宗教的な考えを恐れているのだ）」という言葉で結ばれている。

こうした意気消沈も見られる流れの中で二六日の日記を読むと、そこには、それ以前の日々と比較して、ある種の精神的安定や落ち着きを読み取ることができる。例えば、二三日には、「明日私の信仰は今日よりも明るくなったり（あるいは、暗くなったり）することはあるのだ。〔神よ〕助け給え、照らし給え！　そして、決して闇が私の許を訪れませんように！」（強調原著者）といっておきながら、先に引用したように、二六日には、それを否定するとも解釈できるような書き方をしている。

私は、昨日、今日よりも照らされ方が少なかったわけではないし、今日、昨日より多く照らされているわけでもない（Ich habe mich gestern nicht weniger erleuchtet & heute nicht mehr）。なぜなら、もし昨日、私が事をこのように見ることができたのなら、私は確かにそう見ただろうからである。（強調原著者）

ここには一種の精神的安定を読み取ることができよう。

二・三　一九三七年三月二六日の太陽

三月二六日の日記からは、太陽の状態は確定できない。すなわち、「照らされる」（erleuchtet）

は、霊的光／精神的光 のみと関係するのか、それとも、物理的な太陽の光とも関係するのか、を確定できないのだ。なぜならば、「太陽」という言葉が直接には登場しないからだ。しかし、三月二二日（先に引用済）、二三日、二四日、二七日の太陽をめぐる記述から判断して、二六日に太陽が出ていた可能性は高い。

今日、太陽は一一時四五分頃から一時一五分頃まで出ていて、それから三時四五分頃、一瞬、山の上に現われた。そして、日没前に部屋の中に射し込んでいる。（三月二三日）

太陽はだいたい一時半頃に隠れるが、その後も山の端に沿って進んでいるので、その外縁はもっと長い間見えている。それは壮麗だ！（三月二四日）

今や、太陽は一一時を少し過ぎると昇る。今日、それは光り輝いている。くり返し太陽を見つめないことは私には難しい。つまり、目に悪いと分かっていながらも、くり返し太陽を見つめたくなってしまうのだ。（三月二七日）

このように、二二日、二三日、二四日、二七日には、ウィトゲンシュタインが太陽を見たことを確認できる。そうだとすれば、長い時間ではないかもしれないけれども、「二六日にも彼は太陽を見た」と推測するのが自然であろう。

次に、太陽の出現／非出現とウィトゲンシュタインの精神状態との相関関係から、三月二六日の太陽の出現について推測してみよう。二六日の日記の結びの言葉は「神の恵みのおかげで(aus Gnade)、今日は昨日よりもずっと調子が良い」というものである。「調子」「気分」「仕事」と太陽の相関関係を述べた文章には、例えば次のようなものがある。

今、太陽が私の家にとても近づいている。ずっと元気に感じる！身に余るほど調子が良い。(三月四日)

さきほど本当に太陽が見つかったとき、私はとても嬉しかった。(強調原著者、三月一八日)

もっと太陽を見ることができたなら、私の仕事をする力は回復するのではないかと期待していたが、そのようにはならなかった。(三月三〇日)

さらに、三月二六日のおよそ一か月前、太陽が稜線のうえに昇ることのない二月二二日には、次のように書かれている。

こんなこと〔生全体が掘り崩されること、震えながら深淵の上に吊るされることなど〕を私が考えるのは、たぶん、ここにはあまりにも光が乏しいためである。しかし、今ここでは光は現にかくも乏しく、この私がそうした考えを抱いているのだ。(強調原著者)

これらの引用から推測すると、この頃（晩冬から早春にかけて）のウィトゲンシュタインは、普通の人々と同じく、太陽が出ていれば、調子や気分や仕事する力や思索内容などが良好になる／前向きになるのである。そして、太陽が出ている時、その時に限定すれば、彼の気分や調子はそれなりに良好だったと推測しうる。それゆえ、三月二六日の彼は「神の恵み」＝「太陽」のおかげで「調子が良い」という解釈も充分に成り立つ。もちろん、一日は二四時間であり、日中に太陽が見えたとしても、夜になって意気消沈することは当然ある（例えば三月二五日はその例かもしれない）。それでも、右の解釈は成立しうる。

以上に述べた、①二二日、二三日、二四日、二七日の太陽の出現、②太陽とウィトゲンシュタインの精神状態の相関関係、③二六日の日記の最後の言葉などから総合的に判断すると、「彼は三月二六日に太陽を見た」と推測しうる。すなわち、太陽がこの日、先に論じたような宗教的高み／宗教的境地へウィトゲンシュタインを至らしめた可能性は、極めて高いのである。

二・四　「あるがまま」と「光」の関係

「物事をあるがままに見る／あるがままにしておく／あるがままに引き受ける」ということは、ウィトゲンシュタインが生涯にわたって求めた、彼のあるべき姿勢である。戦争についても同様のことがいえるかもしれない。すなわち、『秘密の日記』には「戦争に反対する」とか「戦争を止めさせようとする」ような書き込みは一切見られないのである。彼は第一次世界大戦の勃発を「あるがままに引き受けた」のだ。右の「あるがまま」ということについては、彼の諸著作で種々の表現をもちいて述べられているが、『哲学宗教日記』と関係の深い『哲学探究』では、例えば次のように書かれている。

哲学は、すべてのものを、そのあるがままにしておく (Die Philosophie läßt alles, wie es ist)。(第一部第一二四節)

引き受けるべきもの、与えられたもの、それが生活形式である (Das Hinzunehmende, Gegebene seien Lebensform)。(第二部第一一章)

これらの「あるがまま」「引き受けるべき」ということと、先に引用した「人間はおのれの日常の暮らしを、消えるまでは気がつかないある光の輝きとともに送っている」(二月二二日)という文章の関連について述べると、次のようになるだろう——ウィトゲンシュタイン(およびその他の人々)の日常の生活が宗教的な光によって照らされ、意味を与えられているのならば、その生活を変える必要はなく、それをそのあるがままに引き受けるだけで良い。

三月二六日の日記は、すべてを「あるがままに見る/受け入れる」という心境になったことを述べていると思われる。

しかし、これですべてが解決したのではない。さらに考えるべき事柄は、三月二六日に「あるがままにおいて、あるがままに照らされ、啓かれている」のは「自分」であり「自分の宗教」だということである。右の『探究』からの二つの引用においては、「自分の外にあるもの」「自分以外のもの」をそのあるがままに受け入れる、という印象が強い。だが、この三月二六日の書付において「あるがまま」なのは「自分」ないし「自分の宗教」なのである。

そこで、問題となるのは「ウィトゲンシュタインが自分自身をあるがままの状態で受け入れられたのか否か」である。実際のところ、彼は『秘密の日記』の頃から常に「自分自身をより良い生き方をできる人間に変えたい」と考えていた[20]。ドゥルーリーは「自分自身の生活の仕方のすべてを変えようという、常に持ちつづけたウィトゲンシュタインの意志に対して同情や理解を感じないとすれば、彼を理解することはできない」[21]と証言している。また、ウィトゲンシュタインが自分自身を嫌悪していることは、『哲学宗教日記』にも執拗なまでに書かれている。すなわち、彼は、嫌悪の対象である自分からいかに脱すべきか、という問題と格闘しているのである[22]。さらに、『秘密の日記』においては、「死の恐怖に怯える自分を変えたい」「周りの人々とうまくやっていけない自分を変えたい」という旨の書付が何度も見られる。

以上のように、その都度その都度、現在の自分を容認できない／より良い人間になることを願ってやまないウィトゲンシュタインが、どうして三月二六日に「私は、自分のあるがままにおいて、自分のあるがままに照らされ、啓かれている」と述べることができたのかは、彼の内面的なことはその日の日記からは読み取れないので、推測するしかない。

筆者は、唐突に聞こえるかもしれないが、ウィトゲンシュタインがこのように述べることができたのは、太陽を見ることを待ち焦がれていた彼に対する暖かい太陽の光の影響が大きいに違いない、と推測するのである。

また、この日のウィトゲンシュタインの体験を「宗教的高み」「宗教的境地」と表現したことの理由は、彼があるがままの「自分」を「あるがままに受け入れた」ことにある。ウィトゲンシュタインの生涯で、落ち着いた精神状態で自分自身をこのように捉えることができる機会は、『秘密の日記』『哲学宗教日記』を始めとする彼の「私的な書付」やドゥルーリーの証言からもわかるように、それほど多くはないのである——もちろん、このことは彼が「統合失調症圏」に属していたこととも関係があろう。

二・五　小括

『秘密の日記』にある「光」や「照明」の記述を踏まえて『哲学宗教日記』を読み、一九三六年の冬から翌年の春先にかけてのウィトゲンシュタインが置かれた状況の諸要素（体調不良、孤独に追い込む自然環境、日照時間の短さ、時間の経過とともに変わる太陽の状態など）を考慮したうえでの、本章の細やかな結論は、以下のようなものである。

病める魂の持ち主であるウィトゲンシュタインは、早春で太陽が現われる機会が少ないショルデンの小屋において、「単独者」として神に向かい、頻繁に神に祈りを捧げたり神に語りかけたりした。そのさい、これらの行為が太陽の光と種々の形で結びつくことがかなりあり、春先の暖かい太陽の光が、一九三七年三月二六日の日記に見られる「宗教的高み」ないし「宗教的境地」への到達を促した。[23]

†

これまで詳しく論じたように、ウィトゲンシュタインの「宗教体験」と「太陽」は密接な関係を結んでいる。[24] 以下では、精神医学的観点から、この問題をさらに追及してみたい。

第三節　「太陽の体験」と統合失調症

三・一　統合失調症と健常者

筆者は、ウィトゲンシュタインと太陽の関係を「一人の人間」の場合として捉えたのであって、精神病者の場合として捉えたのではない。しかしながら、精神科医の中井久夫も述べているように、健常者と精神病者の体験世界は決して断絶しているのではなく、連続的なものとして考えるべきである（後述）。また、第1章と第2章で精神科医たちの所見を紹介したように、ウィトゲンシュタインは「統合失調症圏」に属する哲学者であり、統合失調症と高い親和性を有している。

統合失調症者（症状は多種多様である）と健常者とのあいだに溝があるのはわかるけれども、二〇世紀前半から活躍した精神科医のリュムケは「成人においてすべての〈分裂病症状〉がみられる」という旨を述べた。そのうえ、彼は分裂病症状を正確に叙述しながら「それらはすべて正常人がごく短時間ならば体験しているものばかりである」と主張している。そのリュムケのことを紹介している中井も「実際、分裂病状態のなかで考えることは、〔健常者であっても〕誰もが心の底にいだいている、恐れや望みと関係がある[25]」と述べている。さらに、中井には「分裂病特異症状は存在しないという方向で合意をみつつある現状[26]」という表現も見られる。

実際問題として、統合失調症の発病率はかなり高い。いろいろな数字が示されているが、全体として、日本でも世界でも人口の一パーセント程度である。さらに、注目すべきはその回復状況／社会復帰率である。完全に治る人がどれほどいるのかは正確には把握できないとしても、治療しながらも社会復帰できる人は五割から八割程度のようである[27]。こうした二つの事実からも、統合失調症者と健常者とは断絶されているのではなく、基本的に、いわば「陸続き」の関係にあるといえよう。

三・二　ムンクの壁画「アウラ装飾」と統合失調症

精神科医の宮本忠雄に「太陽と分裂病――ムンクの太陽壁画によせて」（一九七四年）という論文がある。[28]これは、それまで世界でも論じられることのなかった「太陽と統合失調症との関係」を、画家ムンク（一八六三―一九四四）の「アウラ装飾」と結びつけて論じた論文である。宮本は「〈太陽〉の問題には精神病理、とりわけ分裂病の精神病理をめぐる問題が少なからずまといついている」[29]という。統合失調症をわずらったムンクは、ウィトゲンシュタインと関係の深いノルウェーの画家である。

「アウラ装飾」（一九一四年に最終構想が決定）というのは、ノルウェーのオスロ大学の大講堂の壁画群のことで、『太陽』（正面）、『歴史』（左側）、『育む母』（右側）という三枚の作品、およびこれら以外の作品群で構成される。その『太陽』は大画面（縦四・五二メートル、横七・八八メートル）の中央に輝く太陽を据えている。それは次のような絵画である。

フィヨルドの荒れた海面から、いまやその全貌をあらわしたばかりの白熱の太陽がまばゆいほどの黄金の光を四方に投げかけはじめた瞬間が「正面から」描かれているのだが、画面の前景には人影どころか、人間の痕跡ひとつない冷えた岩山が累々とひろがっていて、輝く太陽との対照をきわめて異様に感じさせる。[30]

オスロ大学の大講堂の「アウラ装飾」

「アウラ装飾」の中心にある『太陽』

フィヨルドについては、この引用とあせて、第1章で紹介した中井の指摘をふたたび引用しておきたい。

> ノルウェーの数あるフィヨルドの中でも最も美しいといわれるこのフィヨルド〔ソグネフィヨルド〕の、生命を感じさせない超絶的風景は、彼〔ウィトゲンシュタイン〕の内面とよく釣合い、いわば彼の心象風景となった。[31]（強調引用者）

太陽と統合失調症者の関係にはいろいろなパターンがあるだろう（宮本は三つのパターンをあげている）。そうしたなかで、宮本がとりあげるボスという患者の症例は「その特異な太陽幻視でもって精神病的世界から脱却していく過程を十全に描き出している」[32]という。つまり「太陽幻視が決定的な契機として病像に介入し、これを転換させて、治療への道を拓いたというふうに定式化することができる」[33]のである。ムンクの場合にも、アウラ装飾の『太陽』は彼にとって、「病前と病後の創造世界を峻別する巨大な転回点」になっているのみならず、彼自身の「妄想性精神病」〔妄想型統合失調症〕が快方に向かう転回点ともなっているのである。

宮本も指摘しているように、「自分が世界の中心にいる」という考えは主観的には誰の意識にもある。これについては多くの読者も頷くだろう。ただし、健常者の場合には、この自分中心の意識は必要に応じて、自分を中心ならざる位置ないし周辺に移動できるような柔軟な構造をもっている。さらに、中井の言葉を引用すると、「通常、人は……自分が〝世界の中の一人 one of them〟であるという事実と、〔自分にとっては〕自分があってはじめて世界があるという事実を統合して余裕感と能動感をうみだしている。これはわれわれが普段ほとんど意識せず、いわば大気のように呼吸している自由の源泉である[34]」。

だが、統合失調症者の場合は、「自分の立場が〈いまここ〉の地点に固定されることによって、主観的中心は同時に客観的中心と化してしまう[35]」のである。それゆえ、この固定化された中心的自分を相対化して、脱中心化をはかることが病気の回復へとつながるのだ。

ムンクやボスのような統合失調症者が、回復へと向かうプロセスを単純化して図式で表わすとすれば、おおよそ次のようになろう。

「自分中心の世界観」の所有 ＋ 「太陽の衰滅」ないし「太陽の死」という体験

←

「昇る太陽」ないし「太陽の復活」という体験〔視覚的に捉えられた太陽が幻視か否かは関係ない――筆者〕

←

「自分の脱中心化」ないし「自分中心の世界観」からの脱却と、「自分は周辺にいるという意識」の回復 ＋ 本来の「太陽中心の世界観」の回復

病気の回復〔完治するか否かは別問題である――筆者〕

この図式でも示されているが、宮本がいうように「太陽は分裂病的世界観の転回点（critical point）で出没することが明瞭であり、いいかえれば、太陽の体験は世界関連の回転の力動を濃厚にふくんでいるということになる」[36]のである。

ムンクの場合、宮本によれば「太陽の衰滅／太陽の死」は有名な『叫び』（四点説や五点説がある）に見られる。ちなみに、『叫び』は、橋の上の男が叫んでいるのではなく、橋の上の男が「自然を貫く果てしない叫び」（ムンク）に怖れおののいて耳を塞いでいるという作品である。その画面は、まさに夕陽が沈もうとしている黄昏の瞬間であり、赤い夕映えから響き渡る絶叫であり、昼がいま夜に呑み込まれようとして断末魔の声をはりあげている情景である。そして、宮本は次のように推測する――「脱中心化」ともいうべき事象がたぶん一九〇八年（ムンク四五歳）前後に生じ、これを契機として、彼の妄想的布置に一つの転換がおこり、ムンクはその病的世界から脱して自由を回復することができた、と。[37]

では、それまでの自分中心的なムンクはどこにいったのか。それは、『歴史』に描かれている巨大な樫の木の下で少年に話を聞かせている老人や、『育む母』のなかに描かれている胸に乳飲み子を抱く母親を始めとする、「太陽の〈周辺〉で自足する人間たち」のうちの一人と考えてよいのであろう。

三・三　ウィトゲンシュタインの「太陽の体験」再考

本節第一項でみたように、(1)健常者と精神病者の体験世界は、決して断絶しているのではなく、連続的なものとして考えられる。(2)ウィトゲンシュタインは「統合失調症圏」に属する哲学者であり、統合失調症と高い親和性を有している。そこで、以下において、前項で紹介した宮本の論点を、筆者なりに、ウィトゲンシュタインの「太陽の体験」に適用してみたい。

まず、右の図式をウィトゲンシュタインに援用しよう。ただし、ムンクの場合との最大の相違は、ウィトゲンシュタインの場合には、統合失調症と親和的関係が見られるとしても、「自分中心の世界観」を所有していたのではなく、「孤独」の中で「自分と向き合う状態」にあったということである。しかしながら、「自分が充満している生活」を送っていたことに間違いはなく、ここに「自分中心の世界観」との共通点を見ることができるのではないだろうか。

文脈は異なるが、第1章でウィトゲンシュタインの『論理哲学論考』における「自我」について、精神科医たちによる所見を引用した。『哲学宗教日記』より一九年ほど前に書かれたその『論考』にはこうあった――「世界とは私の世界である」(五・六二)。さらに『論考』には、次のような言葉もある――「世界と生とは同一である」(五・六二一／一九一六年七月初旬と二四日)、「私とは私の世界にほかならない」(五・六三)。文脈は違うとしても、「自分／自己が充満している」というのは、ウィトゲンシュタインの精神生活においても、しばしば見られることである。

以上のことを踏まえて、ムンクの場合の図式をウィトゲンシュタインに援用すると、次のようになろう。

大自然の中で「自分」と向き合い、「自分が充満している生活」＋　厳冬のノルウェーの山中で「太陽が見えない」状態の日々

←

太陽が次第に稜線の上にでてくる季節の到来。つまり、「昇る太陽」ないし「太陽の復活」という体験

←

「自分が充満している生活」からの脱却と自分の「周辺意識」の回復　＋　「太陽中心の生活」の到来

←

「あるがまま」という宗教的境地への到達

最後にある、一九三七年三月二六日のウィトゲンシュタインの「宗教的境地への到達」というのは、想像をたくましくすれば、病的状態の「回復」――暗くて寒い冬、体調もすぐれずに孤独

に苛まれていた、病的な精神状態からの一種の「回復」――ともみることができる。もちろん、これは、彼が到達した宗教的境地の意義をたんなる病気からの回復に還元することでは、決してない。しかしながら、ウィトゲンシュタインの「宗教的境地への到達」とムンクの「統合失調症からの回復」とは、ともに太陽を媒介としている。二人の天才たちの「太陽の体験」の根底には深い関係があるように思われてならない。

おわりに――人間と太陽

人類の誕生以来、人間は太陽とともに過ごしてきた。太陽をどのように捉えるかは、時代や地域や文化によって異なるだろう。それでも、間違いなくいえることは、たとえ太陽を忌むべきものとみなす状況があったとしても、それは一時的／突発的なもの（飢饉の時の太陽など）、地域的理由によるもの（砂漠の灼熱の太陽など）であり、基本的に、人類は太陽なしには生きられなかった／生きられないのである。それゆえ、人類の歴史を通じて、「太陽神」に象徴されるような人間が太陽を崇める事例や、太陽に肯定的態度を示す事例には事欠かない。さらに、第三節で論じたように、太陽には病める精神――一般人の日常的な「落ち込み」から統合失調症者のような重度の精神病まで――に対する「治療効果」があることは間違いない。

本章では、ウィトゲンシュタインという一人の人間の「太陽と精神の関係」のみを、それも限定的な期間についてのみ、考察したにとどまる。また、ムンクとの対比でいえば、ムンクの場合には「太陽の体験」の前後で妄想型統合失調症の状態が質的に大きな変化をとげ、その状態が長期にわたって（一直線的ではないとしても）しだいに改善されていくのに対して、ウィトゲンシュタインの場合には、「太陽の体験」をした後も、精神的に不安定な状態が生涯にわたって何度も出現する[38]。たしかに、二人の体験は区別すべきかもしれない。だが、二人の「太陽の体験」は、太陽／光と人間／宗教／精神的治癒などとの関係という、人類が長いあいだ関与してきたテーマのさらなる理解に、優れた事例を提供しているであろう。

〔註〕

1 L. Wittgenstein, *Denkbewegungen: Tagebücher 1930-1932/1936-1937*, Teil 1 und 2 (I. Somavilla hrsg.) Haymon-Verlag, 1997. L・ウィトゲンシュタイン（鬼界彰夫訳）『ウィトゲンシュタイン哲学宗教日記』講談社、二〇〇五年。この『日記』は、テキストの出版という観点から見ても、きわめて興味深い。Teil 2は"Diplomatische Fassung"（原典そのままのテキスト）とされており、削除された部分、挿入された部分、迷っている部分、暗号体で書かれた部分、種々の強調された部分などが忠実に再現されており、ウィトゲンシュタインの息遣いが伝わってくる。

本章における右の『日記』の扱いは以下のようになる。⑴この『日記』の呼称は邦訳タイトルにある『哲学宗教日記』とする。⑵この『日記』からの引用文は、基本的に鬼界訳を使用する。⑶一部ではあるが、鬼界が『秘密の日記』から引用している場合、基本的に鬼界訳を使用する。その理由は、丸山訳と鬼界訳は趣を異にするので、同一の日記の訳文に相違が生じるからである。⑷本章には『哲学宗教日記』と『秘密の日記』という二つの日記が登場するが、『日記』という場合には、基本的に『哲学宗教日記』のことをさす。ただし、まれに『日記』が『秘密の日記』をさすこともあるが、文脈でいずれの『日記』か判断できるようにしている。

2 Wittgenstein, *Geheime Tagebücher 1914-1916*, 1991. ウィトゲンシュタイン『ウィトゲンシュタイン「秘密の日記」』二〇一六年。本書第2章の註3を参照のこと。

3 ウィトゲンシュタインは「語りうる」事実の世界と、「語りえない」宗教の世界とを峻別した。この二つの世界を結びつけるのが、「祈り」という言語行為である。祈りはウィトゲンシュタインにとってきわめて大切な行為である。第6章において、現象学者のA・シュッツの「多元的リアリティ」論とウィトゲンシュタインの「言語ゲーム」論とを結び付けて、二つの世界の架橋について詳細に考察した。

4 「コーダー遺稿」と『哲学宗教日記』などとの関係については、同『日記』所収のゾマヴィラによる「編者序」（六―一〇頁〔原書、七―九頁〕）を参照されたい。

5 L. Wittgenstein, *Ludwig Wittgenstein: Public and Private Occasions* (J.C. Klagge and A. Nordmann ed.) Rowman & Littlefield Publishers, INC, 2003. この中に、『哲学宗教日記』の英訳（"Movements of Thought: Diaries, 1930-1932, 1936-1937"）

も含まれている（三―二五五頁）。この英訳は大変素晴らしい。左頁に独語の原文があり、右頁に詳細な註がついた訳文があるうえに、独語原文には「ウィトゲンシュタイン自身がどのように原文を直したか」が分かる痕跡も記入されている。ただし、『哲学宗教日記』の第2部の原文"Diplomatische Fassung"とは違って、暗号文も通常のドイツ語に直されている。

6 Abreu and Neto, "Facing up to Wittgenstein's Diaries of Cambridge and Skjolden," 2003, p. 12.

7 鬼界、前掲訳書、一五二頁、「訳注」。

8 鬼界、同訳書、一五三頁、「訳注」。

9 この写真は、小屋の再現計画のノルウェー語のパンフレットにある。残念ながら、筆者は見ただけである。

10 黒崎宏「ウィトゲンシュタイン紀行」一九九七年、一八二頁。

11 マクギネス『ウィトゲンシュタイン評伝』一九九四年、三四七頁〔原書、二〇二頁〕。

12 Drury, "Some Notes on Conversations with Wittgenstein," 1984, p. 79.

13 鬼界彰夫「隠された意味へ」二〇〇五年、二九六頁。

14 星川啓慈「『論理哲学論考』における〈語りえないもの〉と〈沈黙〉をめぐる新解釈」二〇〇九年、参照。

15 鬼界彰夫『ウィトゲンシュタインはこう考えた』二〇〇三年、一五〇頁。

16 ウィトゲンシュタインは神を「創造者／創造主」としては捉えていなかったという、マルコムの以下のような証言もある。さらに、マルコムがいう「自分自身に対する嫌悪感」「純粋さに対する強い渇望」「自己を改良できない人間〔ウィトゲンシュタイン自身〕の無力さといった感覚」は、本章ならびに第2章と密接な繋がりをもつ。

ヴィトゲンシュタインはかつて、神という概念は、それが自分自身の罪の自覚ということに含まれている限り、自分にも理解できると思う、と述べたことがある。それに加えて、自分には創造主という考え方が理解できない、ともいった。思うに、神の審判・赦し・贖罪といった思想は、彼の心の中では、自分自身に対する嫌悪感、純粋さに対する強い渇望、自己を改良できない人間の無力さといった感覚に関係していたがために、彼にとって少しは理解できるものであったろう。これに対して、世界を創造する存在といった概念は、彼にとってはまったく理解できないことであった。〔強調原著者、マルコムほか『回想のヴィトゲンシュタイン』一九七四年、一一六―一一七頁〔原書、五九頁〕〕

17 ウィトゲンシュタイン「倫理学講話」一九七六年、三九四頁〔原書、一二頁〕。

18 一九一五年のウィトゲンシュタインに関するある報告書では、次のことが書かれている。⑴三つの医学的所見（たぶん戦争前のもの）においてまったくの「兵役不適格」とされていること。⑵ヘルニアの再発と乱視性近視のために「前線勤務はまったく不適当」であること。（マクギネス、前掲訳書、四〇二頁〔原書、一三七頁〕）

19 太陽＝神ではない。太陽は、あくまでも、神とウィトゲンシュタインとを「媒介する存在」である。

20 星川啓慈『宗教者ウィトゲンシュタイン』一九九〇年、一五七―一六六頁、参照。

21 Drury, *op. cit.*, p. 77.

22 星川啓慈「自己嫌悪する自分から〈あるがまま〉の自分へ」二〇一〇年。

23 さらに踏み込めば、「太陽が、ウィトゲンシュタインにそうした宗教体験／宗教的境地をもたらすさいに、具体的にどのように作用したのか」という問題もある。しかし、これについて答えることは不可能である。その理由を、『日記』にこれと関連する記述がないことに加えて、いくつか挙げれば、以下のとおりである。⑴当日、彼の小屋から太陽が彼にどのように見えたかは、いかなる手段（自然科学的なものをふくめて）によっても精確に突き止めることはできない。⑵彼がそうした宗教体験／宗教的境地に至った時刻も判明しないから、「現在形」で書かれているそれらの体験／境地と太陽の状態とを照合することもできない。

24 読者の中には「本章で論じられたウィトゲンシュタインの宗教体験と太陽の関係は、新プラトン主義を始めとする西洋思想において、また彼の生涯において、文献的にいかに位置づけられるのか」という問題意識をいだく読者もいよう。しかし、そうした文献学的な位置付けや関連付けの試みは、おそらく不可能であるうえにあまり意味がないであろう。

25 中井久夫『分裂病』一九八四年、三一二頁。

26 中井、同書、三八三頁。

27 筆者が調べたところでは、資料によって、統合失調症者が社会復帰できる割合には幅がある。「社会復帰」という言葉の定義、病気の回復程度、社会活動の内容、介助の程度など、種々の事柄を考慮しなければならないが、およそ、五割から八割くらいの統合失調症者が「社会復帰」していると推測できる。

28　宮本忠雄「太陽と分裂病――ムンクの太陽壁画によせて」(宮本忠雄『病跡研究集成――創造と表現の精神病理』金剛出版、一九九七年、所収)。

29　宮本、同論文、一九九頁。

30　宮本、同論文、一九八頁。

31　中井久夫「ルートヴィヒ・ヴィトゲンシュタイン」一九七二年、一三五頁。

32　宮本、前掲論文、二〇九頁。

33　宮本、同論文、二一一頁。

34　中井、前掲論文、一四〇―一四一頁。

35　宮本、前掲論文、二一四頁。

36　宮本、同論文、二一六頁。

37　宮本、同論文、二二一頁。

38　中井の前掲論文に収められた「表3」(「ヴィトゲンシュタインの生涯」)の「心的危機」の項目を参照のこと。

第II部
宗教と神経科学

第4章　決定論と自由意志論の狭間を生きたベンジャミン・リベット
――ユダヤ教と実験神経生理学――

はじめに

神経生理学者ベンジャミン・リベット（一九一六―二〇〇七）たちは、手首を曲げるなどの随意運動における「自由意志」（free will）は脳内に準備電位が蓄積されてから約五五〇ミリ秒後に発現する、という一連の実験結果を発表した。この「自由意志は無意識的な脳活動の後から生じる」という衝撃的な実験結果は、多くの分野の研究者の耳目を集め、従来の決定論や自由意志論の解釈に大きな波紋を投げかけた。自然主義的傾向が強い研究者たちは、これを「自由意志の否定」と結びつけた。しかし、リベット自身は自由意志の存在を否定するのではなく、行為を「拒否する／中断する／中止する」という特殊な形態においてではあるが、自由意志の存在を一貫して肯定したのである。その裏には、ユダヤ教信者としての彼の「自由意志を死守するという信念」が存在していた。さらに、彼は自らの実験結果と結びつけて「倫理体系としてのユダヤ教はキリスト教よりも優れている」とみなした。彼の神経生理学上の実験解釈や思索を決定づけたものは、ユダヤ教の信仰である。

第一節　リベットの研究上の立場

一・一　リベットの研究の重要性

最初に、リベットの実験や研究[1]の最も重要な点およびその意義について、『マインド・タイム』に序文を寄せた、コズリンは以下のように述べている。

リベットの研究は、神経事象と経験との間の時間的関係に焦点を当ててきた。彼を有名にしたのは、一つには、われわれが行為をしようと決心したと思う瞬間よりも、ずっと早く無意識に意志決定している、という発見だ。哲学と心理学におけるもっとも深遠な問題の一つ、すなわち「自由意志」の問題に、この知見は重大な示唆を与えた。[2]

この本は、意識・自由意志・責任、あるいは心と身体の関係に関心をもつすべての人々に思考の糧を与えるうえで、決定的な貢献である。[3]

本章では、リベットの衝撃的実験結果と自由意志の問題を論じながら、自然科学的決定論とユダヤ教的自由意志論の狭間に生きた彼の思索を考察の対象とし、彼の思索や実験結果の解釈を決定づけたものはユダヤ教の信仰であることを論証する。

一・二　ジョン・ヒックとリベットの同型的立場

神学者ジョン・ヒックとリベットに見られる一種の同型的立場を指摘したい。ヒックは、自由意志をめぐる論考のなかで、次のように述べている。

> 状態A（自由意志）と状態B（決定論）の考え方の区別を心に留めおくならば、われわれが通常、倫理的な正しさと間違い、善と悪、賞賛したり批難したりする道徳的な責任・義務、正義、褒賞と処罰といった言葉で意味するものは、状態A（自由意志）の観点を前提とすることになる。しかし、もし決定論が真であるとするなら、状態A（自由意志）の観点は存在しないことになる。こうした意味合いにおいて、決定論は道徳性をしだいに蝕んでいく（determinism does undermine morality）のである。[4]（強調引用者）

そこで、ヒックは、⑴物理的決定論のすべてを退け、⑵自由で理性的な判断と誠実な道徳的選択を容認し、⑶〔意志決定をめぐっては〕非物質的なものの存在を容認しなければならない、と結論するに至る。[5]

リベットの思索過程においても、ヒックと似たような立場を見ることができる。彼の立場をヒックとの対比でいえば、⑴物理的決定論の一部を退け、⑵「拒否／中断／中止」（veto）という特殊な形態ではあっても、自由で理性的な判断と誠実な道徳的選択を容認し、⑶意志決定をめぐっては、ある程度、非物質的なものの存在を容認する、ということになる。

ヒックとは異なり、リベットは世界的に著名な神経生理学者である。深尾の見立てでは「リベットほど意識現象と脳の物理的過程の関係について直接的〔実験的〕な方法で研究して、注目すべき成果を上げた者は他にいないだろう[6]」ということになる。それゆえ、彼は自然科学の一分野である神経生理学の研究者として、ヒックのように「物理的決定論のすべてを退ける」などということはありえない。

しかし、リベットの論文や著書を読むと、ユダヤ教に対して強い畏敬の念を抱いていることも確かである。それゆえ、後に論証するように、彼はヒックのように「決定論は宗教的道徳性をしだいに蝕んでいく」と心底では思っているのである。だからこそ、一貫して、その根拠について議論することなく、直截的に「拒否権の行使」という形で、自由意志の存在を容認するのである。

リベットは、自然科学とユダヤ教の「狭間」を生きたのであり、自由意志をめぐる彼の最終的結論は、それら二つを彼なりの仕方で調停したものであった。

第二節　リベットの生い立ちと改名

リベットは、ウクライナ地方からアメリカに移住してきた移民の子どもで、一九一六年四月にシカゴで生まれた。父親も母親もユダヤ系の人間である。家では両親とも、ユダヤ人が話すイディッシュ語[7]を話し、彼が英語を話す前に身につけた最初の言語はイディッシュ語である。その後、両親は充分な英語能力を獲得したようだが、もともとイディッシュ語を使用していたことは、彼の人格形成において見過ごせない。[8]おそらく、家庭の雰囲気もユダヤ教的なものであっただろう。

リベットの父親の家系の名はLibitsky、母親の家系の名はCharovskyである。双方に見える“sky”は、生粋の英語の姓ではないこと、ユダヤ系の姓であることを示す。一九三八年、二二歳のリベットは研究仲間のジェラルドと初めての論文を世に問うことになるが、そのさい、自分のユダヤ系の姓を使用するか否かをめぐって、一つの決断をしなければならなかった。その頃は、職を得るのが難しく、ユダヤ人に対する風当たりの強い地域や大学もあった。そうした状況において、「ユダヤ系の姓を使用し続けることは、将来的に職を得るときに不利になるのではないか」という懸念があったのだ。その他にも、名前とユダヤ人に関する種々のことを考えながら、最終的に、フランス語の姓のようにも響くが、「もっとアメリカ化された名前」をつける決心をすることになる――“Libet”と。しかしながら、重要なのは、たとえ改名しようとも、これは「誇りをもって関与してきた自分の家庭やユダヤ教の背景を拒否することを、断じて、意図するものではなかった」（強調引用者）と明言していることである[9]。

このように、リベットの生い立ちと改名には、ユダヤ教の影響やそれについての自覚的な傾倒があることが分かる。このユダヤ教への傾倒が最晩年の『マインド・タイム』では如実に現われることになる。ただし、彼は、駆け出しの科学者の時には「決定論的唯物主義が有効である」と信じており、本章で論じる立場をとるようになったのは、四〇歳以降のことである[10]。そうだとすれば、彼には基本的にユダヤ教的な下地があり、若いころはそれと反対の立場を一時的にとるようになったが、その後はユダヤ教への傾倒が強くなっていったと推測できる。

第三節　リベットの実験

三・一　意識現象へのアプローチ

リベットは、いたるところで、⑴意識経験の研究はそれを報告できる被験者によってしかできない旨、(2)主観的な意識現象はそれを経験している本人だけにしか接近できない旨を力説している。

すべての感情や意識などは、人間の主観的な内的生活の一端である。それらが主観的だというのは、実体験をしている本人だけにしか接近できないという意味である。それらは脳という物質そのものの観察からは自明ではないし、説明もつかない。[11]（強調原著者）

外部から観察できる「物質的な」事象と、内部から観察できる「精神的な」事象は、現象論的には異なるカテゴリーである。…どちらの現象も、もう一方に還元可能／もう一方によって説明可能というわけではない。[12]（強調原著者）

こうした前提は、意識現象に対する自然科学的アプローチの限界を設定しているものとして、重要である。しかしながら、研究者として実験を行ないその成果を出さなければならない。そこで、「〔意識を伴う〕経験を報告できる覚醒した人間の被験者によってしか、意識経験の研究はできない」[13]と述べながらも、〔意識を伴う〕経験を報告できる被験者にたよりながら意識経験の研究ができる可能性を見出すことになる。

だが同時に、右の前提や実験方法は難問を抱え込む原因となる。「記述」を、自分の意識や体験に関わる一人称的なものと、客観的な実験や現象に関わる三人称的なものに分けるとすれば、記述する者の人称を混同することは、中山剛史が論じるように、言語論的な「カテゴリーミステーク」として退けられるべきものである。[14] リベットの実験解釈を批判する多くの物理主義的立場にたつ研究者は、彼独特の「二元論」の不整合性を衝くのだが、この不整合性を別の視点から述べると、一人称的記述（本人にしかなしえない自由意志の記述）と三人称的記述（実験を行なう第三者による記述）の混同から生じるものと解釈できる（第五章第五節参照）。

それにもかかわらず、リベットの試みは「脳内の神経細胞活動がどのように主観的な意識経験と無意識の精神的機能とに関連しているか」[15]という、重大かつ本質的問題に実験的にアプローチすることである。しかし、「意識」は実験に馴染むだろうか。彼が登場するまでの意識をめぐる研究の多くは、思弁的であり検証されるような性格のものではなかった。だが、リベットは自らの学問をたんに「神経生理学」とは呼ばずにわざわざ「実験神経生理学」（experimental neurophysiology）と呼ぶこともあるように、実験を重視する。そして、右の問題をめぐる「直接的な実験による証拠と検証可能な理論」[16]（強調原著者）を提供しようとするのである。自由意志の問題をめぐる議論に、現代の神経生理学における「実験」という手法を適用して世界的議論を巻き起こしたことは、神経生理学史上、不滅の功績であるといえるかもしれない。だが、彼の研究は最初から難問をはらむという運命にあったのだ。

三・二　実験の概要と結果

リベットの長年の研究成果は「自発的行為（voluntary act/action）は、意識された意図が現われる前に、無意識的な大脳の作用によって開始される。しかし、行為の実際の運動的遂行に対する意識的な制御は可能である」[17]と要約できよう（私見では、彼は“act”と“action”を厳密には区別していない）。

その「自発的行為」、「意志」（will）、「意図」（intention）などに関連するが、リベットは「自発的行為」や「意志」がもつ意味は複雑で、しばしば哲学的偏見を伴っているとする。そこで、彼は「自発的行為」を次のように定義する。

> 行為は、以下のようなとき、自発的であるとみなされ、被験者の意志の機能であるとみなされる。(a)それが、外的な刺激やきっかけに対する直接の反応ではなく、自己発生的に生じた場合。(b)被験者による行為の開始や遂行を直接に／即座に制御する、外部から課された制限や強制がない場合。(c)被験者が「自分自身の主導権にもとづいて行為を遂行している」「自分たちが望むように、自由に、行為を開始したり開始しなかったりできる」と感じている場合。これらのうち、(c)が最も重要である。[18]（強調原著者）

一九六五年、コルンフーバーとデーケは「脳活動の電位変化が、自発的行為に規則的かつ特異的に先立って記録できる」ことを発見した。すなわち、自発的な行為の前に、頭頂部にある領域から「負の電位」が緩やかに上昇するのを記録できるのだ。この電位変化は、被験者が自発的で

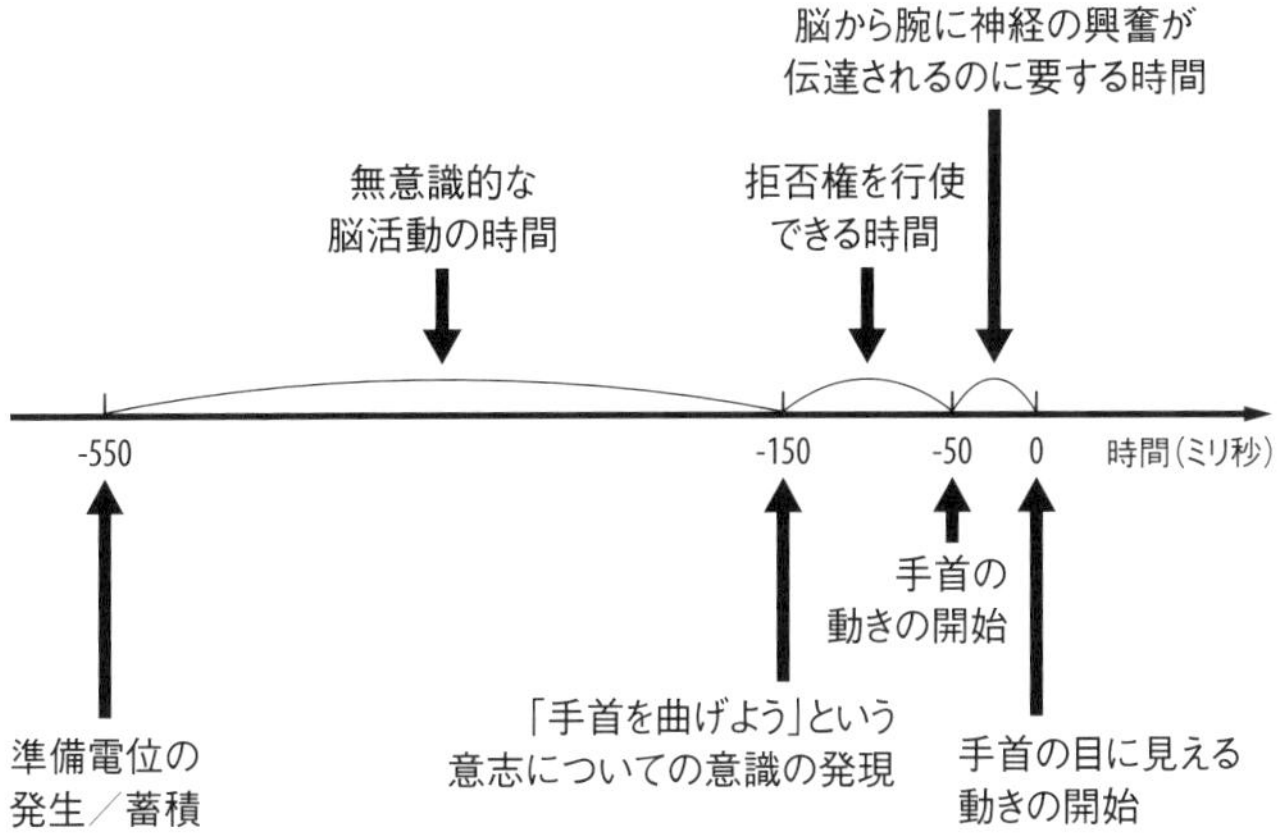

図１　リベットの実験

あると思われる明らかな行為を実行する約八〇〇ミリ秒かそれ以上前に始まる。そのため、これは「準備電位」(Bereitschaftpotential, RP= readiness potential) と呼ばれた。その後、リベットは二人の実験を改良した実験を考案して実行した。[19]

リベットの実験方法を簡単に説明すると、次のようになる。被験者の眼前には、二・五六秒で光点が盤面を一周する時計があり、被験者は、この時計を見ながら好きな時に手首を曲げ(自発的行為)、その時の光点の位置を報告する。この実験の目的は、①準備電位、②被験者に「意識された意志」、③実際の手首の運動という三者の時間関係を明らかにすることである。

次に、図1を用いて、この実験結果を時間の流れ(左から右)に沿って説明しよう。手首の目に見える運動が開始される五五〇ミリ秒前に準備電位が発生する→四〇〇ミリ秒にわたって無意識的に脳が活動する→「手首を曲げよう」という意志についての意識が発現する→その一〇〇ミリ秒後から、五〇ミリ秒にわたって脳から腕に神経の興奮が伝達される→手首の目に見える動きが開始される。この場合には、手首を動かすという行為が実行に移される。

しかし、「手首を曲げよう」と一端は思っても、それを中断する場合もある。「手首を曲げよう」という意志についての意識が発現して、脳から腕に神経の興奮が伝達されるようになるまでに、一〇〇ミリ秒の時間がある。この間に、「手首を曲げよう」という意志を「拒否」することができるのだ。この「拒否」権を行使することが自由意志の働きである。

「自発的な行為」を脳はどのように処理しているのかは、自由意志をめぐる問題にとってきわめて重要である。これまで、われわれは「自発的行為を促す意志は、行為へと繋がる脳活動の開始以前か、遅くとも、それが始まると同時に現われる」と考えてきた。しかし、リベットは「自発的な行為に結びつく特定の脳活動は、行為を実行しようという意識を伴った意志（conscious will）の前に始まっている」「特定の脳活動は、行為しようとしている自分自身の意図にその当人が気づく前に始まっている」ことを実験によって検証したのである。すなわち、「意志された行為を起動する脳活動は、行為をしようという意識を伴った意志が充分に発達するよりもずっと前に始まっている」（強調引用者）ことを検証したのだ。[20] リベットは次のように語っている。

自由で自発的な行為の五五〇ミリ秒前に、脳は起動過程を示す。しかし、行為を実行しようとする意識を伴った意志に気づくのは、その行為のわずか一五〇から二〇〇ミリ秒ほど前なのである。したがって、その被験者が行為を実行しようとする自分の意志や意図に気づく四〇〇ミリ秒ほど前に、自発的な過程は無意識のうちに起動するのである。[21]

これは驚くべき実験結果である。これが事実だとすれば、「自由意志」は脳活動によってもたらされることになり、自由意志の存在は否定されかねない。実際に、世界中の多くの研究者は、リベットの実験にもとづきながら自由意志の存在を否定した。たとえば、英語圏ではウェグナーたち、ドイツ語圏ではロートたちがそうした立場を採用している。[22] さらに、今後の神経科学の進展につれて、自由意志を否定する研究者が増える可能性は高いであろう。

三・三　実験に対する疑問

当然、リベットの実験結果やその解釈については、多くの疑問も寄せられた。常識的に考えても、「手首を曲げよう」などという自由意志はあまりにも単純なものであるとか、「手首を動かす」ことを実験者によって強制されているのだから彼の実験は自由意志をめぐる実験とはいえない、などの意見があろう。また、彼の著書・論文を読んだ者は、「意志」「意識」「意図」「気付き」など、彼が用いる概念の規定やそれらの相互関係を問題にすることもできよう。さらに、鈴木貫之の整理によれば、次のような疑義も出されている。[23] (1)実験手続きが、準備電位、意識を伴った意志、手首の動きの三者の時間的関係を測定する方法として適切か、⑵実験結果をわれわれの日常的な行為に一般化できるのか、⑶準備電位の発生を「無意識的な意志」の成立と解釈すれば、彼の実験はわれわれの行動が意志とは異なる原因によって引き起こされることを示していないのではないか[24]。

本章との関わりでとりわけ重要な批判は、リベットの二元論（物質的存在と非物質的存在）的立場が整合性を保持しうるか否かをめぐるものである。たとえば、ウッドは「準備電位とW（手首を動かそうという意志）に関わる判断の間にある時間的関係をめぐるリベットの根本的な前提は、疑いなく（本質的に）、二元論の性格のものである[25]」として、物理主義的立場から一元論的代替案を示している。また、武田一博も物理主義的な立場から「リベットのように、決定論やあらゆる還元主義を意識論において否定することは、結局、心を物質的世界から独立の存在と見なす二元論に陥るほかなくなり、それは結局のところ、非科学主義、神秘主義への転落をもたらさずにはおかないのである。実際、リベットが最終的に陥った立場は、そうしたものにほかならない[26]」と酷評している。一元論的物理主義の立場からは、二元論は否定されるべきものなのである。

物理主義的立場からは、右のようなリベットの二元論的見解に対する批判が続出している。しかし、それは物理主義的一元論という前提のもとでの話に過ぎない。現代においては二元論が死に絶えたのかというと、決してそうではない。すなわち、多くの宗教者や哲学者のみならず、脳を自然科学的に研究する研究者の中で傑出した者ですら必ずしも二元論を否定しない、という事実がある。たとえば、リベット以外にも、大脳皮質の電気刺激による研究を開拓したペンフィールド、大脳半球の機能分化の研究でノーベル生理学医学賞を受賞したスペリー、抑制性シナプス後電位の発見によりノーベル生理学医学賞を受賞したエクルズ（第5章参照）などは、脳一元論／物理主義的還元論の立場をとらずに、二元論（いくつもの種類があるとしても）の立場に立っている。この事実はユダヤ＝キリスト教の背景と無関係ではない。

ここで、「拒否権の発動としての自由意志」という、物理主義者に評判の悪い、リベットの考え方に目を転じよう。

第四節　リベットとユダヤ教

四・一　「意識的な拒否」と「自由意志」の概念

意識を伴った意志は、脳活動の始動より四〇〇ミリ秒遅れて後に続くとはいうものの、目に見える運動の一五〇ミリ秒前には現われる。そこで、リベットは、意識を伴った意志にもし役割があるならば、「自発的な行為の生成過程の最終段階に影響を与えたり、制御したりする可能性がある」という[27]――先述したように、筋肉を活性化するための過程があるので、意識機能が意志過程の最終段階に影響を与える時間的余裕は、実際には（一五〇ミリ秒ではなく）一〇〇ミリ秒だけである。

本章での考察の核心は、この「影響／制御」をめぐるリベットの議論である。最終的に、意識を伴った意志は、手首を曲げるなどの運動行為を実現するように決めることができる（この場合はその行為は実行に移される）。しかしまた、彼によれば、その意志は「運動行為が現われないように、その過程を妨げる／〈拒否〉することもできる」[28]。すなわち、実際の実験結果により「人は行為を予定していた時点の直前一〇〇―二〇〇ミリ秒以内に、その行為を拒否できること」が少なからず示されたというのである[29]（「註59」で示した、二〇一五年一二月の最新の実験結果も参照）。

この実験結果から、従来のものとは異なる自由意志の解釈がもたらされることになる。前節で示したように、リベットによれば、一方で、「意識を伴った自由意志は、われわれの自由で自発的な行為を起動してはいない」〔脳活動が自由意志の発現に先行する〕ということになる。すなわち、この部分は神経生理学者として自然科学的決定論の立場を示している。他方で、「意識を伴う自由意志は、行為の成果や行為の実際の遂行を制御することができる。この意志によって、行為を進行させたり、行為が起こらないように拒否することもできる[30]」とも述べられている。重要なのは、「行為の制御／拒否」である。

四・二　リベットとユダヤ教

リベットは、「人間は、したいことを選択する／決定することができる能力を神から与えられている。この能力は、自然界の物理的法則にもとづく決定論的な制約を完全には受けていない」という見解を、「最も一般的で人気のある意見」だとしている[31]。実は、控えめのこの表現こそが、彼の主張なのである。この後すぐに、「このような考え方は、世界中の多くの宗教によっても支持されてきた。この考え方がなければ、人間の自発的な行為に対する個人の責任についての倫理観をうながすことが難しくなる（Without this view, it becomes difficult to promote an ethics of individual responsibility for one's voluntary actions）」[32]（強調引用者）と続けられる。第一節で紹介したヒックとの同型性を、間違いなく、ここに見ることができる。

ここで一つ指摘しておきたいことがある。リベットの著書・論文には、ユダヤ教関係の書物などが所々に挿入されているが、彼は、ラビたちを始めとするユダヤ教関係者の著作をよく読んでおり、彼らのインタビューなどにも目配りをしているということである。

リベット自身も言及していることだが、ユダヤ＝キリスト教の伝統にある神学との関連でいえば、もしも神が全知であれば、神は人間がこれから行なおうとする行為内容をあらかじめ知っていることになる。そうすると、人間による行為の主体的で自由な決定や選択がなされる以前に、行為の決定や選択が行なわれていたことになる。これは人間の自由意志を否定することに繋がっていく。だが、リベットは「何世紀もの間、神学者たちは、普遍的で全知の神という考え方と両立できる仕方で自由意志の存在を認めるために、種々の哲学を考案してきた」[33]（強調引用者）という。そこで例として持ちだすのが、クーパーの『神は動詞である――カバラと神秘的ユダヤ教の実践』（一九九七年）という書物を拠り所にした見解である。

> ユダヤ教の神秘的宗派であるカバラの人々は「神自身は、人間が何をするかについて前もって知る能力を、進んで放棄した」と主張した。この考え方では、神が人間の特性として具えて欲しいと願った、人間の自由意志の作用を認めることになるだろう。[34]（強調引用者）

リベットは自然科学者／神経生理学者として研究を続けたから、ユダヤ教の立場に立つ見解を諸論文において披歴することはあまりなかった。しかしながら、時として、ユダヤ教徒の著者たちの言葉を引用するし、「自伝」などからもユダヤ教への傾倒は明確である。これまで、彼とユダヤ教との関係については、研究者たちも明言をさけてきているようだが、人生の最後を飾る『マインド・タイム』では、彼のユダヤ教への傾倒が従来よりも鮮明に読みとれる。その最後の第六章「結局、何が示されたのか?」のタイトルの直後に挿入されているのは、次の二つの言葉である。①作者不詳の「おお神よ、あなたの船（ship）はあまりに巨大で、私の舟（boat）はこんなにも小さい」、②ラビであるタルフォンの『父祖たちの倫理』からの間接的引用である「仕事を完成させるのは君の義務ではないが、その仕事を断念する自由も君にはない[35]」。

これらの言葉は、リベットの人生の最後に相応しいであろう。前者は、ユダヤ＝キリスト教の伝統である、自己の小ささと対比された偉大な神の賛美である。後者は、リベット自身が、その完成を見ることなく生涯を終えざるを得なかった「意識を伴う精神場（Conscious Mental Field＝CMF）理論」[36]まで、完成はできないにしても自分の仕事を断念する自由を行使することなく、ひたすらに研究に人生を捧げてきたことの吐露／感慨と解釈しうる。つまり、彼はユダヤ教に傾倒する者として、自分がユダヤ教の父祖たちの教えを人生の最終段階まで守り通してきたことを示唆しているのである。

くり返しにもなるが、リベットの自由意志論の精髄を彼自身の言葉で一言でいうと、次のようになるだろう。

> 自由意志は意志過程を起動しない。しかし、意志過程を積極的に拒否して行為そのものを中断したり、行為を実行させたりする（またはその誘因となる）ことで、その結果を統制することができる。[37]（強調原著者）

前半は、自然科学者としての言葉であり、後半はユダヤ教徒としての言葉である。これらについては、『マインド・タイム』の訳者の下條信輔が提起するように、「最初の衝動」と「抑制の意志決定」をリベットがいうほどきれいに切り分けられるのか、という疑問もあろう。[38]しかしながら、とにかく、リベットは神経生理学者としての立場とユダヤ教徒としての立場を、自分自身において、調停したのだ。

四・三　リベットの矛盾

意識を伴った意志の場合、その出現に先行して無意識的な準備電位の蓄積があった。これと同様に、意識的な拒否に先行する無意識の脳内過程（準備電位の蓄積であろうとなかろうと）があるのか否か、が問題になるだろう。リベットの実験は執拗に、準備電位の変化や蓄積を追究するのだが、行為の拒否に先行する無意識の過程については、意外にもあっさりとしている。すなわち、単刀直入に「意識を伴う拒否は、先行する無意識の過程を必要としないし、その直接的な結果でもない」[39]（強調原著者）と断言するのだ。どうしてこのように簡単に断言しうるのか、不思議である。たしかに、彼は「意識を伴う拒否自体、それに先行する無意識的諸過程に起源をもつという可能性」を考慮すべきことにも気づいており、拒否権の発動の場合も意識を伴った意志の発現や発達の場合と同様の扱いをすべきことに言及している[40]。

だが、この方向で彼の実験が進められることはなかった。その理由は、「拒否しようという決心」に気づくことが、かりに先行する無意識の過程を必要とするとしても、その気づきの内容（拒否しようという実際の決心）には、先行する無意識の過程という同じ必要条件があてはまらない、別の特性をもつからである[41]。すなわち、「〜しようという意志」と「〜するのを止めようという意志」とは、同じ意志でも質が異なる（separate/different）のである。リベットは何度も強硬に次のように断じている。

私は「意識を伴う拒否は制御機能であり、行為への願望にただ気づくこととは異なる」と提言したい。どのような心脳理論においても、また心脳同一説においてもさえも、意識を伴う制御機能の性質に先行しこれを決定する、特定の神経活動が必要とされるような論理的義務（logical imperative）はない。先行する無意識の過程が特定の発達をすることなしに、制御過程が現われる可能性を否定するような、実験的な証拠は何もない[42]。（強調原著者）

実験を重んじるリベットが、実験とは無関係にここまで強く断言することの背後には、何らかの宗教的信念（ユダヤ教からもたらされる信念）の影響が存在するのではないか。いいかえれば、第一節で示したヒックの場合と同様に、このような彼の主張の背後には宗教的・倫理的・道徳的信念が控えていることが推測される。さきに紹介したように、彼は「自由意志という考え方がなければ、人間の自発的な行為に対する個人の責任についての倫理観をうながすことが難しくなる」と述べていたのであった。こうした彼の言葉を拾っていくと、リベットも、ヒックと同じように、決定論／脳一元論／物質的還元論の立場を採用すればユダヤ教的倫理観が崩壊すると考えている、と推断せざるをないのである。だからこそ、「意識を伴う拒否は、先行する無意識の過程を必要としないし、その直接的な結果でもない」などと断言するのだ。万が一、ユダヤ教的倫理観にダメージを与えるような実験結果がでたとすれば、これはリベットにとって忌々しき事態といわざるをえないであろう。

さらに、ユダヤ教の倫理観は、キリスト教の倫理観との比較においても、明確に述べられている。

四・四　ユダヤ教とキリスト教

意識を伴った意志は、脳内で無意識に「掻き立てられた」衝動のうち、どれを選択して実行に移すか、どれを拒否して中止するのかを決定する。リベットは、モーセの十戒の多くは「してはいけない」ことの規定である、という。また、マイモニデスの「神聖さとは、人間の最も本能的な肉体的な欲望を否定できるような規律ある自己制御／能力である」との定義を（ラビであるリスキンの著作から）引用する。さらに、イエスより少し前に生きたラビであるヒレルの「自分がされたくないことを、人にしてはならない」（強調リベット）という言葉を引用する。そして、これは「寛容な心をもって、他人のことは構わないようにしよう」ということだと解釈する。その一方で、キリスト教の「マタイによる福音書」の「人にしてもらいたいと思うことは何でも、あなたがたも人にしなさい」（強調リベット、第七章第一二節）という一節を引用しつつ、これは「積極的な活動家の意見」だとする。そして、哲学者カウフマンの「キリスト教信者の黄金律は、他人の願望と衝突する行為を他者に押しつけることに終わるだろう」という言葉を紹介するに至る。[43]

リベットはユダヤ教とキリスト教との比較をしているのだが、軍配は明らかにユダヤ教に上がる。彼に従えば、キリスト教の倫理は脳内で無意識に起動する願望・衝動・意図に関わり、ユダヤ教の倫理は「拒否権」の行使という意識された自由意志に関わる。当然、種々の文献を読み解いていくと、二つの宗教には共に、「自分がされたくないことを他の人にしてはいけない」とする側面と、「自分にしてもらいたいことを他の人にもしてあげなさい」とする二つの側面があるだろう。しかし、たとえ事実がそうだとしても、ここで重要なことは、リベット自身がいかにユダヤ教とキリスト教を認識しているかである。

「マタイによる福音書」の中には、次の有名な一節がある――「みだらな思いで女を見る者[44]はだれでも、既に心の中でその女を犯したのである」（第五章第二八節）。リベットはアメリカのカーター元大統領がこうした情欲を懐いた言葉を引用するが、現実問題として、「みだらな思いで女を見る者」が罪を犯しているのであれば、ほとんどの成人男性は罪を犯しているであろう。だが、現実の行動により罪を犯すに至る者以外は、皆自分の情欲を制御するのである[45]。リベットがいうには、「運動を伴った実際の行為が、意識的に制御可能であり、かつ、倫理的に有意味なのである。なぜならば、仲間に対する現実の影響をもつのは、運動を伴う行為のみだからである[46]」。

このことに対するリベットの実験結果の適用は興味深い。彼によれば、罪と結びつくどのような願望・衝動・意図でも、脳内で無意識に起動し発達する。行為を促すそれらの無意識の出現は意識的に制御できない。だが、それらの最終的な運動行為の実行のみは、意識的に制御できるのである[47]。したがって、「何か許され難いことについて、ある人がただたんに精神的な意図や衝動をもっただけで、たとえそれが実行に移されなかったとしても、罰しようとする宗教体系〔キリスト教〕では、生理上、克服しがたい道徳的および心理的な問題が生じる[48]のである。実際に、そうした衝動を感じただけで「罪深い」ということに拘ると、そうした衝動が無意識に起動するメカニズムはおそらくほとんどすべての人間に存在しているだろうから、ほとんどすべての人間が罪深いことになる。

たしかに、これは「原罪」についての生理学的根拠になるかもしれないが、リベットはこうしたキリスト教の見解に否定的である。さきに「仲間に対する現実の影響をもつのは、運動を伴う行為のみである」という彼の言葉を引用したけれども、彼は「ある人の実際の行為だけが他人の幸福を直接に侵害しうる[49]」ともいう。意識的に制御できるのは行為の実行であるから、遂行された自分の行為に対して、人が罪を感じたり責任を負ったりすることは妥当である。また、「原罪」の概念は何を罪深いとするかによって変わりうると留保をつけているものの、リベットによれば、たとえ無意識に起動する願望・衝動・意図などを感じたとしても、それは人間の制御できる範囲には存在しないのだから、禁じられた行為に及ばない限り、それについての責任はない／罪には当たらないのである[50]。

四・五　決定論と自由論

これまで紹介したようなリベットの見解は、物理主義的決定論の否定とも深い関係をもつ。彼は物理的決定論を以下のごとく執拗に批判する。

科学者や哲学者の多くは、決定論が正しいとする自分たちの凝り固まった意見が、いまだに信奉にもとづいていることに気づいていないようである。[51]（強調原著者）

物質的な現象のカテゴリーと主観的な現象のカテゴリーの間には、まだ説明されていないギャップがある。[52]（強調原著者）

物質的に観察可能な世界の決定論的性質が、主観的で意識を伴う機能と事象を説明できるという前提は、思弁的な信念であり、科学的に立証された命題ではない。[53]（強調原著者）

また、自由意志の擁護については、以下のように論じている。

現象的な事実はといえば、われわれの多くは「脳の状態とわれわれをとりまく環境によってある程度制限された範囲とはいえ、少なくとも、われわれの行為のあるものについては自由意志のようなものが実際にある」と感じている。自由意志という現象についてのわれわれの直感的な感情が、人間の本質についてのわれわれの意見の根本的基盤となる。[54]（強調原著者）

われわれの「人間は活動において多少の自由をもち、予め設定が定められている機械ではない」という意見を、立証されていない決定論の理論にもとづいて放棄してしまうなどということは、ばかげている。[55]

一言でいうと、人間は自分のことを「既知の物理的法則によって完全に統制されるがままに行動している機械」だとみなす必要はないのである。[56]

さらに、リベットは、人間には自由意志があるという強い信念をもつ小説家、シンガーの次の言葉を好んで、論文や著作の締め括りに引用する。

人類が受け取った最も偉大な〔神からの〕贈り物は、選択の自由である。選択の自由を行使することに関して、われわれに制限があるのは事実である。しかし、ほんのわずかでもわれわれが選択の自由をもっていることは、〔神からの〕素晴らしい贈り物であり、そこには無限の可能性が秘められている。そのため、選択の自由があるだけでも、人生は生きる価値がある。[57]

こうした反決定論・反物理主義・反還元主義の見解も、実験や論理的必然性によるものではなく、リベットのユダヤ教的信念によるものなのである。

おわりに

ひっきょう、リベットの独特な自由意志の肯定という立場はユダヤ教に由来するものだ、と考えるべきである。彼は何度も「行為遂行の意志と行為中断の意志とは質的に異なる」旨を強調している。しかし、後者をめぐる議論はすべて、本章の引用で詳細に示したように、何らの実験にもとづくものではない。つまり、この見解は自然科学的命題ではないのである。自分の学問を「実験神経生理学」と称している彼は、『マインド・タイム』の第1章の最後で「実験」を心や意識の問題に適用する意義について高らかに謳っている。[58] このことから導かれた実験結果こそが彼を世界的な研究者にしたのである。こうしたことに思いを馳せると、彼の「拒否権」としての自由意志の肯定は、科学的／実験的な観点からは、根拠薄弱である。[59] 科学的／実験的根拠を模索しようとする姿勢さえ窺えない。端的にいうと、リベットの自由意志の擁護は論点先取を犯しているのである。

ただし、このこと自体は決して悪いこと／否定されるべきことではない。この場合の自由意志の擁護は、ヒックの場合と同様に、科学とは別の領域（ユダヤ教への傾倒）から導かれたものになるだけである。また、「自由意志の擁護は科学的に実証されなければならない」という命題も、論点先取であるか、科学の領域でのみ妥当する限定的命題でしかないのである。

付論——リベットの「自由意志の擁護」への疑義

第三節第三項の冒頭でも言及したが、以下では、リベットの「自由意志の擁護」への疑義について、①彼の実験における「自由意志」概念の偏狭さ（第一の疑義）と、②彼が自縄自縛に陥っている可能性（第二の疑義）という観点から、少しだけ述べておきたい。

第一の疑義。「自由意志」をどう考えるかは、人によって異なるであろう。リベットや彼の実験に関心をもつ研究者たちのいう「自由意志」は、思うに、単純でひじょうに狭い捉え方しかされていない。具体的にいうと、①リベットの実験は、光点が盤面を一周する時計を見ながら手首を曲げるという動作、②「註59」で紹介している「行為の中断を行なう自由意志」の存在を立証したとする最新の実験（二〇一五年一二月）は、コンピューターのシグナルを見ながら足でボタンを踏むという動作によって行なわれたのである。また、二つの実験では、手首を曲げるとかボタンを踏むとか、単純な動作を行なうように強制されている。つまり、かなり窮屈な枠が最初からはめられているのである。

しかしながら、「自由意志」は、こうした単純で窮屈な動作のみに関連しているのではなく、もう少し広く捉えられるべきである。われわれには、きわめて短い時間で意志決定するのではなく、長期的な展望にたって時間をかけて意志決定をすることもあろうし、枠や強制がない状況で自発的に何かを意志することもある。多くの人々が述べているように、「リベットの実験結果をこうした自由意志に適用することには無理があるのではないか」という疑念は、やはり拭いきれない気がする。

第二の疑義。たしかに、リベットは「はっきり見える運動を伴う〔行為の〕実行なくしては、いかなる自発的熟慮も選択も計画も、自発的行為を構成しない[60]」（強調原著者）と述べている。すなわち、意志行為が、他者が認識しうる身体的行為にまで至る場合と、熟慮・選択・計画などに留まり身体的行為にまで至らない場合とを分けて、前者を重視するのだ。そして、「われわれによって実験的に研究されたのは、とりわけ、この目に見える行為の遂行である[61]」と、自分の研究範囲を限定している。

ところで、リベットの自由意志の擁護は、実験や論文・著書の執筆（さらには講演・討論など）という「はっきり見える実際の行為」によってもたらされたものである。そうだとすると、リベット自身は絶対に肯定しないだろうが、彼の自由意志の擁護論は、論理的には、彼が嫌悪する「決定論の産物である」という可能性もある。その理由は、大筋しか示すことはできないが、次のようなものである。

(1)リベット自身が「自由意志を擁護しよう」とか「自由意志の否定を拒否しよう」と明確に意識しているのだから、彼の自由意志の擁護は、「はっきり見える運動／目に見える行為」ではないとしても、「〜しようという意識を伴った意志」によってもたらされたものである。リベットは「はっきり見える運動／目に見える行為」に焦点をあてて実験をしたのだが、「身体的行為にまで至らない場合」でも、彼の自由意志の擁護が脳内過程の産物（「掻き立てられた」衝動）である可能性は否定しきれないであろう。

(2) さらに、リベットの自由意志の擁護は、実験や論文・著書の執筆や講演などという「はっきり見える運動／目に見える実際の行為」によってもたらされたものである。これらは「はっきり見える運動／目に見える行為」なので、彼の実験結果にしたがえば、これらは無意識的な準備電位の蓄積が象徴する脳活動によってもたらされたことになる。そうすると、けっきょく、リベットの自由意志の擁護という広い意味での行為は、無意識的な脳活動によってもたらされたことになるだろう。

以上の二つのことから、リベットの自由意志の擁護は「自由意志」からもたらされたものではなく、物理的な脳内過程によってもたらされたものであるという可能性は、否定しきれないことになるのではないか。

さらに、第三の疑義としてつけ加えると、決定論の立場と自由意志肯定の立場とは、二者択一的にどちらかを選択しなければならないというものではなく、（種々の状況に応じて一方が優勢な場合があるとしても）両者が棲み分けできる可能性の探究もなされるべきであろう。

※本章で使用するリベットの著書・論文の説明

① "Benjamin Libet" in *The History of Neuroscience in Autobiography,* vol. 1 (L. R. Squire ed.) Society for Neuroscience, 1996. これは、リベットが八〇歳の時に出版された「自伝」である。内容的には、シリーズの性格上、神経生理学に関する事柄が多い。

② "Unconscious Cerebral Initiative and the Role of Conscious Will in Voluntary Action" in *Behavioral and Brain Sciences,* vol. 8, no. 4, 1985. これは、リベットが六九歳の時に組まれた *Behavioral and Brain Sciences* 誌の特集号である。まず、リベットの諸見解が示され（pp. 529-539）、つぎに、諸実験についての多数の論評があり（pp. 539-558）、最後に、それらに対して彼が答えている（pp. 558-564）。

③ "Do We Have Free Will?" in *Journal of Consciousness Studies,* vol. 6, no. 8-9, 1999. これは、リベットの自由意志をめぐる見解を知るには、もっとも簡明で纏まったものである。

④ *Mind Time: The Temporal Factor in Consciousness,* Harvard University Press, 2004.　下條信輔訳『マインド・タイム――脳と意識の時間』岩波書店、二〇〇五年。これは、リベットが、「自伝」の後、八八歳で上梓したものであり、生涯にわたる仕事の要約／総仕上げと目される。この著作では、「自伝」や右の学術雑誌の特集号では見られなかった、人生の最終段階における彼の思索が鮮明に見られる。すなわち、①ユダヤ教への傾倒、②二元論の肯定、③「意識を伴う精神場」への思い、④物理主義的決定論／還元主義への批判などである。

［註］

1　一連の実験には研究仲間がいる。しかし、本章では慣例にしたがい、「リベットの実験」と表記する。また、時間を表記する場合には「約一〇〇ミリ秒」などと「約」をつけるべきだが、煩雑なので一部を除いて「約」は省略する。

2　コズリン「序文」（リベット『マインド・タイム』所収）v－vi頁［原書、x頁］。

3　コズリン、同「序文」、xv頁［原書、xiii頁］。

4　ヒック『人はいかにして神と出会うか』二〇一一年、一〇〇－一〇一頁［原書、一二二－一二三頁］。

5　ヒック、同書、一〇一頁、参照［原書、一二三頁、参照］。芦名もこうした箇所を踏まえながら、これらを「ヒックの宗教論を動機づけている基本的な信念」とし、「神経科学への批判的対論はここからなされている」と論じている（芦名定道「神経科学は宗教哲学に何をもたらしたか」二〇一二年、四〇頁）。

6　深尾憲二朗「自己・意図・意識」二〇〇四年、二四一－二四二頁。

7　Yiddish. 高地ドイツ語方言に、Hebrew, Slav 系の語の混じったもので、ヘブライ文字で書く。ロシア・ヨーロッパ中部・英国・米国のユダヤ人などが使用する。参考までに、次のような指摘も紹介しておく――「ドイツ語・ヘブライ語・スラブ語の混成言語であるイディッシュ語は、ヨーロッパでは〈崩れたドイツ語〉のように扱われた。（阪井葉子「ドイツに響くユダヤの歌（2）――イディッシュ語で歌うドイツ人グループ〈エスペ〉」二〇一三年、一二三頁）。

8　See Libet, "Benjamin Libet," 1996, pp. 416f.

9　See Libet, *ibid.*, p. 424.

10　リベット『マインド・タイム』二〇〇五年、六頁、参照［原書、五頁、参照］。

11　リベット、同書、一頁［原書、一頁］。

12　リベット、同書、二〇－二一頁［原書、一七頁］。

13 リベット、同書、xv頁［原書、xviii頁］。

14 中山剛史「現代の〈脳神話〉への哲学的批判」二〇〇八年、一四二―一四三頁、参照。

15 リベット、前掲書、三六頁［原書、三一―三二頁］。

16 リベット、同書、三七頁［原書、三二頁］。

17 Libet, "Unconscious Cerebral Initiative and the Role of Conscious Will in Voluntary Action," 1985, p.529.

18 Libet, *ibid.*, pp. 529f. Cf. Libet, "Do We Have Free Will?," 1999, p. 47.

19 リベット、前掲書、一四四―一五〇頁、参照［原書、一二四―一二九頁、参照］。 Cf. Libet, "Benjamin Libet," pp. 442-444.

20 リベット、前掲書、一四三頁、参照［原書、一二三頁、参照］。

21 リベット、同書、一四四頁［原書、一二三―一二四頁］。

22 ① D.M. Wegner, *The Illusion of Conscious Will*, MIT Press, 2002. ② G. Roth, *Fühlen, Denken, Handeln: Wie das Gehirn unser Verhalten Steuert*, Suhrkamp, 2001.

23 鈴木貫之「社会脳研究と自由意志の問題」二〇一二年、三一―三三頁、参照。また、リベットが八六歳になった二〇〇二年でも、*Consciousness and Cognition* (vol. 11, Iss. 2) 誌がリベットの特集号を編み、彼に対する種々の論評を載せ、それに対してリベットたちが答えている。新たな研究動向を反映した研究書として、次のものも挙げておく。W. Sinnott-Armstrong & L. Nadel ed., *Conscious Will and Responsibility: A Tribute to Benjamin Libet*, Oxford Scholarship Online, 2013.

24 ただし、本章での議論は、準備電位の発生が「無意識的な意志」の成立か否か、という問題とは関係しない。

25 Wood, "Pardon, Your Dualism is Showing," 1985, pp. 557f.

26 武田一博「心の唯物論と自由意志」二〇〇六年、一〇五頁。

27 リベット、前掲書、一六〇―一六一頁、参照［原書、一三七頁、参照］。

28 リベット、同書、一六一―一六二頁、参照［原書、一三八頁、参照］。

29 リベット、同書、一六二頁、参照［原書、一三八―一三九頁、参照］。

30 リベット、同書、一六二頁［原書、一三九頁］。
31 リベット、同書、一六四頁、参照［原書、一四〇頁、参照］。
32 リベット、同書、一六四頁［原書、一四〇頁］。
33 リベット、同書、一六四－一六五頁［原書、一四一頁］。
34 リベット、同書、一六五頁［原書、一四一頁］。
35 リベット、同書、二一九頁［原書、一八五頁］。
36 「意識を伴う精神場」（CMF）は、神経細胞の物質的活動と主観的経験の創発との間で、媒介作用をする働きがある。これは、リベットが「主観的な意識経験を、そのために特有の、しかし多種多様な脳のニューロン活動によって生じる場であるかのように考えてみたい」というところから生まれた（リベット『マインド・タイム』一九八頁、参照［原書、一六八頁、参照］）。彼が五〇歳ころには、CMFをめぐる仮説や実験について何らかの考えがあったようだが、実験に相応しい被験者や、彼が要求する手術を行なえる神経外科医に恵まれなかったことなどの理由で、思うように研究を進められなかったようである（cf. Libet, "Benjamin Libet," p. 445）。だが、CMFも物理主義者から見れば、その存在は否定されるべきものであろう（武田、前掲論文、一〇二－一〇三頁、参照）。
37 リベット、前掲書、一六七頁［原書、一四三頁］。
38 下條信輔「訳注」（リベット『マインド・タイム』所収）一六八頁、参照。
39 Libet, "Do We Have Free Will?," p. 53. Cf. Libet, "Unconscious Cerebral Initiative and the Role of Conscious Will in Voluntary Action," p.563. リベット、前掲書、一七一頁、参照［原書、一四六頁、参照］。
40 See Libet, "Do We Have Free Will?," p. 53. リベット、前掲書、一七三頁、参照［原書、一四七頁、参照］。
41 リベット、前掲書、一七三頁、参照［原書、一四七頁、参照］。Cf. Libet, "Do We Have Free Will?," p. 53.
42 Libet, *ibid.*, p. 53. Cf. Libet, "Unconscious Cerebral Initiative and the Role of Conscious Will in Voluntary Action," p.563. リベット、前掲書、一七一－一七二頁、参照［原書、一四六頁、参照］。
43 See Libet, "Do We Have Free Will?," pp. 54-55. リベット、前掲書、一七五－一七六頁、参照［原書、一四九－一五

〇頁、参照]。

44　リベットが参照している聖書では"a woman"であり、『聖書――新共同訳』では「他人の妻」となっている。文脈から判断して、この部分については、彼の引用に従って「女」とする。

45　See Libet, *op. cit.*, pp. 54-55.　リベット、前掲書、一七六―一七七頁、参照［原書、一五〇頁、参照]。

46　Libet, "Unconscious Cerebral Initiative and the Role of Conscious Will in Voluntary Action," p.564.

47　リベット、前掲書、一七七頁、参照［原書、一五〇―一五一頁、参照]。

48　リベット、同書、一七七頁［原書、一五一頁]。

49　リベット、同書、一七八頁［原書、一五一頁]。

50　リベット、同書、一七七―一七八頁、参照［原書、一五一頁、参照]。

51　リベット、同書、六頁［原書、六頁]。

52　リベット、同書、一八〇頁［原書、一五三頁]。Cf. Libet, "Do We Have Free Will?," p. 55.

53　リベット、同書、一八一頁［原書、一五三頁]。Cf. Libet, *ibid.*, pp. 55f.

54　リベット、同書、一八三頁［原書、一五五頁]。

55　リベット、同書、一八三頁［原書、一五六頁]。

56　リベット、同書、一八四頁、参照［原書、一五六頁、参照]。

57　リベット、同書、一八四頁［原書、一五六頁]。Cf. Libet, *op. cit.*, p. 57.

58　リベット、同書、三三一―三三七頁、参照［原書、二八一―二八三頁、参照]。

59　第四節において、実際の実験結果により「人は行為を予定していた時点の直前一〇〇―二〇〇ミリ秒以内に、その行為を拒否できること」が少なからず示されたという、リベットの報告を紹介した。本章の執筆を終えてから、二〇一五年一二月に、リベットの「行為の中断」が発動することを実証した実験結果が出たとする、論文が発表された。Matthias Schultze-Kraft et. al, "Point of no return in vetoing self-initiated movements" in *Proceedings of the National Academy of Sciences of the USA*, Dec. 2015. (DOI: 10.1073/pnas.1513569112) この論文に関する二〇一五年一二月一七日付のプレス・リリース（The brain-computer duel: Do we have free will?" (https://www.charite.de/en/service/

press_reports/artikel/detail/the_brain_computer_duel_do_we_have_free_will/　二〇一六年七月一日閲覧）によれば、実験に参加したハインズ教授は、この実験の目的について以下のように説明している。

　われわれの研究の目的は「初期の脳波電流〔準備電位〕の存在は、その後の意志決定を自動的なものにしてしまい、それを意識的に制御できないことを意味するのか否か」を見出すことであった。いいかえれば、「人は意志決定した後もまだその決定を中止すること――すなわち、〔リベットのいう〕「拒否／中断」を遂行すること――ができるのか否か」を見出すことであった。

さらに、ハインズ教授は、その実験結果を踏まえて次のように述べている。

　人の決心というものは、無意識的な初期の脳波電流のなすがままのものではない。決心は、意志決定の過程に積極的に介入することができ、動作を中止することができる。……われわれの研究は「これまで考えられてきたほど、自由は制限を受けていない」ことを示している。しかしながら、意志決定の過程において「後戻りできない時点」〔意志決定後の約〇・二秒後〕は存在する。その時点を過ぎると、もはや動作を中止することはできない。

　この実験に問題がないとすれば、自由意志を擁護する陣営は、決定論に対抗する結果を得たことになる。さらに、「約〇・二秒」というきわめて短い時間であるとしても、リベットの主張は正しかったことになる。ただし、だからといって、この実験結果がリベットに即した議論を展開している本章に直接の影響をもつことはない。

60　Libet, "Unconscious Cerebral Initiative and the Role of Conscious Will in Voluntary Action," p. 530. Cf. Libet, "Do We Have Free Will?," p. 54.

61　Libet, *ibid.*, p. 530.

第5章　宗教哲学と脳科学

──エクルズ／ポパーの『自我と脳』と「神経宗教哲学」の構想──

はじめに

本章では、カール・ポパー／ジョン・エクルズの大著『自我と脳』（原著出版、一九七七年）[1]を取り上げ、宗教と脳科学──「脳科学」と「神経科学」との区別は諸説あって専門的にはかなり難しいが、本章では一般的な「脳科学」という呼称を使用する──をめぐる問題をいろいろと考えてみたい。やや古いとはいえ『自我と脳』を取り上げる理由は、正直なところ「連絡脳」(liaison brain) という発想にはついていけないが、この古典的著作における議論のスケールはまことに壮大であり、心・自我・脳・宗教などについて思索を展開するには、いまだに格好の材料を提供しているからである。現代の唯物論的な脳科学が敵視しているであろう、心を「実体」として捉える「デカルト主義」が、ノーベル生理学医学賞を受賞したエクルズによって、その生命が保たれていることも興味深い。

宗教体験を視野に入れる今後の宗教哲学のあるべき姿に思いをはせると、「宗教（体験）は脳の所産である」vs「宗教（体験）は脳の働きに還元できない」という、脳と宗教のいずれか一方を偏重する見方に与してはならないであろう――「神経神学」の旗手であるニューバーグもこの立場である（「付論」参照）。もちろん、筆者は「文献学的な手法をもちいる宗教哲学を廃棄せよ」というのではない。ただ、脳科学の成果にも充分な注意を払うべきだということである。また、議論のなかで、宗教と脳にまつわる問題を考えるときに、「言語」が有力な視点を提供することも示したい。

さらに、本章の最後では、宗教・脳・言語という三要素のうちのいずれかを偏重することなく、三要素のバランスのよい相互作用を重視する「神経宗教哲学」についても言及したい。どのような神経宗教哲学が登場するかは、現時点では具体的に予想できないが、従来のいわゆる「宗教哲学」以外にも、新たな神経宗教哲学が出現する可能性はあるであろう。

それでは、宗教と脳の問題をめぐって、「宗教を重視する立場」と「脳を重視する立場」という対立する陣営の基本的見解を眺めることから、議論を始めよう。

第一節　宗教と脳をめぐる二つの対立する立場

一・一　宗教に重きをおく立場への問いかけ

宗教というものは、人類の歴史のさまざまな局面で大きな役割を果たしてきた。また、人々に生きる指針や存在の意味を教えたり、人々を精神的に苦しい状況から救済したりするなど、あらゆる時代や地域の人々の心の支えとなってきた。そうしたことは充分に知ったうえで、次のように問いたい――宗教を信じている人たちや、宗教をかけがえのないものとして研究している人たちは、近年の目覚ましい脳科学の発展を眼前にして、どのように考えているだろうか、と。

宗教的な著作や講演や日頃の会話において、「心」という言葉が頻繁に使われているが、その「心」が脳の機能や脳内部のさまざまな物理的プロセスに還元されるとしたら、どのような事態が生じるだろうか。たとえば、「崇高」「神秘」「全身がうち震える」「ありがたい」「この世のものとは思えない」「言葉ではまったく語ることができない」などといった表現で形容される宗教体験は、その価値がなくなってしまうに違いない。

かつて、ラマチャンドランは「神」体験は側頭葉の病的な興奮が原因であると主張した。これが正しければ、これまで神秘体験とか聖なる体験といわれてきたものの有難味が失せるどころか、そうした体験をした人たちは明らかな「病気」と診断され、医者から薬を処方されるかもしれない。

また、次のようなことも想定できる。ある心の状態や体験が脳内過程に還元されるとしたら、それはまさしく物理的な現象にすぎない。そうであれば、薬物（たとえばセロトニン作動薬）や外部からの操作（たとえば経頭蓋磁気刺激法）で、ひょっとすると、そうした心の状態や体験を作りだすことは可能かもしれない。さらに、最近では、ヒトゲノムが簡単に解読されるまでにテクノロジーは進歩した。そう遠くない将来、種々の心の状態や体験を生みだすオーダーメイドの薬物が開発されるかもしれない。実際に、アメリカでは「ドラッグ神秘主義」という流れがあり、「神秘体験」をめぐる古典中の古典である『宗教的経験の諸相』を書いたウィリアム・ジェイムズ自身がペヨーテや酸化窒素を用いたとか、オルダス・ハクスリー、テモシー・リアリーらがメスカリンやＬＳＤを利用して、知覚の変容や高次の意識の覚醒をもくろんでいたという話もある。[2]

だが、たとえば次のような論法で、薬物や人工的操作による宗教体験ないし擬似宗教体験と、真正の宗教体験とを峻別しようという人たちもいる。⑴「かりに薬物や人工的操作によってもたらされた体験が或る宗教体験とまったく同じだとしても、より重要なのは、むしろその宗教体験にいたる修行などのプロセスである」。⑵「たしかに宗教体験は大切だけれども、さらに大切なことは、その宗教体験によって個人なり社会なりがより良い方向に向かうことである」。なるほど、そうかもしれない。しかし、これらの論法は妥当といえるだろうか。これらの論法のいずれもが、薬物や人工的操作によってもたらされた心の状態や体験が、修行などの宗教的行為によってもたらされた心の状態や体験と同じである可能性を排除しない。⑴の場合には、宗教体験にいたるプロセスを重視しているのであり、必ずしも、体験それ自体を問題にしているのではない。そうすると、先に述べたように、薬物や人工的操作によって悟りや神との合一などの崇高な宗教体験に到達しようとする人間が出てきても、不思議はない。⑵の場合にも、薬物や人工的操作によってもたらされる心の状態や体験がきっかけとなり、自分の生が充実したり、指導力のある者が社会全体をより良い状態に導いたりすることがあっても、不思議ではない。こうした事態が生じれば、やはり宗教体験の価値は下がらざるを得ないのではないか。いいかえれば、体験そのものに限定すると、「真正の宗教体験」と「擬似宗教体験」の区別はつかなくなるのではないか。

それでは、宗教的な心の状態や体験が脳内過程に還元されるのかというと、必ずしもそのように考える必要はないのである。やや抽象的な言い方になるが、脳科学が扱っているのは、心の状態や体験の「形式的側面」であり「内容的側面」ではない、といえるのだ。また、主観的（一人称的）現象である心の状態や体験を、客観的（三人称的）表現で記述するのは言語的なカテゴリーミステークである、ともいえる。

一・二　脳科学に重きをおく立場への問いかけ

脳科学が多方面にわたって人間生活の向上に貢献していることは、事実として間違いない。プラグマティックな観点から見れば、脳科学が今後も発展しつづけ、その知見が悪用されることなく、人間の幸福の実現に応用されることを、筆者は切に願っている。そのうえで、あえて次のように問いたい――物理主義的脳科学者やそうした脳科学の結論に賛同する人たちは、宗教的な心のあり方や宗教体験についてどのように考えているのだろうか、と。

このような人たちは、原理的な事柄として「物や物質とは異質な存在であるとこれまで見なされてきた、意識・心・精神・魂・自我などといったものは、唯物論的・物理主義的に還元して説明できる」と確信しているのだろうか。[3] しかしながら、このような確信は、たんなる思い込みとか一種の論点先取である。すなわち、そう確信している人たちは、何らの根拠もなく「意識・心・精神・魂・自我などといった非物理的・非物質的なものは実体的に存在するのではなく、存在するのは脳内部で生じる物理的現象だけだ」という信念を最初から持っているだけなのである。

そもそも「宗教的な心の状態や宗教体験は、脳科学的に、物理的・物質的現象として解明しうる」という信念に根拠はあるのだろうか。さきほど、(1)物理主義的脳科学が扱っているのは心の状態や体験の「形式的側面」であり「内容的側面」ではない、(2)主観的＝一人称的な現象である心の状態や体験を客観的＝三人称的表現で記述するのは言語的なカテゴリーミステークである、という見解を紹介した。以下では、これらとは違う観点から、物理主義的脳科学の限界を指摘しよう。

物理主義的脳科学者は自然科学的手法を用いるわけだが、その脳科学者は「実在を客観的世界に限定する」という枠組みを用いながら、脳科学という学問的営為を遂行している。だが、その学問的営為の客観性を語る当事者だけは、その客観的世界には含まれていない。その当事者は、いわば「客観的世界を創造した神の視点」に立っているのだ。しかし、自分も客観的世界の一部である脳内過程によって研究するのであれば、そういう視点にたつことはできないであろう。

また、次のようなことも考えられる。物理主義的な脳科学者は、自分の主張の正しさの根拠をどこに求めるのだろうか。それは「実証された実験結果」だろう。だが、「実証という営みが、ある主張をおこなうさいの唯一の根拠である」というのは一つの思い込みでしかない。かつて、論理実証主義者のカルナップは、ハイデガーの「無が自己を無化する」(Das Nichts selbst nichtet) という表現は無意味である、と断じた。[4] しかし、「無が自己を無化する」という表現は、たとえ実証されなくとも、ハイデガーの哲学の中では意味をもっているのである。「実証という営みが、ある主張をおこなうさいの唯一の根拠である」ことを実証することはできない。だとすれば、脳科学者は自らがおこなっている実証的営みの正当性を、自分が拠りどころとしている「実証性」に求めることはできない。「実証」という行為は、さまざまな学問的営為のうちの「一つ」でしかないのである。

さらに述べると、自己の正当性を主張する手段は「言語」であるが、すべてが物理的存在だとするならば、自己正当化に使用される言語（言葉）の「意味」も物理的な存在だということになる。だが、言語が物理的存在だとすれば、それはいかにして「意味」をもつことができるのか。もしも言語が物理的なものに還元されてしまって「意味」をもたないということになれば、物理主義的脳科学者の人たちは次の事実を容認する覚悟があるのか――自分たちが議論のために使用している言語が「意味」をもたない、という事実を（第八節参照）。

ここで、脳科学と関連づけながら、「意味の発生」について思い切って簡略化して説明すると、次のようになる。言語の二つの形態である音声や文字は、「空気の振動」や「文字の見え方」という物理的な現象に還元できる。それらは聴覚や視覚の感覚器官から神経細胞を通じて脳内に伝えられる。この聴覚や視覚の情報が最終的に側頭葉にあるウェルニッケ野（感覚性言語野）やその周囲の連合野に伝えられ、過去の記憶と照合されて、言葉の「意味」が理解される（それゆえ、厳密には、人によって言葉の「意味」は異なることになる）。ウェルニッケ野や連合野で起こっているのはあくまでも神経細胞の物理化学的な変化だが、この「脳内のある種の状態」から「意味」は生まれる。つまり、その神経細胞や脳内過程を物理的に説明できれば、「意味」は物理的に説明しうる。だとすれば、言語も意味も物理的な現象として説明でき、「神秘のベールで覆われた」ような「意味」は不要になる。物理主義的脳科学者の人たちは、このように考えるかもしれない。

しかし管見では、ウェルニッケ野やその周囲の連合野の機能がかなり解明されてきているが、そうした研究が「意味」の発生の解明にまで到達しているとはとても思えない。また、主観的な表現になるが、物理主義的説明では言語の「意味」を「実感」として感じるようにはなれないだろう。

†

かなり強引な部分もあるが、以上で、宗教に重きをおく立場と脳科学に重きをおく立場との双方に対して、批判的な論評をした。今のところ、いずれの陣営が正しい／優れているかは断定できない、というのが現状であろう。

それでは、脳科学は、宗教や宗教体験とは無関係なのかというと、必ずしもそうではないのである。なぜなら、後述するように、脳の機能や脳内過程なくしては、宗教も宗教体験も存在しえないからである。問題は「脳科学と宗教や宗教体験とがいかに関わりをもつか」であるが、これについては「付論」でわずかながら言及したい。おそらく、いずれか一方を選択し他方を排除するというわけにはいかない、と思われる。おそらく、宗教と脳科学という二つの領域を、バランスよく建設的に調停する視点が必要になってくるであろう。また、これが本章における筆者の立場（「神経宗教哲学」）である。

第二節　宗教と脳科学がおかれている現状と本章の内容

現在、脳科学は目覚しく進歩しつつある。fMRI（機能的磁気共鳴画像法）、PET（ポジトロン断層法）、SPECT（単一光子放射断層撮影）、MEG（脳磁図）など、高度な機器の出現で、ある特定の心の状態や認知作業を遂行中の脳の活動パターンが観察できるようになった。たとえば、ある人が「道徳的推論」「道徳的ディレンマ」に関っているときや、「他者への共感」を体験しているときなどの脳の活動を、リアルタイムで画像化することも可能になってきたのである[5]。

この一方で、洋の東西を問わず、宗教体験を重視する宗教哲学[6]（以下における「宗教哲学」とはこの種の宗教哲学を意味する）も存在する。近年の脳科学の進歩は、こうした宗教哲学にとって「脳科学は心や宗教体験の領域を侵食するのではないか」という不安を引き起こすことも考えられる。その理由を一つあげるとすれば、脳科学の進展により、これまで、崇高な体験、修行によって得られる体験、日常性と隔絶する体験などと見なされてきた宗教体験が、平板化され、いわばその「有難味」とでもいうべきものが失われる可能性があるからだ。

ところで、脳科学と宗教哲学の関わりの捉え方は、おおよそ次の三つに分類できるであろう。①両者を対立的に理解するもの、②両者を次元の違う異質なものとして共存させようとするもの、③両者を架橋しようとするもの。本章では、③の視点から考察を展開する。今後、宗教哲学の研究動向の一つとして、③のタイプの宗教哲学がクローズアップされてくるであろう。

本章では、種々ある脳科学の立場の中でも、ポパーとエクルズの「心脳相互作用論」(Psychophysical Interactionism)[7]を肯定的な立場からとりあげ、これと宗教哲学を架橋するための一つの見通しを、「言語」を鍵として提示したい。ポパーとエクルズの「心脳相互作用論」ないし『自我と脳』を取り上げる理由は、冒頭でも述べたように、⑴この著作が豊かな内容をふくむ古典であり、いまだに検討するに値すること、⑵宗教哲学の分野では、重要な心脳相互作用論がそれほど知られていないように思われること、⑶筆者が重視する「言語」がこの理論と深い関係にあることなどである。

本章の以下での構成を示すと、次のようになる。まず、第三節で、西田幾多郎の「純粋経験」に言及しながら、宗教体験の世界と脳科学が記述する脳内過程との間にみられる対立／断絶を紹介することから始める。第四節では、ポパーとエクルズの心脳相互作用論をとりあげるが、ポパーの「三世界論」(世界Ⅰ・世界Ⅱ・世界Ⅲ)と、エクルズの心と脳をつなぐ「連絡脳」という概念を中心に紹介する。第五節では、第三節の議論をふまえて、一人称で記述される宗教体験の世界と、三人称で記述される脳内過程の記述との間の断絶について考察する。この断絶がある限り、宗教体験は脳科学からの侵食をうけない。しかしながら、これがある限り、両者の建設的な関係は生まれてこない。第六節では、ポパーの三世界論と「人称」をめぐる問題とを結びつけ、推測しうる三つの分類を整理する。第七節では、先行するすべての議論を念頭におきながら、宗教者による宗教体験ないしその記述と、脳科学者による脳内過程の記述とを架橋するものとしての「言語」の重要性を考察する。すなわち、ポパーの世界Ⅲにある言語が、世界Ⅰにある脳と世界Ⅱにある心とを結びつけるとすれば、このことから、一人称的に記述される宗教体験の世界と三人称的に記述される脳内過程との間の断絶を架橋する可能性が生まれるということである。第六節では、ポパーによりながら、唯物論／物理主義／脳一元論／行動主義に対する否定的見解を述べる。そして最後に、議論全体を踏まえながら、筆者の「神経宗教哲学」の萌芽的着想を披瀝したい。その後、「付論」において、ニューバーグの「神経神学」の原理をめぐる議論を検討しながら、「神経宗教哲学」をめぐるささやかな見通し――「神経科学と宗教哲学はいかに関わり合えばよいのか」をめぐる見通し――を示すことにする。

第三節　宗教体験と脳科学の対立

まず、「純粋経験」という言葉が登場する西田幾多郎の『善の研究』の第一章冒頭を引用することから始めよう（ここでは経験と体験を厳密に区別はしない）。

経験するといふのは事実其儘に知るの意である。全く自己の細工を棄てて、事実に従うて知るのである。純粋といふのは、普通に経験といって居る者も其実は何等かの思想を交へて居るから、毫も思慮分別を加へない、真に経験其儘の状態をいふのである。例えば色を見、音を聞く刹那、未だ之が外物の作用であるとか、我が之を感じて居るとかいふやうな考のないのみならず、此色、此音は何であるといふ判断すら加はらない前をいふのである。それで純粋経験は直接経験と同一である。自己の意識状態を直下に経験した時、未だ主もなく客もない、知識と其対象とが全く合一して居る。これが経験の最醇なる者である。[8]

氣多雅子によれば、「〈未だ主もなく客もない〉のであるから、この知は知る主体に属するわけではなく、人称によって規定されない」（「人称」の問題は第五節で論じる）。また、純粋経験は「厳密な統一をもつ経験を指すと同時に、不統一までも含めた全経験を指す」。こうした見解にも反映されているように、「純粋経験」はたんなる事実の経験ではない。しかしながら、純粋経験は「いわば経験の原型でありながら、現実に経験され得る」とか「すべての人間において事実的に経験可能なものである」とされる。[9]

右の引用で、西田は「純粋経験は直接経験と同一である」と明言しているが、これらの経験においては知情意の区別がなくなる。また、彼は「事実そのままに知る」という表現を用いるが、これは「事実と認識の間にまったく隙間がない」ことを意図した表現である。[10]

さらに、氣多は『善の研究』の解釈視点として、「経験の直接性が尺度となる真理」を問題にするが、その真理は「〈純粋経験の事実〉といわれるときの事実の事実性にほかならない」とする。そして、右に引用した西田の「自己の細工を棄てる」ことに言及しながら、以下のように論じる。

> 「自己の細工を棄てる」ということは見る者としての人間の方から考えることの放棄を意味している。その放棄を徹底することで、人間は究極的な所与としてのあるがままの事実へと自らを開いてゆく。経験の直接性は「事実の真理」の基準なのである。[11]

筆者がここで問題としたいのは、(1)「事実と認識の間にまったく隙間がない」とどうしていえるのか、(2)「直接の経験」なるものを人間はできるのか、(3)「究極的な所与としてのあるがままの事実」をわれわれは掴めるのか、などということである。

脳科学者は「対象をそのまま認識したり経験したりすることはありえない」というであろう。われわれが外界を認識／経験するとき、それをそのまま認識／経験するのではなく、感覚器官をとおして得られた情報を脳内過程で処理したものを認識／経験する。このことを、マウントキャッスルの言葉を用いながら述べると、次のようになる。

誰もが周囲の世界の中にじかに生き、物や事象をありのままに感じ、実在する現在に生きていると信じている。私の主張はこれらが知覚の幻影であるということである。なぜなら、われわれの一人一人が、二〇〇万〜三〇〇万本の感覚神経線維で「外界のそこ」にあるものと連絡している、脳に由来した世界と対面しているからである。これらの線維はわれわれにとって唯一の情報経路であり、実在への生命線である。この感覚神経線維は高い忠実度をもつ記録器ではなく、ある刺激の特徴を強調して、他のものを無視するものである。中枢のニューロンは求心性の神経線維に関しては嘘つきであって、「外界」と「内界」との緊張した、しかし同一形態の空間的関係の中で、質と量の歪みを許容するから、けっして全幅の信頼はおけない。感覚は実在の世界からの抽象の産物であって、複製ではないのである。[12]（強調引用者）

西田は『善の研究』を上梓する以前、長年にわたり打坐に専心した。打坐を「瞑想」といえるか否かには議論があるかもしれないが、両者には共通点も多い。そして、瞑想の最中には、周りとの一体感に包まれることもあろう。だが、この空間認識を脳内における血流の変化と関連づければ、以下のようになる。

瞑想時の脳内における血流変化を研究したニューバーグたちによると、瞑想時には、空間認識に関与するとみられる左上頭頂領域の血流量は減少するという。[13]「写真１」を使用しながら説明するとおおよそ次のようになる。瞑想時、前頭葉の血流は左右とも（両側性に）増えている（右上の写真がベースライン時、右下の写真が瞑想時）。しかし、左上頭頂領域の血流はむしろ減少している（左上の写真がベースライン時、左下の写真が瞑想時）。これは、次のことを意味する。左上頭頂領域は、空間の位置関係を統合する機能を持っているために、ここの領域の機能が落ちる（一方で前頭葉の血流は増える）ことによって、空間に対する自らの位置感覚が変化する（自分の身体の正しい位置が明確ではなくなる）ということである。一言で述べると、瞑想することにより左上頭頂領域の血流が減少し、空間に占める自らの位置感覚が不明確となるのだ。

　マウントキャッスルやニューバーグたち脳科学者の主張に対して、宗教体験と密接な関係をもつタイプの宗教哲学は、脳科学に何らかのスタンスをとる必要がありはしないか。もちろん、脳科学の知見は一切無視するというのも、一つのスタンスである。しかしながら、昨今の欧米の研究動向を踏まえれば、脳科学の成果を無視することにもそれなりの理由が必要だと思われる。マウントキャッスル流に

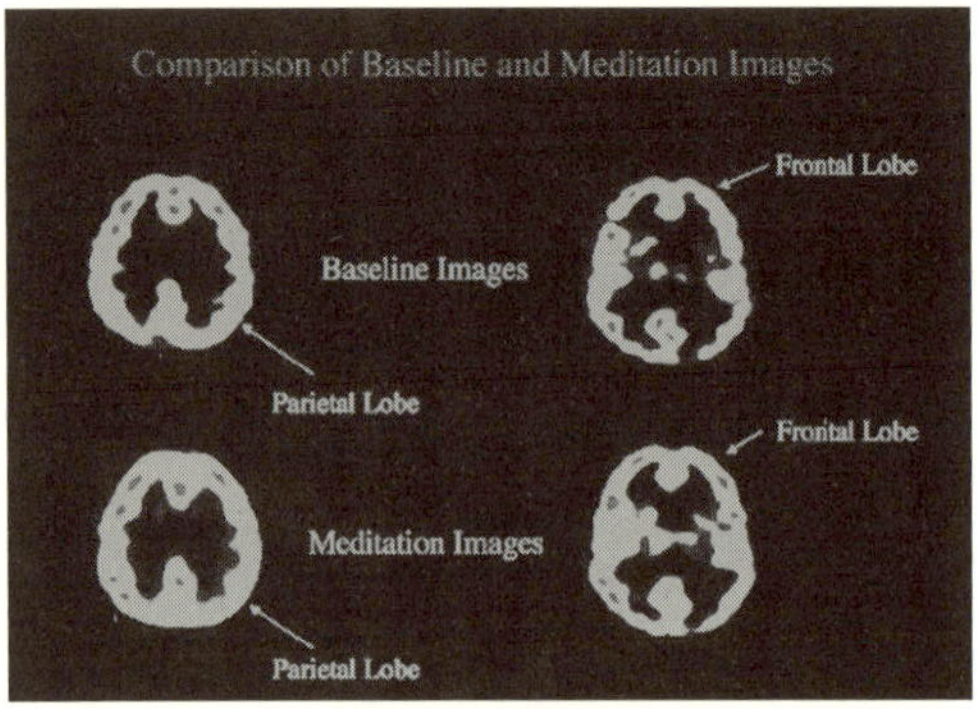

写真１　瞑想時における左上頭頂領域における血液量の変化（A. Newberg et al., "The Measurement of Regional Cerebral Blood Flow during the Complex Cognitive Task of Meditation: A Preliminary SPECT Study" in *Psychiatry Research: Neuroimaging Section,* vol. 106, 2001, p. 119より転載）

「物や事象をありのままに感じ、実在する現在に生きているというのは、幻想であるから、西田の純粋経験／直接経験も幻想である」とか、ニューバーグ流に「坐禅中の体験は、左上頭頂領域の血流が減少し、左上頭頂領域が関与する空間認識の機能が落ちた状態である」などといわれると、右のタイプの宗教哲学者はどのように反論するだろうか。

西田の場合には、主観と客観の二元論を超克することに主眼がおかれているのだから、主観客観の二元論のうえに成立する脳科学からの批判は、西田に対する批判にはならない、という意見もあろう。また、自然科学者が説明するものと、宗教者が実際に感じるものとの間には、質的に異なるもの／次元を異にするものがある、という意見もあろう。たとえば、物理学には、われわれが経験する色も音も冷暖もない。そこでは、色は光子の振動数に、音は粗密波の諸性質に、冷暖は分子の運動になってしまう。すなわち、われわれ生身の人間の主観的体験記述と物理学者の客観的現象記述とは断絶しているのである。

第四節　ポパー／エクルズの『自我と脳』再考

一九七七年、ポパーとエクルズは『自我と脳』を著わし、話題となった。哲学では、デカルト以降「心身問題」がそれまで以上に論じられるようになり、脳科学では「脳心問題」が取り沙汰されている。本書はこれら二つの流れを結びつけたものといってよい[14]。

『自我と脳』の主張を一言でいえば、「自我と脳とは独立したものでありながらも、相互に作用を及ぼしあう」ということになろう。しかしながら、自我や心——文脈によって、自我／魂／心／意識といわれるが、「図2」（後掲）にあるように、心や意識の核心にあるものが自我／魂だと考えられる——といったものが掴みどころのないせいもあり、あくまでも二人の理論は「仮説」である。ちなみに、ポパーは条件つきながら、大脳構造ならびにその過程と、心の性向ならびに心的事象との関係をめぐる問題について、「本当に理解するという意味で、この問題がそもそも解決されることなどありえない[15]」と述べている。

また、エクルズは、物質的な脳一元論の考え方が主流である脳科学のなかで、物質的な脳とは別に「自我」「魂」「心」「意識」「精神」などの非物質的なものの存在を認める、数少ない脳科学者である（第4章でとりあげたリベットもそうした一人である）。それゆえ、「現代脳科学者のデカルト」とさえいわれることもある。だが、エクルズの声に耳を傾ければ、「脳の研究が進めば進むほど、脳の神経活動と精神現象のいずれもがその驚異をいっそう増しながら、両者は別の存在であることが一層明らかになってきている[16]」のである。

四・一　ポパーの「三つの世界」

心脳相互作用論の射程はきわめて広く、宇宙の成立から始まる。ポパーは「宇宙の進化」には次の六段階があるという――①重元素の生成と液体と結晶の発現、②生命の発現、③感覚意識（動物意識）の発現、④自我意識と死の意識の発現、⑤人間言語の発現と自我と死についての理論の発現、⑥神話・科学理論・芸術作品などの人間の心の所産の発現。先取りしていうと、このうち、①②が「世界Ⅰ」（物理的対象の世界）に、③④が「世界Ⅱ」（主観的経験の世界）に、⑤⑥が「世界Ⅲ」（人間の心の所産）に属する。そして、宇宙あるいはその進化は「創造的」であり、意識経験をもつ感覚的動物の進化は何か「新しいもの」（最終的には人間の自我意識や創造性）をもたらした。進化の過程で「想像できない、真に予測不可能な性質をもった新しい対象や事象」が生じたのである。[17]

進化の過程で⑤が発現したあたりから、「三つの世界」という区分ができるようになった。「図1」はポパーの三つの世界を図式化したものである。図中、脳は「世界Ⅰ」の2の「生物相」にある。彼によれば、実在は三つの世界に分かれる。すなわち、物質とエネルギーから成る物理的存在である世界Ⅰ、心あるいは意識を形作る世界Ⅱ、文化の諸相（社会に還元されて客観的に存在する知識）を形作る世界Ⅲである。これらの世界は、図中に双方向の矢印で示されているように、世界Ⅱを中心にして互いに密接に繋がり合っている。そして、われわれの心を成す世界Ⅱは、物質的な世界Ⅰと非物質的な世界Ⅲとの双方とかかわり合いながら、各個人の人格を表現しているのである。いいかえれば、世界Ⅰと世界Ⅲとは、世界Ⅱを媒介として間接的に結びついているのである。

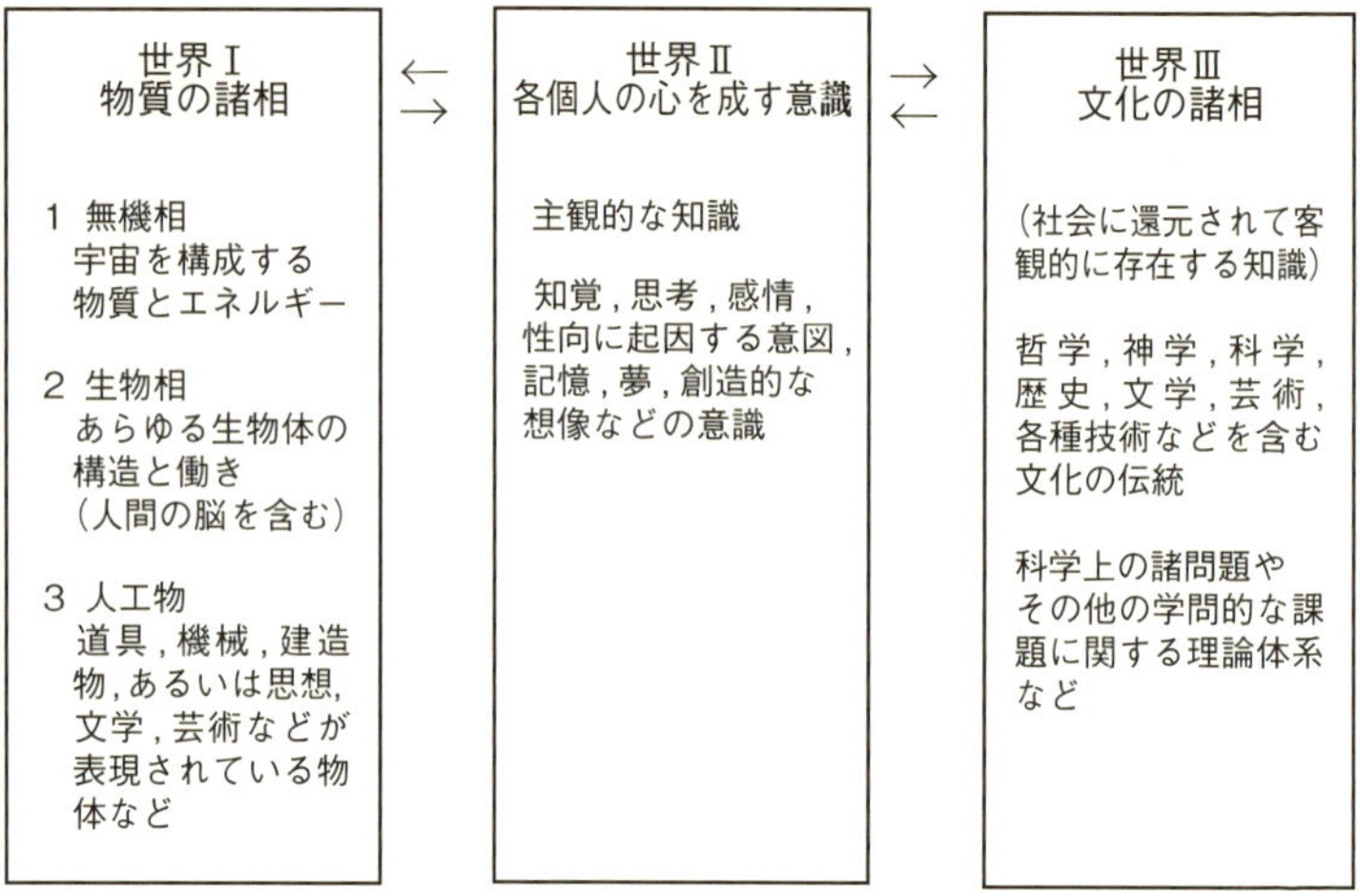

図1　ポパーの3つの世界　（エックルス／ロビンソン『心は脳を超える』59頁より転載）

世界Ⅲについて補足しておこう。世界Ⅲは客観的に存在する知識の世界であり、そこには、科学・文学・芸術など、人間のもつ文化のすべてが、言語その他に還元された形で存在する。それが文書なら、紙やインクは世界Ⅰの存在物だが、記されている知識内容は世界Ⅲに属する。絵画や音楽作品や彫刻についても同じことで、表現の手段が違っているだけである。一言でいうと、世界Ⅲは、過去から現在にいたる人類文化の所産から成る。そこには、意思伝達のための言語や、各人の行動を支配する価値体系や、これらについての議論が、きわめて重要な意味をもつ要素として含まれる。[18]

宗教は三つの世界のすべてと関わりをもつ。禅／禅宗を例にとれば、世界Ⅰには、寺院や禅堂などの建築物や物体としての禅書などがある。世界Ⅱには、作務や坐禅にうちこむ修行者の内的体験や思考活動がある。世界Ⅲには、文化として受け継がれてきている禅の伝統（これは建築物や書物や修行者の内的世界などにも反映されている）がある。

さきに、「これら〔三つ〕の世界は世界Ⅱを中心にして互いに密接に繋がり合っている」とか「世界Ⅰと世界Ⅲとは、世界Ⅱを媒介として間接的に結びついている」と述べた。「繋がり合っている」「結びついている」という表現は、正確にいうと「影響しあう」「作用を及ぼしあう」ということである。三つの世界は、進化論的にいえば、世界Ⅰ→世界Ⅱ→世界Ⅲと進化するわけだが、ポパーとエクルズは後者から前者に影響を与える／作用すると考える。この視点はひじょうに重要である。私見では、これこそが心脳相互作用論の核心である。これについては、ポパーの「因果作用」の捉え方を参照したい。

「表１」は「生物学システムとその部分」を示しているが、表１が示すものは「上向きの因果作用」の原理として特徴づけることができる。還元主義の立場にたてば、表１での因果の系列は「下から上に向うだけであり、その逆は無い」ということになる。だが、物理学では、マクロな構造である全体が、全体として、部分をなす光子／素粒子／原子に作用できることが発見された。つまり、「下向きの因果作用」――高次レベルから低次レベルへと向う因果作用――の重要な例が発見されたのである。[19]

ポパーによれば、下向きの因果作用は物理学のみならず、生物学にも適用できる。その例は、生物とその生態学的システム、そして、生物の社会に見出される。たとえば、電力供給のような

(12) 生態系のレベル
(11) 後生動物と植物の個体群のレベル
(10) 後生動物と多細胞植物のレベル
(9) 組織と器官の（また海綿生物の？）レベル
(8) 単細胞生物の個体群のレベル
(7) 細胞と単細胞生物のレベル
(6) 細胞器官（と、たぶんウイルス）のレベル
(5) 液体と固体（結晶）
(4) 分　子
(3) 原　子
(2) 素粒子
(1) 準素粒子（sub-elementary particles）
(0) 未知：準＝準素粒子（sub-sub-elementary particles）？

表１　生物学システムとその部分（ポパー／エクルズ『自我と脳』32頁より転載）

基幹産業（高次レベル）でのストライキは、多くの個人（低次レベル）に多大な苦痛を引き起す。動物の死（高次レベル）は、時が経つにつれ、細胞をもふくめたその構成部分の死（低次レベル）をもたらす。さらにいうと、諸レベルは直接／間接に相互に作用しあう。

また当然、物質的世界Ｉと心的世界IIは相互に作用を及ぼしあうことになる。そして、世界IIを形作る心や自我が「実在する」といえるのは、それらが世界Ｉを形作る物質的世界に何らかの影響を及ぼすからである。[20] すなわち、心や自我がまず脳に作用し、脳から身体に指令がもたらされ、それにしたがって、身体は世界Ｉに変化を及ぼすことになるのだ。

四・二　エクルズの「連絡脳」

脳科学者の澤口俊之によれば、脳科学の立場は「心は脳の（特殊な）活動である」というものである。さらに詳しくいうと、心は、あるニューロン集団がつくる特殊な神経システムの働き・活動によってつくられるものであり、「心とは、脳内の特殊な神経システムの活動・プロセス」なのである。[21] 彼が「脳の活動・プロセス」という限り、心／自我はデカルトのような「実体」として存在するものではないことになる。

一般に脳科学者は一元論（脳一元論ないしその変形版）の立場にたつので、エクルズの立場は、脳科学者としては例外的なものである。彼は、くり返しになるが、脳と独立に存在する心／自我を想定し、それが脳と相互作用するとみなす。デカルトの心身二元論もあるので、発想的にはエクルズに独自性を求めることは難しいかもしれない。だが、澤口によると、エクルズがほかの二元論者と異なっているのは、「心（自我）と脳が作用する具体的な脳領域を神経科学のデータをもとにして特定したこと、そして、その作用様式を科学的な言葉・概念で語ったこと」[22] である。私見では、澤口のいう「心（自我）と脳が作用する具体的な脳領域」が「連絡脳」だと推測できる。そして、これが心脳相互作用論の核心にある。つまり、心と脳の接点が連絡脳なのだ。[23]

心脳相互作用論にしたがうと、脳と心は互いに独立しながらも相互に影響を及ぼすのであるが、この二つのものはどこでどのようにして結びつくのだろうか。デカルトの難問は、非延長的な自我がどのようにして延長的な身体に作用をおよぼすことができるのか、であった。ポパーの言葉では、「あらゆる物理的原因が本質的・必然的に機械的な押しに基づいた時計仕掛けのメカニズムをもつ物理的世界に対して、非物質的な霊魂がどのように働きかけることができるか」[24] であった。これを脳科学に置き換えると、心／自我がどうして物体である脳に作用を及ぼすことができるのか、となる。それができるのは、エクルズによれば、「連絡脳」なるものが存在するからである。

おそらく、多くの脳科学者には「連絡脳」なる概念は受け入れられないであろう。なぜなら、脳一元論（ないしその変形版）を採用する限り、心は存在しないのだから、それら二つを連絡する連絡脳など不要であるし、その存在は科学的に容認しがたいからである。しかし、エクルズはこれに固執する。

「図2」は人間の心と脳の相互作用を表わしたものであり、矢印は情報の流れを示している。世界Ⅱは、われわれ各個人の意識の世界、つまり自我意識をもつ心の世界をさす。そこには、「五感の意識」「内面的な意識」、そして、これらを一つの人格の中に一体化する「自我」、つまり個人の精神を主体的に統一する根源的な実在としての「魂」という三つの要素がある。下の世界Ⅰとは物質的世界のことであり、目下の脈絡では、脳も物質から成り立っているがゆえに、心と直接連絡する連絡脳をさす。その連絡脳は、モジュール――大脳皮質の広い部分を占め、数千の神経細胞の機能的な単位集団――をおそらく百万以上有しており[25]、われわれの心は、この連絡脳に向って「開いた」モジュールを介して、物質界との相互作用を営むのである[26]。

エクルズによれば、脳はいわば一種のコンピュータである。脳は、そのプログラマーであるわれわれの心たる世界Ⅱと、われわれの身体およびその外界とからなる世界Ⅰとのあいだで、

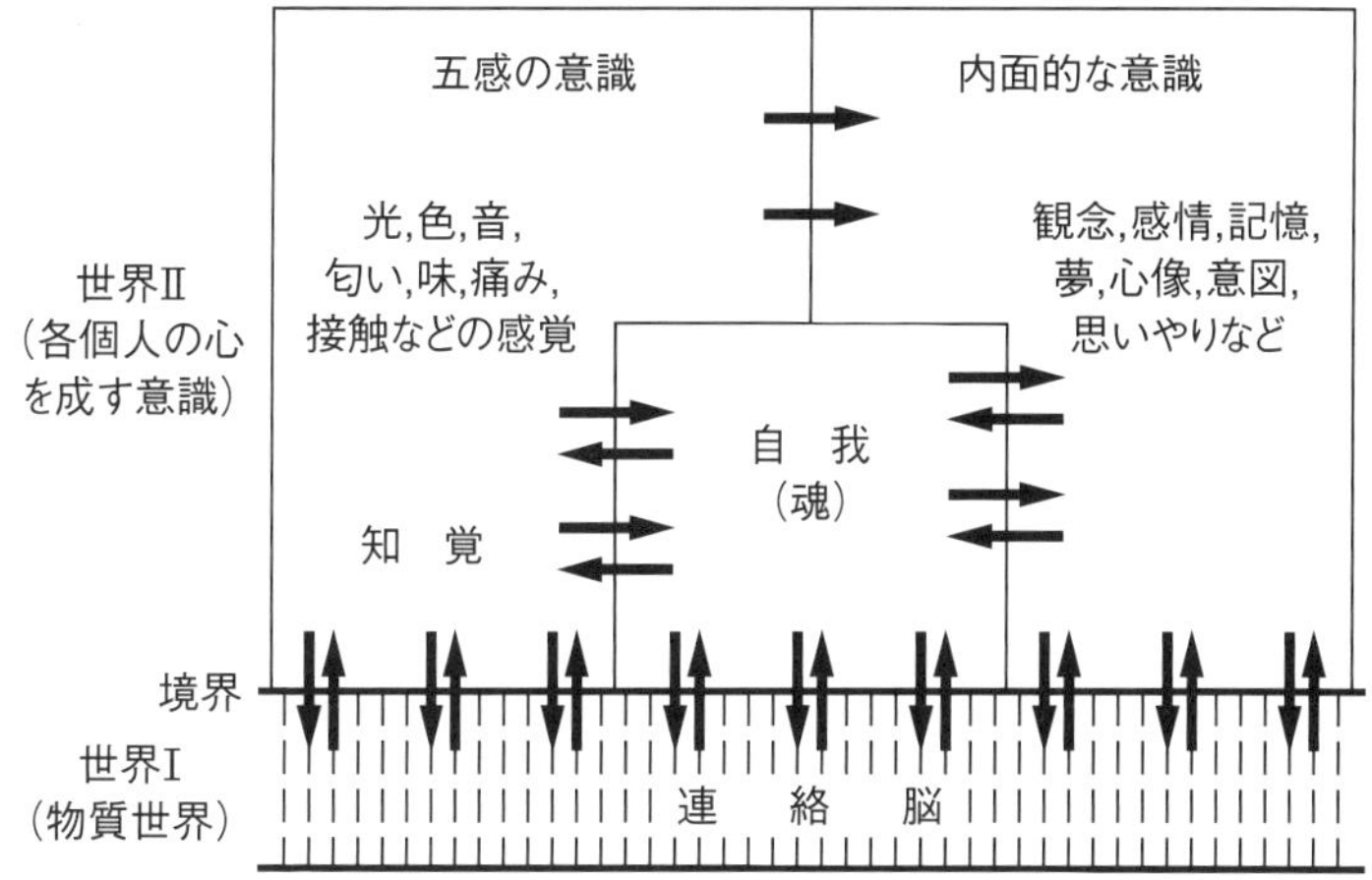

図２　人間と心と脳の相互作用（エックルス／ロビンソン『心は脳を超える』54頁より転載）

両方向の連絡役を務める。これは次のようになされる。まず、何百万本もの神経線維を通じて脳に送り込まれてくる感覚情報が、脳の複雑な神経機構の働きによって、心に読みとられる形にパターン化される。それを、時々刻々と読みとりながら、われわれの心は知覚・思考・記憶など、あらゆる内的体験を実現していくのである。しかも、心は神経機構からただ受動的に情報を受取るのではない。心は、その時々の興味や関心に従って、情報を自由に選択するのである。さらに、心は脳の神経活動を支配することができる。すなわち、われわれが何らかの随意運動をおこなったり、脳の記憶貯蔵庫から何らかの情報を引出したりするときには、心が連絡脳を介して脳のしかるべき神経機構に働きかけることによって、目的を達成しているのである。[27]

さらに、重要なことを付け加えると、脳で起こる事象はあくまでも幾百万のモジュールで生じる神経活動の寄せ集めであり、意識の世界で起こる一体化された事象とは根本から異なる。すなわち、内的体験の一体化は心が行なうのであって、大脳皮質の神経機構が行なうのではない、ということである。[28] 先ほどエクルズの言葉を紹介したように、「脳の研究が進めば進むほど、脳の神経活動と精神現象とは別の存在であることが一層明らかになってきている」のである。

第五節　宗教体験と脳科学における「人称」の問題

前節に出てきた「興味や関心」「情報を自由に選択する」「神経活動を支配する」などという表現は、いうまでもなく、われわれの主体性／自由意志と深い関係にあるだろう。近年、脳科学者の間でも「自由意志」をめぐる議論がさかんになってきているように見受けられる（第4章参照）。

『自我と脳』のなかでも、リベットにはかなりの言及があるが、彼を中心する次のような実験がある。[29] 彼らは、「手を動かそう」という自由意志と、手の動きに先立つ準備電位の時間的な関係を問題にした。その結果、「手を動かそう」という意志は、準備電位が現われはじめてから数百ミリ秒たって、あるレベル以上に運動準備電位が大きくなった後で、現われることが判明した。少なくとも随意運動を起こす場合、脳の活動が起きてから自由意志が現われるのである。いいかえれば、自由意志は、運動のための原因ではなく、脳活動（運動準備電位の蓄積）の結果として現われるのである。[30]以上の事柄を一言でいうと、脳活動が自由意志に先行する／自由意志は脳活動を後追いして生じる、ということになる。

　リベットたちの実験は、脳科学のみならず哲学や心理学など、多くの分野で議論を呼んだ。[31]その証拠に、どの脳科学の本を紐解いてもその実験への言及がある。それを否定的に評価するものとしては、①彼の実験の手法そのものを問題視するもの、②「自由意志」の概念規定の甘さを指摘するもの、③「拒否権」の発動（いったん実行しようとした行為を中止すること）に自由意志の余地を認めるという彼の独特の論法への疑義などがある。その一方で、リベット自身はその独特の論法で自由意志の存在を肯定しているのだが、多くの研究者は彼の実験結果を自由意志の存在を否定するために利用した。たとえば、ウェグナーは『意識的意志という幻想』（二〇〇二年）において、リベットの実験に言及しながら、「意識的意志は行為に何の因果作用も持たないのであり、行為を起動させる意志が存在するというわれわれの常識は幻想だ」「われわれには意識的な意志が行為を引き起こしていると感じられるが、これは錯覚だ」などと断じている。

　さらにその後、ロートは、①リベットたちの実験結果、②われわれが選択意志にもとづく行動を行なうさいに脳の中で進行している神経プロセスについての最新の脳科学の知見、③「私が意志したのだ」という「意志の自由」の感情そのものが本人の主観的な思い込みでありうる可能性などを根拠に、「意志の自由」を否定した。[32]

中山剛史は、こうしたロートの主張を次のように要約している。

ロートは「人間の主体性と志向性かつまた社会性は、人間の生物学的自然を超越している」あるいは「人間は自然や脳の機能より以上のものである」という多くの精神科学者や社会科学者たちの見解を根本から疑問視し、人間は脳によって完全に決定されており、「意志の自由は幻想である」と主張している。……ロートは西洋の伝統的な自由観の前提となっている「意志の自由」の見方を「意志の自由の強い概念」と呼んでいるが、そこには①「意識的に思考し行為する私は、私の意志の担い手であり、私の行為をひき起こした張本人である」という〈行為の自己起因性〉の面と、②「他の条件が同じ場合に、私がそうしようと意志しさえすれば、別のように行動しうる」という〈行為の選択可能性〉の面との二つの要素が含まれていることを指摘する。こうした二重の意味での「意志の自由」が前提されることによって、はじめて行為の責任と帰責可能性とが問題になりうるといえよう。しかしながら、ロートはこうした意味での「意志の自由」を否定し、行動をひき起こしたのは「私」ではなく「脳」であり、私の行動は脳のプロセスによってすべて決定されているという脳決定論を主張する。[33]（強調原著者）

ロートに対する哲学的な批判の論点の一つは、中山の表現をかりれば、「〈私ではなく、脳が決断する〉という命題はカテゴリーミステークを犯している」というものである。つまり、「感じる」「意志する」「決断する」さらに「宗教体験をする」という述語はあくまで一人称の内観的（＝主観的）な観点からの記述にのみ妥当するものであって、それを自然科学的で客観的な三人称の観点における記述に適用し、「脳が感じる」「脳が意志する」「脳が決断する」「脳が宗教体験をする」と語ることは言語論的に誤りである。一人称の「内観的＝主観な観点」からの記述と、三人称の「客観的な観点」からの記述とは、断絶しているのである。[34]

ロートたちの「脳がすべてを決める」という主張は「人間に自由意志があるかないか」に関わるものである。しかし、いうまでもなく、これは第三者的／三人称的な主張である。

ここで、マトゥラーナの「パイロットの隠喩」を紹介したい。

パイロットは外界に出ることは許されず、計器に示された数値をコントロールするという機能しか行わない。パイロットの仕事は、計器のさまざまな数値を読み、あらかじめ決められた航路、ないし計器から導かれる航路にしたがって進路を確定していくことである。パイロットが機外に降り立つと、夜間の見事な飛行や着陸を友人からほめられて当惑する。というのもパイロットが行ったことといえば、計器の読みを一定限度内に維持することであり、そこでの仕事は友人（観察者）が記述し表そうとしている行為とはまるで異なっているからである。[35]

この隠喩を引きながら、野家伸也は「生命システム〔パイロット〕が見事に外的世界に適応したという記述は〈外部の観察者〉の視点からなされた記述にすぎず、生命システムは、それとはまったく別の行為を遂行しているのである」という。パイロットは外的世界と自己との関係を測りながら計器類を操作しているのではない。むしろ、野家のいうように、「一貫して自己自身に関与するような作動しか行わない」のである。パイロットの操縦室は完結した空間である。そこでは、「〈外部の観察者〉が記述する〈行為〉とはまったく異なる作動の連鎖が生じており、その連鎖がかたちづくる領域は〈外部の観察者〉が確認する〈客観的〉空間の中に位置づけられるものではない[36]」。ウィトゲンシュタイン流にいうと、パイロットが計器類を操作するときの言語ゲームと、外部の観察者が飛行機の動きを記述する言語ゲームとは、相互に独立した異質な言語ゲームであり、これらを混同したり取り違えたりしてはならないのである。

この考え方を先の「パイロットの隠喩」に適用すれば、一人称の観点で自分がおこなう計器類の操作を記述するパイロットの言語ゲームと、三人称の観点で他人がおこなう飛行や着陸を記述する観察者の言語ゲームとの間には、架橋しえない断絶があるのだ。

第三節で、脳科学の観点からは、マウントキャッスル流に「物や事象をありのままに感じるとか、実在する現在に生きているなどというのは幻想であるから、西田の純粋経験／直接経験も幻想である」とか、ニューバーグ流に「坐禅中の体験は、左上頭頂領域の血流が減少し、左上頭頂領域が関与する空間認識の機能が落ちた状態である」などといえる可能性を示唆した。このことを想起してほしい。

一人称的記述と三人称的記述をめぐる議論を、脳科学と宗教体験の関わり方に適用すると、次のようにいえる。脳科学者の宗教体験についての説明や記述は三人称の観点に立つのに対して、宗教体験をしている者の自己了解や体験記述は一人称の観点に立つ。そして、両者の間には架橋できない断絶がある。これについては、リベットも「物質的な現象のカテゴリーと主観的な現象のカテゴリーの間には、まだ説明されていないギャップがある。……物質的に観察可能な世界の決定論的性質が、主観的で意識を伴う機能と事象を説明できるという前提は、思弁的な信念であり、科学的に立証された命題ではない[37]」（強調原著者）と論じているとおりである。そうだとすれば、仮に自然科学的な脳科学が進歩し、宗教体験を自然科学的に説明し尽したとしても、この説明は、一人称的体験記述と三人称的記述という二つの言語ゲームを混同するという、ウィトゲンシュタインが厳しく禁じた哲学的誤謬でしかない。「人称」という観点からは、このように、脳科学から宗教体験ないしこれを重視する宗教哲学を擁護しうるのである。

第六節　「三つの世界」をめぐる三つの立場

①物理主義的脳科学者、②人称的アプローチを採用する（仮想の）宗教哲学者、③心脳相互作用論者の三者と、世界Ⅰ・世界Ⅱ・世界Ⅲとの関わり方を整理すると、次のようになるだろう。①脳科学者は世界Ⅰの存在のみを認めるか、世界Ⅱや世界Ⅲは世界Ⅰに還元できるとみなす。②人称的アプローチをとる宗教哲学者は、三つの世界を認めながらも、世界Ⅱと世界Ⅲとの間に断絶があるとする。③心脳相互作用論者は、いうまでもなく、三つの世界の存在もそれらの間の結びつき／相互作用も認める——ただし、三つの世界はそれぞれ独立した世界であることに変わりはない。

①の場合は、宗教をどのように解釈するかということと不可分の関係にあるが、宗教を唯物論的な視点から捉えない限り、脳科学者は、脳科学と宗教哲学の相互関係に肯定的な態度を示さないであろう。しかし、もしも宗教を唯物論的に解釈しうる——ただしその解釈の仕方は定かではない——とすれば、脳科学者の視点から、両者の建設的な可能性を認めるかもしれない。だが、ほとんどの宗教関係者は唯物論的な宗教解釈に賛成しないだろうから、①の場合には、脳科学と宗教哲学の建設的な関係は望めない。

②の場合は、「人称」という観点を持ち込むことにより、世界Ⅱに存在する宗教体験を、世界

Ⅲに存在する脳科学による一種の侵食から護ることができる。それと同時に、この立場にたつ限り、脳科学と体験との間に断絶が生まれる（断絶があるからこそ、宗教体験を脳科学から護ることができる）。この場合にも、脳科学と宗教哲学の建設的な関係は望めない。

③の場合は、宗教哲学は「哲学」として世界Ⅲのなかに含まれている（理論体系としての「心脳相互作用論」もここに含まれる）。また、宗教体験は「体験」として世界Ⅱを構成する。つまり、宗教哲学も宗教体験も心脳相互作用論の中に位置を与えられているうえに、それらの二つの世界の間には相互作用がある。ゆえに、③の場合には、改めて、宗教哲学と脳科学を架橋する必要はないことになる。

このように見てくると、心脳相互作用論と宗教哲学とを架橋する可能性はきわめて低い、ということになる。しかしながら、次節で紹介するエクルズとトイバーの言語と心と脳の関わりについての見解に従うと、脳科学の一つの理論体系としての心脳相互作用論と宗教哲学とを架橋する可能性が生まれてくるように思われる。

第七節　言語と心と脳の関係

②の場合のように、世界Ⅱの出来事である自己の宗教体験の一人称的記述と、世界Ⅲの出来事

である脳科学の研究結果である三人称的記述とが断絶しているとすれば、「心脳相互作用論でポパーが主張している、三世界の相互の結びつきがなくなるのではないか」という疑念も出てこよう。しかし、人称という視点から、三人称的な脳科学の記述と、一人称的な体験記述との繋がりを断絶させることに何らの問題もないのだろうか。このような断絶で話を終りにするのは簡単である。しかし、ポパーとエクルズの議論には見られなかった、第五節での人称に関る議論を踏まえた上で、再度、心脳相互作用論に立ち返りたい。

一人称的記述と三人称的記述の間に断絶を認めるとしても、それらには「記述」や「論証」という共通の要素がある（たとえば、第三節冒頭で引用した西田幾多郎の『善の研究』にもそうしたことがいえるであろう）。ポパーは、カール・ビューラーの影響を受けながら、言語には、①表出機能、②信号機能、③記述機能、④論証機能という四つの機能があるとするが、なかでも③④は重要であり、人間言語にしか備わっていないとする。③は、①②を前提として、真または偽でありうる言明を作るということであり、ここに、真／偽の基準が導入される（この段階で、嘘／虚偽を内包する文化[38]が生まれる）。④は、①②③に、妥当性／非妥当性という値をもつ論証を加えたものであり、最も高度な言語機能である。③④の段階になると、初歩的な推論が見られるようになると共に、時間や未来といった重要な抽象概念も生まれ、ついには、自らの精神活動の主体たる自我を意識するようになり、死を認識するようになる[39]。

エクルズは、こうしたポパーの議論を踏まえながらも、脳と、言語によって表現される以前の思考活動との関係について、次のように論じている。

> 私たち人間の言語表現は、よく考えてみると実に不思議な出来事のうえに成り立っている。私たちは何か微妙な考え――とりわけ新しく、まだ明確でない考え――を表現しようとするとき、心の中であれやこれや迷いながら言葉をさがす――現に著者は今そうしているのである。自身の内面を他者に伝えようとするとき、心の中の観念を適切に表現する言葉を見出すのは決して易しいことではない。どの言葉が、あるいはどの言い回しがぴったりか、あれこれ試しながら、私たちは自分の考えを最も正確に伝えてくれそうな言語表現を作り上げていくのである。……私たちが心の中の何かの考えを言葉で表現しようとするとき、まだその言葉が口に出されない段階でも、脳の然るべき部分のパターン化された神経活動が、然るべき言語表現の機能をになって心に連絡しているに違いない。この密接にして適切な心－脳相互作用に支えられて、私たちは、つまり世界Ⅱの主体たる私たちは、世界Ⅰの事象である脳の神経活動と、それが形を与える世界Ⅲの事象である言語表現のいずれをも観察しつつ、内なる思考の外在化を実現していくのである。[40]（強調引用者）

言語によって思考が客観化される以前に、すでに、「脳の然るべき部分のパターン化された神経活動が、然るべき言語表現の機能をになって心に連絡している」。すなわち、筆者なりに解釈すると、言語と神経活動が、一種のウィトゲンシュタインの「論理形式／写像の形式」のようなもの——これはその存在を実証することも否定することも不可能である——を媒介として対応している、というのである。そして、エクルズに従えば、この「パターン化された神経活動」によって、われわれの脳や心は言語（化）以前的思考活動をおこなっているのである。

さらに、トイバーは次のように論じている。

> たしかに、言語の決定的側面の一つは、言語学者が記述している形式上の特徴以上に、物に名称をつけることである。言語は事象の分類を可能にすることによって、それらに序列を割り当てるのであり、また、目の前にない物を代理したり、「心の中で」それらを仮定して操作したりする手段を提供する。これにもかかわらず、触れる物を見える物と、それのみならず名称を挙げうる物とも同一視するためには、異なる感覚間の区分を超えるようなある中枢機構（体験から抽出された、ないしはそれに割り当てられた超感覚的、すなわち、その感覚以上のカテゴリーをもたらす、ある種の感覚交叉性情報処理（some form of cross-modal processing resulting in supramodal, more that sensory, categories, extracted from or imposed upon experience)）の存在が不可欠のように思われる。言語はかなりの程度まで感覚の圧倒からわれわれを解放してくれる。[41]

言語はたしかに「異なる感覚間の区分を超えるようなある中枢機構」そのものではないかもしれない。けれども、言語は「目の前にない物を代理したり、〈心の中で〉それらを仮定して操作したりする手段を提供する」し、「かなりの程度まで感覚の圧倒からわれわれを解放してくれる」ような感覚交叉性情報処理を担っている（そうした情報処理を援助する機能を担っている）といってよいであろう。

その言語（化）以前的思考活動を具体化する言語は、三つの世界のうちどの世界にあるかといえば、第四節第一項の三世界論の説明や右の「世界Ⅲの事象である言語表現」という部分からも分るように、それは社会に客観化されたものとして世界Ⅲにある。そして、エクルズによれば、「言語は文化の諸相から成る世界Ⅲの最も重要な構成要素であり、人格の成長をもたらす世界Ⅱと世界Ⅲの相互作用に中心的な役割を果たしている」[42]（強調引用者）とされる。

エクルズの言葉を引用したように、言語は世界Ⅱと世界Ⅲの相互作用に中心的な役割を果しているとするならば、また、トイバーの述べているような機能をある程度は担っているとするならば、このことは、一人称的記述と三人称的記述の間に断絶をもたらした「人称」の問題を乗り越える可能性を秘めている。すなわち、世界Ⅱと世界Ⅲが言語（とりわけ記述や論証で使用される言語）によって結びつけられるとしたら、人称は問題にならなくなるといえないだろうか。そして、人称が問題にならなくなるということは、本章の議論の展開においては、宗教哲学（体験を重視する宗教哲学）と脳科学（心脳相互作用論）を連結する可能性が生まれるということである。

たしかに、「一人称の内観的＝主観的な観点からの記述と、三人称の客観的な観点からの記述との間にある断絶は、言語の記述機能や論証機能の話とは次元が異なる」という見解もあるだろう。だが、こうした意見とはまったく異なる、「言語」に定位した観点から、両者を架橋する可能性は皆無ではないと思う。ただし、そのためには、エクルズのいう「私たちが心の中の何かの考えを言葉で表現しようとするとき、まだその言葉が口に出されない段階でも、脳の然るべき部分のパターン化された神経活動が、然るべき言語表現の機能をになって心に連絡しているに違いない」こと、すなわち「言語によって思考が客観化される以前にも、脳の然るべき部分のパターン化された神経活動が、然るべき言語表現の機能をになって心に連絡している」ことが実証されなければならない。

『自我と脳』が出版された時点では、言語野の皮質構造についての詳細な微視的分析は行なわれていなかったし、言語野が活動している際のニューロン活動に関する進んだ生理学的研究もまったくなかった[43]。また残念ながら、筆者は、心脳相互作用論の立場から右のことを実証した研究成果を知らない。おそらく、そうしたことを実証するのは困難なのであろう。だが、もしもそうしたことが確認されれば、体験を重視する宗教哲学と心脳相互作用論の架橋から、新たな宗教哲学の展望が開ける可能性が出てくるに違いない。ただし、それがどのような展望になるかは、いかなる形で右の事柄が確認されるかにかかっている。

第八節　唯物論／物理主義批判

最後になったが、ポパーによる「心の存在」を認めない唯物論／物理主義に対する批判のうち、二つの論点に言及しておく。[44] これは、本章全体の立場でもある。

ポパーは、①徹底的唯物論／物理主義ないし徹底的行動主義、②汎心論、③随伴現象論、④同一説（中枢状態説）を念頭において、唯物論批判／物理主義批判を展開する。①は「意識過程と心的過程は存在しない」という見解である。②は「すべての物はなかば霊魂ないし意識のような性質である内面性をもっている」という見解である。③は「心的過程はある物理過程と並行して存在する」という見解である。④は「心的過程と一定の大脳の過程の間に、ある種の〈同一性〉が存在する」という見解である。

これらのうち、①を除いた②③④は、心的過程の存在／意識過程の存在を認める。しかしながら、重要なのは、四つとも「物理的世界／世界Ⅰはそれのみで自己完結的な／閉じた世界である」と主張することである。ポパーによれば、この主張は「物理過程は物理理論によってあまねく説明／理解することができ、またそうされるべきである」という意味の主張である。彼はこれを「物理主義の物理世界Ⅰの閉鎖性原理」と呼び、これを唯物論／物理主義の特徴的な原理だとしている。

先に見たように、ポパーは「三つの世界は相互に関係している」「世界Ⅲは、世界Ⅱを通して、世界Ⅰに働きかけることができる」と考えている。これとは対照的に、物理主義の物理世界Ⅰの閉鎖性原理は「世界Ⅰしか存在しない」と主張するか、「もし世界Ⅱまたは世界Ⅲのようなものがあるとしても、それは世界Ⅰが自己完結的、または閉じているために、世界Ⅰに作用できない」と主張する。このように、三つの世界が存在しかつ影響を及ぼし合うとするポパーの見解と、物理主義者の物理世界Ⅰの閉鎖性原理とは真っ向から対立する。ゆえに、彼がこの原理を受け入れるはずはない。彼は「閉鎖性原理を根底にもつ物理主義者の理論は三世界論を排除するには不充分だ」と断じている。

さらに、ポパーは世界Ⅲにある「言語」の高次の機能という視点からも、物理主義を批判する。言語には、前述したように、①表出機能、②信号機能、③記述機能、④論証機能という四つの機能があるのだが、彼の論点は「物理主義者と行動主義者が人間言語の分析に立ち向かった場合には、彼らは最初の二つの機能を超え出ることはできない」というものである。すなわち、動物言語と対比したときの人間言語の特徴が失われてしまう、というのである。

物理主義者は言語現象についての物理的説明／因果的説明を与えようとする。ポパーによれば、これは、言語を、話者の状態を表現するものとして、それゆえ、表出機能のみをもっているものとして解釈することに等しい。もちろん、物理主義者でもそうした説明のなかで「記述」「論証」という手段を用いるだろう。これは自然なことである。ポパーが問題にしているのは、物理主義者が説明する言語観である。ポパーの考えでは、言語現象はたんに因果的説明だけで終るものではない。そうすると、人間言語を分析する物理主義者は、矛盾におちいるだろう。すなわち、言語を因果的に説明している自分自身は、言語の表現機能や論証機能を使用しながらも、言語にはそうした機能がないとみなしていることになるからである。

また、行動主義者は言語の社会的側面にも関心を寄せるだろうが、これは、本質的には他人の行動に影響を与えるものとして／コミュニケーションとして、つまり、話者が互いの言語行動に反応する仕方として考えられている。これは、言語を表出／コミュニケーションとしてみることと同じである。ポパーによれば、言語をこのように解釈するならば、真と偽の言明をつくる能力や、妥当な論証とそうでない論証をつくる能力は、無視されてしまう。クワインのような行動主義的傾向をもつ哲学者たちによって提出された言語像／言語習得像は、ポパーにいわせれば、実際は「言語の信号についての像」なのである。

ここから帰結することは、物理主義者や行動主義者の言語へのアプローチでは、動物言語と対比したときの人間言語の特徴のすべてが無視されてしまうということである。すなわち、たとえば物理主義者が、プロパガンダや言葉による脅し（表出／信号）と、合理的論証とのあいだの差異を説明できなくなるということである。

おわりに――言語重視の「神経宗教哲学」の構想

現在、脳科学の発達がもたらした知見により、脳内過程・脳の機能と、心・意識・精神・体験・自我などとをまったく分離して考えることは、もはや不可能である。心の働きが脳の働きと密接に関わっていることは否定できない。脳がなくてはいかなる宗教体験もありえない。

本章で取りあげたエクルズの立場は、「心脳相互作用論」と呼ばれるように、たしかに心と脳を「二元的」に捉えている。また、彼は「脳の研究が進めば進むほど、脳の神経活動と精神現象のいずれもがその驚異をいっそう増しながら、両者は別の存在であることが一層明らかになってきている」と断言している。だが、本章でも見たように、エクルズが当時の最先端の知見を駆使しながら「連絡脳」なるものの存在に固執していることは、彼すらも「心は脳があって初めてその機能を十全に果しうる」と考えていることの証左である。

宗教体験を重視する宗教哲学者たちが脳科学に対していかなるスタンスを採るかは、人によって異なるであろう。しかしながら、脳／脳内過程なしに宗教体験がもたらされないとすれば、わが国の宗教哲学界は、「脳／脳内過程を視野に入れた宗教哲学」＝「神経宗教哲学」をそろそろ本格的に構想する時期に、さしかかっているのではないか。

「神経宗教哲学」は、脳科学と宗教哲学の双方を建設的に結びつけて、初めて、もたらされるものである。もちろん、両者を結びつけることは困難である。しかしながら、右のような意味での「神経宗教哲学」を構想するという試みは、今後まちがいなく、宗教哲学にとって重要になってくるであろう。

当然、「神経宗教哲学」には種々のものを構想しうる。これまでの議論において、ポパーとエクルズの「心脳相互作用論」を肯定的な立場からとりあげ、これと宗教哲学を架橋するための一つの見通しを、「言語」を鍵として模索してきた。また、筆者自身は、現在にいたるまで一貫して、言語に重きをおく宗教哲学（宗教言語ゲーム主義／言語的宗教構成主義）の立場で仕事をしてきた。その立場からいえば、「宗教と脳を結びつけるものは自律した言語である」という観点から、「神経宗教哲学」を構想してみたい。

この「神経宗教哲学」は、科学（神経科学）と宗教（神学）という二つの要素をもつニューバーグの「神経神学」（「付論」参照）に、言語（言語活動）を三つ目の独立した要素として加え、宗教（宗教現象）・脳（脳内過程）・言語（言語活動）という三要素のうちのいずれかの要素を偏重することなく、これら三要素のバランスの良い相互作用を重視するものになる。すなわち、「宗教は言語を超えるvs宗教は言語の所産である」「宗教現象は脳の所産であるvs宗教現象は脳の働きに還元できない」「脳の発達は言語に先行するvs言語が脳の発達をもたらした」などという対立を想定することなく、三要素のうちの一つないし二つを偏重する見方を止揚するものとなるのである。

しかし残念ながら、現時点では「神経宗教哲学」の具体像を提示することはできない。読者には申し訳ないが、右のように、その萌芽的着想を述べることのみで本章を終わりとしたい。

付論――ニューバーグの「神経神学」における神経科学と神学との関わり

本論では「神経宗教哲学」の萌芽的着想を述べるに止まったが、以下では、ニューバーグの「神経神学」の諸原理のうちの最も基本的な二つの原理を紹介しながら、神経科学と神学との関わり方について考察する。その内容は筆者のいう「神経宗教哲学」にもあてはまるものである。

ニューバーグは「神経神学」(neurotheology)という言葉を使用するが、この言葉を使用すると、最終的に「神学」なのだから神の存在を肯定する立場のものだ、と解釈される可能性がある。すなわち、後述するように、「現実に存在する神の臨在を体験したことが脳の活動に反映されている」「神の存在が脳に明確な反応をもたらしたのだ」などという結論が導かれる可能性があるのだ。しかしながら、こういう解釈は行き過ぎであって、「ある人における神の臨在の体験と脳内の変化には何らかの結びつきがある」としかいえないであろう。

それでは、この「結びつき」とはいかなるものであるか。以下のニューバーグの議論は、この問題と深くかかわる内容である。

ニューバーグの「神経神学」の二つの根本的原理から

「神経神学」の旗手であるニューバーグは、『神経神学の諸原理』（原書出版、二〇一〇年）において、神経神学の多数の原理について論じている。なかでも、第三章「神経神学と神学との相互作用の原理」は示唆に富む。彼はこの章を次のような言葉で始めている。

> ルートヴィヒ・ウィトゲンシュタインは「哲学とは理論ではなく活動である」（『論理哲学論考』四・一一二）と述べた。同じように、神経神学は「認知的な神経科学の観点と共同して、宗教的な現象やスピリチュアルな現象を研究するという活動である」とみなすことができよう[45]。

しかしながら、「神経神学」が簡単に成立するとは思えない。なぜなら、本章の冒頭で示した二つの立場のように、神経科学と宗教（神学）とは対立的に捉えられることが多いからだ。そこで、問題となるのは、ニューバーグ自身が明言しているように、①神経科学と宗教現象との関わりをいかに解釈すべきか、②神経科学と神学との相互作用の原則とは何か、といったことである。

ニューバーグが取り上げている多数の原理のうち、「原理六」（神経神学は、科学と宗教という二つの観点のより良い理解のために、それらの対話を育むように努力すべきである）と、「原理七」（神経科学的観点と神学的観点を、神経神学的探究に対して同等に貢献するものとみなすべきである）を参考にしながら、右の①と②について、三つのことを述べておきたい。

(1)神経科学と神学の「統合」[46]

ニューバーグは、「神経神学」という術語の中にすでに「対話」という意味合いがふくまれている、という。なぜなら、「神経神学」はこの一つの言葉のなかに、科学と宗教という二つの要素をふくんでいるからである（神経宗教哲学の場合には神経科学と宗教哲学の二要素）。しかしながら、「神経神学」という一つの学問のうちに存在している科学と宗教とは、いかに対話するのであろうか。あくまでも二つの独立した要素として対話するのであろうか。それとも、対話の結果として、一つのもの（神経神学）にまとまるのであろうか。ニューバーグは、科学と宗教の間にある相互作用の最終的な形は「統合」である、と述べている。つまり、彼は「神経神学」において科学と宗教（神経科学と神学）を統合させようとしているのである。

だが、「統合」といっても、科学と宗教をどのように統合するのであろうか。ここで登場するのが「二車線道路」（two-way street）という考え方である。情報は、どちらか一方から他方に一方的に流れるのではない。すなわち、情報は、ある時には、神経科学的観点から神学的観点へと流れ、またある時には、神学的観点から神経科学的観点へと流れるというのである。換言すれば、多くの人々が推測するように、「神経神学」を「宗教的概念や神学的概念についての神経科学的研究」と決して考えてはならないのだ。神経神学は、神経科学と神学が融合して一つの学問を新たに構築するというよりも、二つの学問のディシプリンを残しながら、情報の流れを双方向的にして、両者を統合するということになろう（神経宗教哲学の場合にも、神経科学と宗教哲学が情報を双方向的に流し合うことで、両者が統合される）。

(2)神経科学的観点と神学的観点の「同等性」[47]

ニューバーグは、神経科学的観点と神学的観点とは「同等である」(comparable) べきだと述べている。このことで彼が意図していることは、二つの観点がともに神経科学と神学の「包括的対話」を強調すべきだということである。だが、容易に推測しうるように、時として、研究や議論は神経科学寄りになったり、神学寄りになったりする。両者のバランスが重要だということであろう。さらに、科学か神学かのいずれかの領域をかたくなに護ろうという人々は、「神経神学」という「統合されたアプローチ」に反対するであろう。現時点では、宗教的な現象やスピリチュアルな現象を科学的視点から研究することは、難しい。いかなる学際的な研究領域においても、独自の領域をもった異なる研究体系を統合することには、困難が伴う。これは自然なことである。だが、ニューバーグは、「このことが、神経神学的研究を妨げることがあってはならない」と力説している。この事実を逆手にとって、「このことが、神経神学を発展させることに対する興味を刺激するべきだ」と強調する（神経宗教哲学の場合にも、同等の地位をもつ神経科学と宗教哲学を統合することは困難であるが、これに屈してはならない）。

(3)データの分析をめぐる中立性[48]

神経神学は、得られたデータをどのように分析したり解釈したりするのだろうか。伝統的な哲学においても因果関係をめぐる問題は難問である。また、神経科学や宗教現象も複雑である。当然のことながら、神経神学における因果関係の解釈はきわめて困難かつ複雑にならざるを得ないだろう。ニューバーグはこの問題について以下のように論じている。

神経神学という学問は、とりわけ、「物質的宇宙または神のいずれかが因果的優先性をもっている」とア・プリオリに仮定すべきではない。そうではなく、神経神学は、ア・ポステリオリに、それらの間の関係の因果的性質を決定し、因果的優先性を決定するように努力すべきである。[49]（強調原著者）

たとえば、ある宗教者が「神の臨在」を体験しているときの脳の活動を、神経科学者が装置をもちいてリアルタイムで映像化しているとしよう。そして、この時、その宗教体験に連動して、脳の内部で「明確な変化」が観察されたとする。この場合に、どのような因果的結論を導くことができるだろうか。もっともありそうな答えは「神の臨在の体験に関係している或る脳活動のレベルがある」というものであろう。だが、注意すべきは、この脳内の変化は、次の(1)と(2)のいずれをも示唆していないことである。(1)脳の活動がそうした体験をもたらすように因果的に作用した（脳→体験）。(2)確認された脳内の変化はそうした現実の宗教体験に対する脳の反応を示している（体験→脳）。すなわち、「その宗教者は脳活動が原因で神の臨在を体験した」ともいえないし、反対に、「その宗教者が神の臨在を現実に体験したこと――これはさらに踏み込めば「神の存在の肯定」につながる――が脳の活動に反映されている」ともいえないのである。前者の解釈は非宗教的な観点を支持し、後者の解釈は宗教的な観点を支持するであろう。だが、脳内の動画は、神の臨在の体験と脳内の変化には「結びつきがあること」だけしか示していないのだ。

　もちろん、神経神学の仕事には種々のデータの分析・解釈がある。或る場合には、神経科学的な観点からのものが優勢になるかもしれないし、また別の場合には、宗教的な観点からのものが優勢になるかもしれない。だが、ニューバーグが強調しているように、神経神学で得られたデータの分析・解釈には、いかなる場合でも、細心の注意が払われるべきである。一方向的な因果の連鎖は前提としてはならないのだ（神経宗教哲学の場合にも、データの分析・解釈についてまったく同様のことがいえる）。

［註］

1　K.R. Popper and J.C. Eccles, *The Self and Its Brain*, Springer-Verlag, 1977. K・ポパー／J・エクルズ（大村裕・西脇与作ほか訳）『自我と脳』（新装版）新思索社、二〇〇五年。

2　太田俊寛『オウム真理教の精神史』二〇一一年、八六―九一頁、二六四―二六五頁、参照。

3　ただし、細かいことをいうと、すべての物理主義者が同時に還元主義者だというわけでもない。チャーマーズの分類によれば、物理主義も二つに分けられる（さらに細かな分類も考えうる）。

タイプAの物理主義　意識の還元的ないし消去主義的説明を認める。意識もクオリアも、原理的には物理学的に説明できるはずだとする。

タイプBの物理主義　意識の還元的説明を認めない、ないし、認める必要がないとする。客観的事実のほかに主観的事実を認めても物理主義は維持できるとし、意識など現象的なものは、物理的事実の別の様式での認識だと考える。（チャーマーズ『意識する心』二〇〇六年、二一三頁などを参照。）

厳密にいえば、第一節におけるカテゴリーミステーク論は、タイプAの物理主義にしかあてはまらない。

4　カルナップが「無が自己を無化する」というハイデガーの言明を「無意味」だとしたのは、「無なるものが実証性の条件であるが、これは観察対象とはならない」ということである。もう少し詳しく述べると、「有意味性の条件が実証性であり、実証性の条件が観察される対象であること」なのだが、「無」は観察され得ないので、ハイデガーの言明はどちらの条件も欠いていることになる。だから、「無が自己を無化する」という言明は無意味になるのである。こうしたことについては、カルナップの論文「言語の論理的分析による形而上学の克服」（一九七七年、二〇頁）を参照されたい。しかしながら、カルナップの「ある物事は観察されない／実証されないから無意味である」という主張自体も実証されないのである。カルナップとハイデガーの哲学的論議領界は異質なのである。

5　ジーブス／ブラウン『脳科学とスピリチュアリティ』二〇一一年、三一―四頁、参照。

6　宗教哲学には種々のものがある。たとえば、言語分析や論理学を駆使する宗教哲学において、体験はそれほど重要ではないことも多い。第2章で言及したボヘンスキーやプランティンガの研究がそうした例である。

7　「心脳相互作用論は、心を実体化して考えているので、科学ではない」という意見もあるだろう。しかしながら、ここでは「心脳相互作用論」を脳科学の一つの理論体系と考える。

8　氣多雅子『西田幾多郎「善の研究」』二〇一一年、四九―五〇頁に引用。なお、西田幾多郎の「純粋経験」については、小坂国継「純粋経験とは何か」（二〇一一年）を参照されたい。以下における純粋経験の解説は、脳科学との関係を論じるためのものであり、純粋経験そのものについての包括的解説ではない。

9　氣多、同書、第三章、第一節・第三節、参照。

10　氣多、同書、第二章、第四節・第七節、参照。

11　氣多、同書、一二六―一二七頁。

12　ポパー／エクルズ、前掲書、三八四―三八五頁［原書、二五三頁］に引用。

13　Newberg et al., "The Measurement of Regional Cerebral Blood Flow during the Complex Cognitive Task of Meditation," 2001, pp.113-122.

14　宗教との関連では、エクルズは「神と超自然的なものを信じる」と明言しているけれども、ポパーは神については不可知論の立場である（ポパー／エクルズ、前掲書、二頁［原書、Ⅷ頁］、参照）。

15　同書、一頁［原書、Ⅶ頁］。

16　エックルス／ロビンソン『心は脳を超える』一九九七年、六九頁。なお、「エックルス」と「エクルズ」は同一人物、Eccles である。

17　ポパー／エクルズ『自我と脳』Ｐ１章、第七節、参照［原書、chap. P1, sec. 7 参照］。「Ｐ」はポパーの執筆であることを示す。

18　エックルス／ロビンソン、前掲書、五八―六〇頁、参照。

19　ポパー／エクルズ、前掲書、Ｐ１章、第七節、参照［原書、chap. P1, sec. 7 参照］。

20　ポパー／エクルズ、同書、Ｐ１章、第七節・第九節、参照［原書、chap. P1, sec. 7 and 9 参照］。

21 澤口俊之「脳と心の関係について」二〇〇三年、二一七頁、参照。
22 澤口、同論文、二一五頁。
23 ただし、ここには難問もある。デカルトは、心と身体の接点として、「松果腺」なるものを考えた。しかし、松果腺が物体である限り、心がどうして物体に作用を及ぼすことができるのか、という疑問は残る。これと同様のことが、連絡脳にもいえるかもしれない。
24 ポパー／エクルズ、前掲書、二六八頁〔原書、一七六頁〕。
25 エクルズによれば、モジュールの数は大脳皮質全体で二〇〇―三〇〇万個になると推定される（エックルス／ロビンソン、前掲書、七三頁、参照）。
26 エックルス／ロビンソン、同書、五三―五五頁、参照。
27 エックルス／ロビンソン、同書、七二―七三頁、参照。
28 エックルス／ロビンソン、同書、七六―七七頁、参照。
29 晩年のリベットが自分の研究について書いたものとして次の著作がある。B. Libet, *Mind Time: The Temporal Factor in Consciousness*, Harvard University Press, 2004. B・リベット（下條信輔訳）『マインド・タイム――脳と意識の時間』岩波書店、二〇〇五年。
30 澤口、前掲論文、二一九―二二〇頁、参照。
31 以下の論述は、次の資料に基づいている。①河野哲也『暴走する脳科学』二〇〇八年、一四三―一七五頁。②鈴木貴之「自由意志」二〇一〇年、六一――七九頁。③山口裕之『認知科学』二〇〇九年、二四九―二六〇頁。②中でも、②はリベットの実験を要領よくまとめている。実験の図があるので、分かりやすい。
32 中山剛史「現代の〈脳神話〉への哲学的批判」二〇〇八年、一四三―一四四頁、参照。
33 中山、同論文、一四二―一四三頁。
34 中山、同論文、一四六頁、参照。
35 野家伸也「ヴァレラの反表象主義的認知観」二〇〇八年、一二三頁に引用。
36 野家、同論文、一二三―一二四頁、参照。

37　リベット、前掲書、一八〇―一八一頁［原書、一五三頁］。Libet, "Do We Have Free Will?," pp. 55f.

38　ホワイトゥンとバーンは、ヒヒの間に見られる「欺きのランデブー」について報告している。これは「嘘／虚偽を内包する文化」といえないこともない。しかしながら、ジーブスとブラウンによれば、次のような問題がある。

　若い雄と雌は自分たちがいかに賢明であるかを理解しているのだろうか。問題の行為を隠す「計画に従って」行動しているのであろうか。雌自身は第一位の雄（ボス猿）から見えるようにしていることを考えると、第一位の雄が「岩かげにいるのは雌だけだ」と勘違いすることを、多少なりとも計算しているのであろうか。（ジーブス／ブラウン、前掲書、七四頁、参照。）

　すべてにおいて「イエス」であることを確証できれば、「欺きのランデブー」は「嘘／虚偽を内包する文化」といえるだろう。しかしながら、「イエス」であることを確証する決定的な証拠はなかなか見つからないだろう。なぜなら、現在のところ、ヒヒの意識（つまり右の「理解」「計画」「計算」）に近づく手段がありそうにないからである。

　最近の類人猿に関する研究については、ジーブス／ブラウン『脳科学とスピリチュアリティ』の六九―七二頁を参照されたい。類人猿の言語運用能力がこれまで以上に知られるようになっても、依然として、人間の言語運用能力とは大きな隔たりがあることに変わりはない。

39　ポパー／エクルズ、前掲書、Ｐ３章、第一七節、参照［原書、chap. P3, sec. 17 参照］。

40　エックルス／ロビンソン、前掲書、一七九―一八〇頁。

41　ポパー／エクルズ、前掲書、四五三頁に引用［原書、三〇七頁に引用］。

42　エックルス／ロビンソン、前掲書、一五七頁。

43　ポパー／エクルズ、前掲書、四四〇頁、参照［原書、二九六頁、参照］。

44　ポパー／エクルズ、同書、Ｐ３章、第一六節・第一七節、参照［原書、chap. P3, sec. 16 and 17 参照］。

45　Newberg, *Principles of Neurotheology*, 2010, p.51.

46　See Newberg, *ibid.*, pp. 53f.

47 See Newberg, *ibid.*, pp. 54f.

48 See Newberg, *ibid.*, pp. 55f.

49 Newberg, *ibid.*, p. 55.

第Ⅲ部
「祈り」の分析

第6章　シュッツ現象学による「祈り」の分析

――言語哲学の観点とともに[1]――

はじめに

本章においては、キリスト教の「祈り」という宗教現象を、学問上の二つの異なった分析の枠組みをくみあわせることによって考察する。まず、シュッツの「相互主観性」「内的時間」「複定立性」「多元的リアリティ」をめぐる理論を祈りに適用し、つぎに、言語哲学者たちの知見（とりわけ、ウィトゲンシュタインの「言語ゲーム」、オースティンの「言語行為」、エヴァンスの「自己関与の理論」）を参照しながら、議論をさらに展開させる。そして、こうした種々の論考を結びつけることが、祈りという宗教現象の理解にいかに新たな光を投げかけるか、を示したい。

祈りは、「マタイによる福音書」（第六章第六節）と「使徒行伝」（第一章第一四節）がそれぞれ示しているように、「個人的次元」と「社会的次元」という二つの主たる次元をふくんだ複合的な現象である。シュッツの、主観的レベルと相互主観的レベルにおける「内的時間」と、意識の「複定立的」構造とについての研究とは、祈りの右の二つの次元を分析するための有益な観点を提供してくれる。くわえて、祈りは、これに特有な一群の規則に従うことにおいて、特有なつまり宗教的な「言語ゲーム」と見なすことができる。

しかしながら、本章の結論部分においては、祈り（最終的には宗教）を「多元的リアリティ」「飛び地」「象徴的間接呈示関係」というシュッツの理論的枠組みの内部で分析したい。この枠組みは、日常生活という至高の現実のまっただなかにある「宗教的な限定された意味領域」を理解することを可能にしてくれる。一言でいうと、「キリスト教の祈りは、日常世界において〈宗教的な意味領域〉を構成し、その内部で生きるという実践である」と主張したい。この実践は、神への賛美・告白・感謝・祈願といった自己関与的な言語行為を中心にして営まれる。このことは、祈る人にとって、日常生活世界が異なる光（例えば、恩寵・賜物・救済といった光）のもとで現われるように、日常の言語を変容させ、日常生活世界を「見通す」（シュッツ）ことを可能にするのである。

第一節　「祈り」を分析するための現象学と分析哲学との融合

現象学は、その中心的主題として、分析の焦点を「意識」に置くのに対して、言語哲学は、その中心的主題として、「言語」を分析する。疑いなく、これら二つの伝統は、ほぼ一〇〇年にわたって相性がよくないか、時として敵対関係にあった。しかしながら、筆者たちの理解では、これらは、具体的な分析に適用されたとき、非常にうまく調和させることができる。本章において、このことを「祈りの分析」を通じて証明してみたい。祈りは、まさしく、二つの側面から成り立っている。すなわち、意識的側面と言語的側面である。

まず、祈りは日常生活世界において出現し、この世界のまったただなかにおいて、その有意味な「場」ないし「飛び地」を構成する。いいかえれば、祈りは意識の流れという地平から飛び出し、「日常性を超越する」体験の中核となるのだ。筆者たちの仮説に関していえば、シュッツ現象学の観点からこの過程を非常にうまく分析することができる。つぎに、祈り――これは神への賛美・告白・感謝・祈願といった行為においてもたらされる――はまったく言語的な行為である。すなわち、「行為遂行的」もしくは「自己関与的」な行為である。この第二の段階で、こうした側面をオースティンとエヴァンスの観点から分析するつもりである。それでも最終的には、ふたたびシュッツに立ち戻りたい。彼の「限定された意味領域」の説明は、祈りの「或る力」の説明を与えるための興味をそそる概念装置を提供してくれる。その祈りの「或る力」とは、日常性の世界を「見通し」、その認知様式を超越し、「プラグマティックな動機」の限界から逃れる論理（例えば、恩寵・救済・贖罪などの論理）にあずかるための力である。

シュッツが強調するように、「リアリティを構成するのは、諸対象の存在論的構造ではなく、われわれの諸体験がもつ意味である」[2]から、このことは「祈りにおける体験の意味がそのリアリティを構成する」ことを示唆する。この「体験の意味」は、疑いなく、言語ならびに意識における祈りのリアリティの構成と関係している。シュッツによれば、この構成は、内在的に具体化された志向性という観点から理解されるべきものである。このように、祈りのリアリティは人間の意識と言語の双方によって構成される。この事実は、シュッツの「限定された意味領域」の理論に立ち返ることにより、論証されるであろう。

以上のような背景知識から、祈り――祈りは、多くの論者によって、宗教の中核に置かれるべきだとみなされている――という宗教現象を分析するために、二つの質的に異なる哲学のディシプリン〔現象学と言語哲学〕を結び付けることを提案したい。また、〔祈りの分析の〕副産物として、(1)現象学と言語哲学という二つの伝統はもはや敵対関係にあると考える必要はないこと、(2)これら二つの伝統は、主題となっている祈りを具体的に分析することにより、非常に相性よく調和することを示したい。

第二節　現代における宗教と、宗教の中核／本質としての祈り

二・一　現代における宗教の状況

世界の諸宗教の歴史的研究は、種々の形でなされる祈りの実践を解明している。本章では、現代の世俗化された時代（バーガーの「聖なる天蓋」が重要性を失いつつある時代）という脈絡におけるキリスト教の祈りに、焦点をあてたい。

一九六〇年代以降、「宗教の世俗化」は宗教社会学者の間で大きな議論をよんでいる主題である。宗教意識は或る地域や人々においては強くなりつつあるが、世俗化は、思考や知識の一般的なあり方（自然科学のものもふくめて）の結果として、世界の大都市や都市の近隣の多くでは加速化されている。

一九九〇年代から、PET、fMRI、SPECT、MEG（第5章第二節参照）などの医療機器の発達により、神経科学〔脳科学〕は長足の進歩をとげた。神経科学者たちは、瞑想したり祈ったり神と「遭遇したり」している時の宗教体験をたんねんに記述しはじめた。ある傑出した神経科学者たち（例えば、ベンジャミン・リベットやノーベル賞受賞者のジョン・エクルズ）は非常に宗教的である（それぞれユダヤ教徒とキリスト教徒）。だが、他の多くの神経科学者たち（例えば、同じくノーベル賞受賞者のフランシス・クリックもふくむ）は宗教的信仰を公言することがないか、宗教につ

いて不可知論的な態度をとっている。多くの唯物論的神経科学者たちは、宗教体験を脳の物理的な働きに還元しようとしている。彼らの結論は「宗教的な人々は、たとえ神が存在していなくとも、宗教体験をすることができる」というようなものに見える（第5章第一節参照）。神経科学からは離れるが、宗教哲学者のキューピットは、宗教的思考における根源的変容ないしパラダイム転換の必要性を指摘した。

もし、これまでわれわれに与えられてきた宗教的諸伝統のすべてがいまや終焉を迎え、第二の枢軸時代〔あらゆることについての考え直しを余儀なくされる画期的な時代〕がもうすでに始まっているのだとするならば、われわれには根源的に新しい宗教的思惟というものが必要になる。少なくともさしあたっては、古い教団、古い教説、古い語彙、さらには、宗教とは何かということにかんする古い諸前提さえもきっぱりと放棄する必要がある。だから、「純粋な」宗教的思惟とは、過去ときっぱり決別し、まったく新しく始めることを企図する「ポスト伝統的な」性格をもった思惟なのである。[3]

外部のどこかに存在している、この上なくリアルな何か〔神など〕がリアリティを支配し、われわれの知識と価値のすべてを基礎づけているという、あらゆる形態の考えを放棄しなければならない。外部のどこかに存在しているように見えるもの〔例えば、神とかこの上ない実在〕は、実はわれわれ自身の手による、絶えず変わりつづける〔言語的〕投影像でしかない。客観的なリアリティ、客観的な真理、客観的な価値、客観的なあるいは絶対的な知識などというものは、どこにも存在していないのだ。[4]

さらに、キューピットは、あらゆる物事はわれわれの言語使用によってもたらされることを前提としながら、言語のこの上ない役割を強調する。

> われわれはもう形而上学を必要としていない。自分のまわりを見てみるといい。そこで目にするのは言語によってそのようなものとして形成された、またどこにも切れめのない連続的な世界をつくるために言語（われわれの理論的言語も含む）によってつなぎ合わされた、感性的体験だけではないか。〔言語によって〕それらすべてをひとつに組み立てるのは、他ならぬわれわれであり、〔言語によって〕見かけの上での「リアリティ」をそれに賦与しているのもまたわれわれなのである。[5]（強調原著者）

われわれは、リアリティそのものとしての神が存在するか否かについては、客観的に知ることはできない。だが、キューピットの見解は、現代思想の顕著な傾向の一つを反映している。いかなる場合であれ、われわれは「たとえ神が客観的なリアリティとして存在しなくとも、人々は、言語によってもたらされる〈志向的対象〉としての神について語ることができ、神の存在を信じることができる」といえるのではないだろうか。

現代においては、至高の神がすべてを統制していると信じる義務はないが、シュッツ流の観点は、祈りという現象を分析するのに、これまでどおりに役に立つ。その理由は次のようなものである。第一に、神が実際に存在するか否かを知ることができなくても、われわれは言語によって「宗教的リアリティ」を構成することができる。第二に、神経科学は大変に進歩したが、その「意識」――シュッツはこれにふかく関係している――についての重要な洞察に、祈りの分析という分野における研究が屈したわけではない。それゆえ、意識は、それを（再）自然化しようというあらゆる試みにもかかわらず、神秘に包まれたままの状態にある。第三に、祈りに対するシュッツ流のアプローチと神経科学のアプローチは異なっており、両者は異質で自律的な「言語ゲーム」を必然的にともなう。それゆえ、意識をめぐるシュッツ流のアプローチは、神経科学のアプローチに還元されることはありえない。

二・二　宗教の中核にある祈り

『祈り――宗教史学的および宗教心理学的研究』（原書出版、一九一九年）という古典の著者であるハイラーは、祈りを宗教の中核的特徴とみなしている。あらゆる信条や傾向をもつ宗教学者や神学者をふくめた宗教の信者たちの見解を広く見渡しながら、ハイラーは、彼らはすべて「祈りは、宗教の中心現象であり、まさにあらゆる敬虔の炉石である」ことに同意している、と述べている。ルターの見解では、信仰とは「祈り」「ただひたすらの祈り」である。くわえて、フォイエルバッハ（最も激しい宗教批判者）ですらも「宗教の最深部にある本質は、祈りという、もっとも単純な宗教的行為によって顕わにされる」と断言していることを、心に留めておかなければならない。[6]

ハイラーは、キリスト教の伝統に精通している著名人たちによって述べられた、祈りについての多数の見解を引用している。以下で引用されるものは〔その一部だが〕、祈りを宗教の中核的特徴とすることで、意見が一致している。アルント（偉大なプロテスタントの神秘家）は「祈りなしに神を見出すことはできない。祈りは、神を探し、神を見つける手段である」とくり返して強調する。プロテスタント神学を生き返らせたシュライエルマッハーは「宗教的になることと祈ることとは真にまったく同じことである」と述べている。ローテ（プロテスタントの神学者）は「宗教的衝動は本質的に祈りの衝動である。事実として、個人の宗教的生活の過程――神が個人にそしてその個人の宗教的生活にしだいに内在していく過程――は祈りによって統制される。……それゆえ、祈りを捧げない者は、当然、宗教的に死んでいるとみなされる」と論じている。ダイスマン（プロテスタントの神学者）は「宗教は、それが人の内に生きている場合は、いつでも祈りである」と考えている。ティーレ（比較宗教学の創始者の一人）は「祈りが完全に消滅しているところでは、宗教それ自体が終わっている」と語っている。サバティエ（哲学者にして宗教学者）は「心をあげての祈りがないところでは宗教もない」と述べている。最後の引用になるが、ヘティンガー（カトリックの護教家）は「祈りとは、最初の、最高の、もっとも荘厳な、宗教の現われにして証である」と断じている。[7]

こうした諸見解にもとづきながら、ハイラーは以下のように結論づける。

それゆえに、祈りがあらゆる宗教の真髄・中核であることに、まったく疑いはない。われわれが真に固有な宗教的生をとらえるのは、教義や制度、儀式や倫理的理想においてではなく、祈りにおいてである。祈りの言葉において、われわれは、宗教的魂の最深にして最内の動きに分け入ることができるのである。[8]

最近では、『言語の箱舟』（二〇〇四年）の著者であるクレティィエンが、次のような言葉から、祈りの現象学的研究を開始している。

祈りはとりわけ宗教的な現象である。その理由は、宗教的次元をうち広げ、それを維持すること、それに関わること、それを経験することを決してやめさせない、人間の唯一の行為が、祈りだからである。……祈りとともに宗教現象は始まり、祈りとともに宗教現象は終わりを告げる。[9]

第三節　祈りとシュッツ現象学

三・一　一人で行なう祈りと集団で行なう祈り

以下の議論においては、二種類の祈りに焦点をあてたい。すなわち、〔一人で行なう〕「孤独な祈り」と、他者とともに行なう「集団の祈り」とである。前者の一つの例は、「マタイによる福音書」において言及されている——「だから、あなたが祈るときは、奥まった自分の部屋に入って戸を閉め、隠れたところにおられるあなたの父に祈りなさい」(第六章第六節)。後者の例の一つは、「使徒言行録」にある——「彼らは皆、婦人たちやイエスの母マリア、またイエスの兄弟たちと心を合わせて熱心に祈っていた」(第一章第一四節)。こうした二種類の祈りは、相互に緊密に関係しており、相補的な関係にある。[10] シュッツ流の諸観点は、祈りのこうした二種類の側面を探究するのに有益だといいたい。なぜならば、それらの観点は、意識の主観的側面および相互主観的側面の双方を考察することを可能にするからである。

三・二　祈りとシュッツ現象学

シュッツの主観的体験と相互主観的体験との「相互作用」の分析は、注意深い吟味を要する。彼の論文「音楽の共同創造過程」(一九五一年)における議論——これはトランスパーソナルな体験の基礎を提供することを意図したものである――は、具体的で説得力に富む。シュッツは、ヴィーゼの「接触状況」、シェーラーの他我知覚の理論、サルトルの「他者を見ていると同時に他者に見られている」という核心的知見などに言及する。シュッツは、これらのすべての説明を、それのみにあらゆる種類の意志疎通が基礎づけられている「相互に波長を合わせる関係」を探究するための、自分の努力に結びつける。彼の言葉では、「〈我〉と〈汝〉とが、生きいきとした現在において、一つの〈我々〉として双方の当事者に体験されるのは、まさにこの相互に波長を合わせる関係によってなのである[11]」。

宗教的な共同体や社会において育まれた祈りは、こうした集団によって概念的にもたらされた言葉・成句・文から成立している。諸概念の集合体として解釈された祈りは、その社会的な構成が強調される。しかしながら、スピカードは、とりわけ宗教体験（宗教のイメージや象徴体系やコスモロジーではなく）に焦点をあてながら、バーガーやルックマンのシュッツ解釈を批判している[12]。なぜなら、二人はサムナーやデュルケムの目――これは本質的に宗教体験をめぐる考察を妨げる――を通してシュッツを読んでいるからである。宗教体験は主観的現象である。それゆえ、宗教体験を主観性を体験している領域から切り離してはならない。スピカードは、フッサールの現象学と、シュッツによるその社会学への応用について、以下のように要約している。

フッサール流の現象学は、体験の厳密な吟味によって、確実な知識を……主観性のうちに基礎づけようと試みている。とりわけ、シュッツの社会学への現象学の応用は、社会生活と体験との相互作用を際立たせるという試みであり、社会生活の主導権を説明するものではない。シュッツは明らかに自分を〔社会学者ではなく〕フッサール学派の現象学者と見なした[13]。

先の「相互に波長を合わせる関係」、つまり、まさに共有された体験の可能性は、われわれの体験の「複定立的な」構成と密接に関わっている。シュッツは、音楽作品を例にひくことによって、想起・過去把持・未来把持・予想の間にあるそうした複定立的な相互関係について、以下のように記述している。

われわれの目的にとって、音楽作品とは……内的時間における音調の有意味な配列と定義してもよいだろう……。内的時間のうちに展開する音調の流れは、作曲家と受け手の双方にとって有意味な配列である。その理由は、音調の流れが、その流れに参与している意識の流れのうちに、継起する諸要素を相互に関係づける想起・過去把持・未来把持・予想を喚起するからである。また、音調の流れが双方にとって有意味な配列であるのは、その限りにおいてである[14]。

同様の観点に立ちつつ、スピカードは、祈りの複定立的側面を強調しながら、註釈している。

音楽や詩のように、祈りは複定立的現象である。祈りは、内的時間を組織的構成にするイメージの流れを呈示する。祈りは、それを聴く者をイメージからイメージへと導く——イメージが過去のものをくり返すときは過去へと、イメージが未来のことを予示するときは未来へと。神学が確信をもたらすとすれば、儀式的な祈りは体験をもたらす。[15]

三・三　祈りの複定立的過程

祈りに全身全霊を捧げている人々は、明らかに、こうした複定立的な過程を体験している——否、むしろその過程そのものを生きている。このことは、「マタイによる福音書」と「ルカによる福音書」に見られる、キリスト教の中核的な祈りである「主の祈り」をもちいて説明できる。「マタイによる福音書」のなかで、イエスは次のように述べている。

だから、こう祈りなさい。
『天におられるわたしたちの父よ、
御名が崇められますように。
御国が来ますように。

御心が行われますように、
天におけるように地の上にも。
わたしたちに必要な糧を今日与えてください。
わたしたちの負い目を赦してください、
わたしたちも自分に負い目のある人を
赦しましたように。
わたしたちを誘惑に遭わせず、
悪い者から救ってください。』（第六章第九節―第一三節）

キリスト教徒たちが「わたしたちに必要な糧を今日与えてください」と祈るとき、そのうちの幾人かは、食糧がなかった過去を思い出しているかもしれない。また、幾人かは、必要な食糧を受け取る未来を期待しているかもしれない。キリスト教徒たちが「わたしたちの負い目を赦してください」と祈るとき、彼らは悪意によってひきおこされた〔自らの〕行為のことを思い出して、悪事は二度とおこさないことを心に決めているかもしれない。キリスト教徒たちが「わたしたちを悪い者から救ってください」と祈るとき、彼らは辛かった過去をふり返り、平穏無事な未来を想像しているかもしれない。

祈りを捧げている間に、信者たちは、シュッツが述べているように、想起・過去把持・未来把持・予想の相互作用を体験しているのである。その体験によって、連続して生起する諸要素が、だいたいにおいて、前反省的なレベルで相互に関係しているのだ。いいかえれば、スピカードが提言しているように、祈りは人々をイメージからイメージへと導くものと理解できるであろう――イメージが過去のものをくり返すときは過去へと、イメージが未来のことを予示するときは未来へと。

三・四　日常生活世界における「限定された意味領域」での祈り

日常生活世界は、われわれの誕生に先立って存在しており、組織化された世界として、すなわち、社会的な起源をもちつつ前もって構造化された世界として、われわれに体験され解釈される。一言でいえば、社会的世界のこの有意味な構成は、われわれのすべての体験・思考・行為の基盤なのである。シュッツは、「日常生活世界」を考察するために、統合された現象学的アプローチを展開した。この「日常生活世界」は、また一般に、次のようにも呼ばれる――「日常生活の世界」「日常世界」「至高の現実」「現実の対象と出来事の至高の世界」「生活世界」（たとえこれが〔フッサールの「超越論的立場」からのものではなく〕内世界的立場からのものであるとしても）。

こうした脈絡において、シュッツは「日常生活世界」の六つの特徴をあげている。

①特有の意識の緊張、つまり、生への十全な注意から生じてくる「充分な覚醒」。

②特有のエポケー、つまり、〔世界についての〕疑念の停止。
③自発性の優勢な形態、つまり、活動。（これは、企図にもとづく有意味な自発性のことであり、企図された事態を外的世界に関与する身体の働きを通して実現しようとする、意図によって特徴づけられる。）
④自らの自己を体験するさいの特有の形態（全体性をもった自己としての活動する自己）。
⑤社会性の特有の形態（意志疎通と社会的行為からなる共通の相互主観的世界）。
⑥特有の時間展望（持続と宇宙的時間の交差から生じる、相互主観的世界における普遍的な時制構造としての標準時間[16]）。

こうした背景情報に照らしてみると、祈りが実践される「場」は、日常生活世界のまっただなかにおいて、人間の意識によって出現させられる「飛び地」として、理解できよう。シュッツは、「飛び地」という言葉によって、多様なリアリティが重なり合うこと、すなわち「一つの意味領域に属している区域が他の意味領域によって取り囲まれている[17]」という事実を指摘している。また、彼が述べているように、多様なリアリティは「よその領地[18]」に「飛び地」をもつこともある。こうして、われわれは「飛び地」を特権的場所として、ないし、別の「限定された意味領域」に入りこむ制度化された地点として、考えることができるだろう。この「飛び地」は、他のリアリティに入りこむために必要な「特有の認知様式」と「〔特有の〕注意の態度[19]」を導入したり規定したりする。[20]

シュッツは、個々の限定された意味領域は「われわれの一群の体験がもつそれ固有の認知様式」を有している、と説明する。この認知様式は次のようなものをふくんでいる。①意識の特有の緊張、②特有の時間展望、③自己体験の特有の形態、④社会性の特有の形態。こうした特有の認知様式や態度の設定――これらは、日常性の有意さをさまざまな方法で括弧に入れ、理論・芸術・宗教などの世界に没入することにより、もたらされる――が、飛び地（実験室・劇場・寺院など〔における意味領域〕）を構成するのだ。この飛び地は、他の限定された意味領域――そこでは、あらゆる体験が整合性を保持しており、さらに、互いに並存可能に思われる――に接近する、特権的で習慣的な地点として構成される。[21] しかしながら、この〔意味領域の〕限定性は「変換公式を導入することによって、ある意味領域を別の意味領域に関係づける可能性はまったくない」[22] ことを含意している。ある意味領域から別の意味領域への移行は、キルケゴールが述べているような「飛躍」によってのみ可能であり、その「飛躍」は「ショックという主観的体験において現われてくる」[23] のである。

われわれの例に帰ろう。キリスト教徒は神に祈る。なぜならば、彼らは「神が自分たちに祈るように命じ、神は自分たちの声を聞くことを約束した」と信じているからである。それゆえ、祈りはこの神からの呼びかけに対する応答として存在するようになった。したがって、祈りの場、祈りのリアリティ、祈りの飛び地は、その本質が日常生活世界の本質とはまったく異質なものとして理解できるだろう。先に引用したシュッツの発言に関連づければ、これらの世界の間に「変換公式」は存在しないのだ。

三・五　生活の流れを「断つ」祈り

カルメル会士である奥村一郎による祈りの説明は、日常生活世界と飛び地ないし祈りという限定された意味領域との関係をめぐるシュッツの説明と、非常に相性が良い。奥村は祈りを「生活の流れを断つこと」と解釈し、以下のように論じている。

> 祈りにおいて学ぶべきことの第一は、死ぬことである。自己のむなしさを真底まで自覚することである。無限であり、永遠である神の前に、あまりにもはかない自分の姿をありのままに見て、神のうちに死ぬことを学ぶ、それが祈りの底になくてはならない。たとえ、いっときの祈りでも、そこには、この死の体験が生きられなくてはならない。祈るときは生きることを考えてはならない。[24]

この文脈において「死ぬこと」とは、日常生活世界とのあらゆる関係を捨て去ること、ないし、そうした関係をもつことを禁じることを意味する。この手順と現象学的エポケーとの類比性は明白である。すなわち、そうした宗教的意味領域に接近することは、ある種の「宗教的エポ

ケー」をともなうのである。〔すなわち、宗教が支配的になり、日常生活世界はその背後に退いてしまうのだ。〕

さらに、奥村は「祈りのときには、言わば、人は時間にあって時間を超え、空間を離れずして空間を超える。つまり、この世にあって、この世のものではなくなる」[25]と語っている。彼にとって、祈りの最も重要な原理は、日常生活の意識の流れを、竹の節が竹の幹を断つように、「九十度に、マンヨコに断つ」[26]ことである。われわれは日常的な事柄を祈りにもちこんではならない。奥村がいう意味での「死ぬこと」は、こうした種類のあらゆる意味合いや行動を表現している。「生活の流れを〈断つ〉〔日常の世界との諸関係を断ち切る〕とは、生活のむなしさを知るゆえの生活からの果断な訣別[27]」なのである。

非キリスト教徒には、奥村が伝えようとしていること〔「人は時間にあって時間を超える」など〕は矛盾に聞こえるので、理解できないかもしれない。しかしながら、われわれが承知しているように、宗教の教えはしばしば通常の思考形態や理解形態を超える。シュッツによる先の発言にもう一度結びつければ、祈りによって開かれた宗教の意味領域と日常生活の意味領域との間には「変換公式」によってもたらされる関連性は存在しないのである。

換言すれば、日常生活世界からの決別とは、祈りという飛び地を媒介として、この世界から飛び出して宗教的な意味領域に入っていくという決別として、理解できるだろう。これら二つの世界の間に「変換公式」がないとすれば、キリスト教徒が祈りを捧げるために日常生活世界との関係を断つとき、奥村が強調したように、竹の節が竹の幹を「九十度に、マンヨコに断つ」のと同じ仕方で、その関係を断たねばならない。このことは、人が、リアリティのアクセントを変更することによって、つまり、意識の流れの方向を変えることによって、日常世界という領域から祈りという領域へ移行することを意味する。しかしながら、この「移行」は、一つの存在論的レベルから他の存在論的レベルへの或る種の現実の〔物理的な〕移動だと誤解されてはならない。そうではなく、この「移行」は、日常世界の知覚と評価の修正ないしその変更として、理解されるべきである。

祈りの言葉は、個人的に動機づけられた信者によって語られることもあるし、集団によって集合的に語られることもある。いずれの場合でも、信者たちは、日常性における空虚さ・矛盾・不充分さに対して、祈りにおける新しい主題やリアリティに関与することによって、対処する。すなわち、日常性によって付与された意味の諸構造を変容することによって、信者たちは、至高の現実——人はそこに住んでいるけれどもそれを振り返らない——の相対的なものでしかありえない自然さを「見通す」ことを企てるのである。換言すれば、祈りの世界は、至高の現実の疑似存在論的等質性を突破しながら、信者の体験の流れという地平へと押し入るのである。この過程において、日常世界を知覚するわれわれの方法の生きられた調和的統一性は崩壊し、祈りにおいて認められた新たなヴィジョンが主題となり、最終的にそのヴィジョンがリアリティのアクセントを受け取る、といってよいだろう。別のいい方をすれば、祈りは体験の流れという地平から「飛び出し」へ、まさに体験の中核へと入っていくのである。こうして、われわれの〔日常世界の〕支配的な体験方法を変える通路が拓かれるのだ。これと同時に、日常世界においてわれわれの注意をひきつけている支配的な主題や有意性（一生懸命に働くこと、自動車を運転すること、友だちと喋ることなど）は、この時までは問題なく優勢であったにもかかわらず、〔祈りが始まると〕見捨てられてしまう。[28] そして、「まったく他なるもの」が心に浮かび上がってくるのである。[29]

三・六　祈りの前、祈りの最中、祈りの後

祈りが始まる前、祈りの最中、祈りが終わった後という、それぞれの時の流れにおいてもたらされる諸過程は、次のように述べることができよう。最初の段階において、いまだに祈りに関与していないキリスト教徒たちは、日常世界に住んでいる。教徒たちは、この世界についてのあらゆる疑いを停止して、常識、他者との意志疎通、社会的役割、相互主観的世界の標準時間――これらはすべて、われわれの標準的な存在〔様態〕を構造化する「プラグマティックな動機」という拘束のもとでもたらされている――によりながら、普通の社会生活を営むことを当然のこととしている。次の段階において、まさに自分を祈りに委ねようとしている人々は、理由は何であれ、自分たちの関心と焦点を日常生活世界と通常の社会活動から祈りの世界へと変更する。こうした状況において、宗教的意識や緊張はしだいに高揚してくる。さらに、この過程が継続するにつれて、宗教的な意味領域への入り口であった、祈りという行為が支配的なものとなり、祈りを

捧げている人は宗教的な意味領域に没入するようになる。この宗教的意味領域は、日常生活世界といかなる存在論的関係ももってはいないが、まさに日常生活世界の所与とわれわれのその世界への関わり方とに、新たな光をあたえる。このように考えると、集合的〔相互主観的〕に共有されていた世俗的常識と標準時間をもつ日常世界は消え失せてしまい、「宗教的リアリティ」が日常世界を別様に理解するための最も重要な地点となる。すなわち、日常世界を、恩寵、愛や救済という賜物、無条件の歓待の約束などという光のもとで理解するようになるのだ。

祈りの世界においては、時として、神との永遠の霊的交わり、神との対話、神との人格的接触が実現するかもしれない。けれども、こうした祈りの「成就」の詳細な記述は本章の目的ではない。希求の祈りが終わりに向かうにつれて、宗教的な意識・心・注意・緊張などは消え始め、祈っている人は日常世界へと帰っていく。しかしながら、この過程は、予測できない頻度で、その人の意識の流れにおいてくり返されたりそこに沈澱したりしていく。その頻度は、信者の見解に依存しているのみならず、信者の見解を変容させたりもする。[30]

第四節　祈りと言語哲学

四・一　祈りの言語とそのリアリティの構成

これまでの議論から「祈りのリアリティ――これは宗教的な限定された意味領域への接近を可能にする飛び地として解釈される――は実践的な意識の或る特有な態度によって構成される」と結論しうる。すなわち、「祈りの意義は、意識の流れの方向を日常生活世界から宗教的な限定された意味領域へと変えるという、その力のうちにある」ということだ。次の段階として、以下では、こうした脈絡におけるリアリティと言語の間にある関係について考察したい。

われわれは、シュッツが、ジェイムズの『心理学の原理』（一八九〇年）にある「下位－宇宙」と彼自身の「限定された意味領域」とを峻別していることに、注意しなければならない。すなわち、シュッツは「リアリティを構成するのは、諸対象の存在論的構造ではなく、われわれの諸体験がもつ意味である」[31]（強調引用者）と強調しているのだ。もしもわれわれの諸体験の意味がリアリティを構成するのであれば、祈っている間に生じる諸体験の意味が祈りというリアリティを構成することになる。そして、諸体験の意味は、疑いもなく、言語と結びついている。一言でいえば、祈りの言語は祈りのリアリティを構成するのに本質的な〔働きをする〕ものなのだ。「祈りの言語ゲーム」（第四節第四項参照）が営まれたときに、祈りのリアリティが構成される。先のキューピットの「客観的なリアリティ、客観的な真理、客観的な価値、客観的なあるいは絶対的な知識などというものは、どこにも存在していないのだ」という言葉はこの結論を正当化する。リアリティは人間の言語によって構成され、神のリアリティですらも言語の投影によるものと解釈できるかもしれない。

プロテスタントの教理神学者であるリンドベックは、言語によるリアリティの構成について、次のように論じている。

> 宗教は、現実を描写したり、信念を系統化したり、心的態度・感情・情緒を体験することを可能にしたりする表現形式に似ている。……宗教は、論証的かつ非論証的象徴という記号体系、ならびに、それに伴う特徴的論理や文法からなる。その論理や文法があるからこそ、宗教の記号体系〔語彙〕は有意味に使用されうるのである。[32]

それゆえ、リアリティの感覚と言語の意味とは相互依存的な関係にある、いや、おそらくそれらは表裏一体のものである、と推測できる。

こうした議論の脈絡とも関連するが、シュミットは「数千年にわたって、人々は、かなりの宗教的発言は事実について述べている、と考えてきた。しかしながら、もしもわれわれの分析が正しければ、この長い伝統、現代の相当数の神学者にも強く信じられているこの伝統は、誤りである。……宗教的主張は事実にかかわる知識には属していないのだ[33]」と論じている。また、ウィルソンは、宗教言語の分析において、キリスト教の文献・信条・儀礼などで使用されている文を次の五つに分類した。

①命令・指図・勧告・願望などを表現している文。
②道徳的見解を表現している文。
③事実上の真実（しばしば歴史的な真実）を表現している文。
④言葉の意味にかかわる情報を伝えている文、ならびに、分析的真理を表現している文。
⑤自然的／物理的世界に対置された、超自然的／形而上学的な世界についての情報を伝えているように思われる文。[34]

シュミットとウィルソン（①②⑤）の双方が示唆しているように、キリスト教の文献・信条・儀礼などの脈絡で使用されている文は、ひじょうにしばしば事実・論理・実証などとはまったく関係ない多数の要素を含んでいるのである。こうした研究結果は、キリスト教の中核ないし本質たる祈りの場合にも、同じようにあてはまる。祈りにおいて使用される言葉・成句・文は、自然科学・事実報告・合理的推論などで使用されるものと、鋭い対照をなしている。祈りで使われている言葉と結びつけていえば、「行為遂行的発言」[35]という概念――これは言葉や言語の行為遂行機能に注意を向けさせる――が、祈りについての考察に有益な観点をもたらしてくれる。

四・二　「言語行為」としての祈り

オースティンは、一人称・単数・現在形・直接法・能動態という形態をとる動詞で表現された「行為遂行的発言」を分析することによって、「言語行為」論の基礎をきずいた。彼の哲学が知られるようになるまで、哲学者たちは長い間、陳述文の目的・役割は、ある事態を記述するとか、ある事実を（正しく／間違って）陳述することのみだろう、と想定していた。だが、オースティンは、これは事実ではない、と主張した。彼は、行為遂行的発言を、「約束する」「命名する」などといった動詞の機能に細かな注意を払うことによって、分析した。そして、「こうした発言を行なうことは何らかの行為を遂行することであり、それはたんに何事かを言うだけのこととは考えられない[36]」と強く主張したのである。行為遂行的発言は「いかなるものをも〈記述〉〈報告〉せず、さらにいかなる事実確認もせず、しかも〈真／偽のいずれ〉でもない[37]」。そして、「その文を述べることが行為の遂行そのものであるか、その一部分をなすかである[38]」。

オースティンの洞察によりながら、エヴァンスは『自己関与の論理』（一九六三年）において、キリスト教の言語を神への「自己関与」と全身全霊をあげた「傾倒」との表現だとみなしながら、行為遂行的発言というアイデアを宗教哲学の研究にもちこんだ。彼は、明示的にであれ暗黙のうちにであれ、ある公式（「私はXをYとして認識する」）をもった、キリスト教の言語の多様な表現を研究したのだ。そして、宗教的発言を、それらが「態度表明的」ないし「傾倒的」（後述）であるとき、「自己関与的」であると解釈した。こうした公式をもつ言語を分析することによって、エヴァンスは「傾倒」という行為の論理を解明したのである。

> これまでの古い論理学は、命題（陳述・断定）を扱っている。すなわち、命題間の関係と命題にあらわれる名辞間の関係とをとり扱っているのである。しかし、現代の聖書神学は、非命題的な言語——神が現わす啓示（人間に対する神の「言葉」）と人間が用いる宗教言語（神に対する人間の言葉）の双方における非命題的な言語——の重要性を強調している。いずれの場合にも、言語または「言葉」は命題的ではない（あるいは、たんに命題的であるわけではない）。非命題的言語（の本質）は、神的なものであれ人間的なものであれ、自己が関与する行為なのである。……人は、礼拝という行為において、神に対して自分を傾倒させ、神に対する彼の態度を表明しながら、神に呼びかけているのである。[39]（強調原著者）

これらの概念（オースティンの「行為遂行的発言」、エヴァンスの「自己関与的発言」）は、祈りを捧げているときに使われる言語を考察するための助けとなる。「態度表明型」の行為遂行的発言（「大体において、行動に対する反応や他人に対する行動に関係するものであり、かつ、態度や感情を表出することを目的として構成されている」[40]行為遂行的発言の一種）という知見は、キリスト教の祈りの研究にはきわめて実りが多い。オースティンやエヴァンスの概念を応用することは、祈りを宗教的リアリティを構成する可能性という観点から解釈することを、助けてくれる。

「主の祈り」に話をもどせば、この祈りは新約聖書において二つの形で見られることを思いおこそう。第一のものは「マタイによる福音書」のなかにあり（第六章第九節―第一三節）、すでに引用したものである。第二のものは「ルカによる福音書」に、以下のような文章で見られる。

そこで、イエスは言われた。「祈るときには、こう言いなさい。

『父よ、

御名が崇められますように。

御国が来ますように。

わたしたちに必要な糧を毎日与えてください。

わたしたちの罪を赦してください、

わたしたちも自分に負い目のある人を

皆赦しますから。

わたしたちを誘惑に遭わせないでください。』」（第一一章第二節―第四節）

これら二つの主の祈りで使用されている言葉や文は、神への懇願・請願・切望[41]の表現であり、主の祈り全体に反映されている。それらは、自然科学や日常生活における事実についての言明ではなく、むしろ、広い意味でのオースティンの「行為遂行的発言」やエヴァンスの「自己関与的発言」の具体例とみなすことができよう。

祈りは（例えば「賛美」「告白」「感謝」「祈願」などの行為遂行的／自己関与的な）種々の重要な要素を組み合わせたものをふくんでいる。聖書から具体例をいくつか引用しよう。

(1)賛美――「主はわたしの力、わたしの歌。主はわたしの救いとなってくださった。この方こそわたしの神。わたしは彼をたたえる。わたしの父の神、わたしは彼をあがめる」（「出エジプト記」第一五章第二節）。

(2)告白――「自分の罪を公に言い表す〔告白する〕なら、神は真実で正しい方ですから、罪を赦し、あらゆる不義からわたしたちを清めてくださいます」（「ヨハネの手紙一」第一章第九節）。

(3)感謝――「恵み深い主に感謝せよ。慈しみはとこしえに」（「歴代誌上」第一六章三四節）。

(4)祈願――「求めなさい。そうすれば、与えられる。……あなたがたの天の父は、求める者に良い物をくださるにちがいない」（「マタイによる福音書」第七章第七節・第一一節）。

オースティンの洞察を祈りに応用すれば、賛美・告白・感謝・祈願で使用されている言葉や文は、いかなる仕方であれ、事実を記述したり報告したり確認したりしているのではない。こうした言葉や文を述べることは或る行為を行なうこと、もしくは、その行為の一部分である。これらの言葉や文は、神に対する信者の態度や傾倒の表現であり、自己関与的／行為遂行的な発言なのである。[42]

四・三　祈りにおける「自己関与の論理」

祈ることの根底には神への信仰がある。例えば、あるキリスト教徒が「私は、神が存在することを、信じています」と述べるとしよう。この発言は、たんに「神が存在する」という言明ではなく、神へのその人の全面的傾倒の表現なのだ。「私は、神が存在することを、信じています」と述べることとは、自己関与をともなった一種の行為遂行的行動なのである。これは、その信者は、神が決めた道徳上の決まりに従いながら、神への忠誠を誓っていることを意味している。（この道徳上の決まりは、〔トマス・ア・ケンピスの〕『キリストに倣いて』に見られるような、信者の共同体〔教会〕――これは例えば「神秘的身体」〔「キリストの神秘体」〕という形で示されている――をいかに組織化するかをめぐる正しい方法にかかわっている。）また、「私はXをYとして認識する」という行為遂行的公式を明示的に述べることとは、その人がXに対して積極的な態度や意思をもっていることを意味している。例えば、「私は聖霊を生命の源として認識します」と述べることによって、その信者は、認識するという行為を遂行し、聖霊を生命の源として受け入れる態度と聖霊に対する傾倒とを表明しているのだ。[43]

さらに、たとえ「信じている」「認識する」といった行為遂行的／自己関与的な動詞が、祈りの文に明らかに見られない場合でも、こうした特徴は示されている。例えば、祈りを捧げている人が「神は私の創造者です」というとき、この文は事実にかかわる言明のように見えるが、実際には「私は、神は私の創造者である、と信じています」もしくは「私は、神は私の創造者である、と認識しています」という文の省略形なのである。一言でいえば、「私はXを信じている（信仰している）」とか「私はXをYとして認識している」という公式が、キリスト教伝統の言語に浸透しているのだ。さらにいえば、「私はXを犯してしまいました」と述べることは、たんに事実を述べているのみならず、Xを犯したことを告白し、「Xを犯したことを赦してください」と神に嘆願することでもある。「私の息子は重い病気を患っています」と述べることは、たんに事実を述べているのみならず、神に「息子を治してください」と訴えかけること、請願することでもある。それゆえ、キリスト教徒の祈りで使用される言語は、高度に、行為遂行的性質ないし自己関与的な性質をもっているのだ[44]。

四・四　「言語ゲーム」としての祈り

筆者たちの理解では、本章におけるこれまでの考え方は、ウィトゲンシュタイン（とりわけ「言語ゲーム」という概念）と関連づけることができよう。別言すれば、筆者たちはこれまで、行為遂行的性質／自己関与的性質をもった言葉を、個々の言葉の個別のレベルにおいて分析してきたのである。だが、以下の議論では、キリスト教の言語を「体系性」「全体性」といった観点から考察することに歩みをすすめたい。彼自身きわめて宗教的であったウィトゲンシュタインは、宗教哲学（とくに分析哲学の流れをくむもの）に注目すべき影響をあたえてきた。

ウィトゲンシュタインは、二七歳で第一次世界大戦に従軍していた一九一六年六月一一日[45]、次のような文章を書いた——「生の意味を、すなわち世界の意味を、われわれは神と称することができる。そして、父としての神という比喩をこれに結びつけること。祈りとは生の意味について[46]の思考である」（強調引用者、『草稿一九一四—一九一六』）と。また、彼は後年『哲学探究』の第一部第二三節において、「言語ゲーム」の諸例をあげながら、その最後の例として、「祈ること」をあげている（第2章第三節第一項参照）。さらに、『哲学的文法』では「われわれは言語を明確な規則に従ったゲームという視点から考察する。われわれは言語をそのようなゲームとくらべ、それと照合する」（強調原著者、第三六節）と述べている。ウィトゲンシュタインによるこの最後の言明は、独自の諸規則に従って営まれる「体系をなす言語ゲーム」として解釈しうるキリスト教にも適用できる。

ウィトゲンシュタインの洞察は、キリスト教の祈り（キリスト教に特有な或る一群の規則[47]に従った、直接的な神への語りかけ、神との対話、神との霊的交わりと解釈された祈り）をめぐる筆者たちの分析的アプローチを、さらに展開することを可能にしてくれる。祈りは、一つの限定された意味領域——これはわれわれの意識によってもたらされ、日常生活世界のリアリティとは異質なリアリティを構成する――における言語行為ないし言語ゲームとみなすことができよう。

右のように、キリスト教を「一つの体系をなす言語ゲーム」として解釈することを正当化するには、ウィトゲンシュタインの『確実性の問題』〔邦訳書名〕からいくつかの節を抜粋することが有益だろう。キリスト教において言語を使用しながらなされる種々の活動は、関連を欠いているのではなく、相互に関連しあっている言語活動の壮大な体系を形成している。ウィトゲンシュタインは、テスト・確証・論証・知識をめぐる議論において、「体系の内部」「判断の全体」「命題の全体系」などといった成句を用いながら、そうした行為を導くことにとっての体系の重要さを強調している。後述するように、彼の言明は、シュッツの「多元的リアリティ」論――とくに「変換公式を導入することによって或る意味領域を別の意味領域に関係づける可能性はまったくない」という点――と見事に両立するのである。

ウィトゲンシュタインは以下のように論じている。

> 一つの仮説をめぐるあらゆるテスト、すべての確証と反証とは、それらが生じるときにはすでに一つの体系の内部にある。〔それらは一つの体系の内部で初めて成立する。〕……ある体系は、われわれが論証と呼ぶものの核心に属している。体系とは論証の出発点であるよりも、論証の生きる場である。（第一〇五節）

われわれは多くの判断が形づくる一つの全体を受け入れることになる。われわれが何

事かを信じるようになるとき、信じるのは個々の命題ではなくて、命題の全体系である。（強調原書者、第一四〇―第一四一節）

われわれの知識は一つの大きな体系をなしている。個々の知識はわれわれが認める価値をこの体系のなかでのみ有することができる。（第四一〇節）

このような言葉は、次のような点において、宗教にも適用できよう。⑴キリスト教徒は宗教的諸命題の全体系を信じる。⑵この体系の内部でのみ、個々の宗教的言葉・成句・文は意味をもつことができる。⑶宗教的知識は壮大な体系を形成しており、個々の構成要素（言葉であれ成句であれ文であれ）が付与された価値をもつのは、この体系の内部においてのみである。

さらに、リンドベックは、宗教や哲学の場合でさえも、異なる言語ゲームの通約不可能性を強調している。

〔リンドベックの立場である〕文化－言語型アプローチは「異なった宗教や哲学は、真理・体験・カテゴリーの妥当性について、通約できない観念を持っているかもしれない。ゆえに、或るものにとって最も重要なもの（「神」）は何であるかについても、通約できない観念を持っているかもしれない」という可能性を認めている。[48]

ウィトゲンシュタインの体系性・全体性・全体系性の強調に鑑みると、現実／非現実、真／偽、有意味／無意味などは言語ゲームの全体系の内部で決定される、と考えてよいだろう。[49] そして、キリスト教を種々の下位体系の言語ゲーム——そのうちの一つが祈りである——から成り立つ上位体系として捉えれば（後述）、この解釈をキリスト教に適用することができよう。

四・五　ウィトゲンシュタイニアン・フィデイズム

ウィトゲンシュタインの右のような洞察を受け入れる、いわゆる「ウィトゲンシュタイニアン・フィデイスト」（ウィトゲンシュタイン流の唯信主義者）とよばれる多くのキリスト教哲学者や神学者たちは、次のように主張している。すなわち、「キリスト教は、全体として、神の観念と神への傾倒に基礎をおいた宗教的言語ゲームの体系である」と。彼らの意図は、キリスト教を、神の存在を認めない無神論・自然科学・世俗的常識などによる攻撃から護ることである。例えば、フィリップスは「宗教的概念の有意味性をめぐる基準は、宗教それ自体の内部で見出されるべきである」とか「間違いや混乱が生じたか否かは、宗教内部に見出される基準によって判定されるべきである」などと述べている。[50] エヴァンスは、日常言語学派のスローガンをもじって、「分析的な哲学者がキリスト教的な概念を研究するとき、彼が準拠すべき基本的な〈日常言語〉は聖書の言語である」[51]（強調原著者）と強調している。

こうしたすべてのウィトゲンシュタイニアンの論点は、まさに、それ独自の論理や文法をもつ言語ゲームの体系とみられた、キリスト教に当てはめることができる。異なる複数の言語ゲームは、現実性・真実性・有意味性などにかかわるそれら独自の基準をもっている。いいかえれば、キリスト教は、無神論・自然科学・世俗的常識などの言語ゲームの体系とは異質な、それ独自の言語ゲームの体系を構成しているのである。キリスト教はそれ独自の世界を構成しており、そのままで秩序だっているのである。〔だからこそ、これと対立する外部の言語ゲームからの攻撃をかわすことができるのだ。〕

こうした議論には、「言語ゲームの体系として理解されたキリスト教は、いかにして、その中核的要素である祈りと関係づけられるのか」という疑問が出されるだろう。これに対しては、祈りをキリスト教という上位体系の下位体系とみなすことができる、と答えよう。〔もちろん、「下位体系」だからといって、祈りがキリスト教における中核的地位を失うわけではない。〕祈りで使用される言葉・成句・文は、キリスト教という脈絡の内部でのみ適切な意味をもつのだ。「祈り」や「キリスト教」を先に引用したウィトゲンシュタインの言明に代入して、「祈りが実践されるときには、それはすでにキリスト教という体系の内部にある」「キリスト教という体系は出発点であるよりも、祈りが生きる場〔固有の領域〕である」「キリスト教という体系の内部でのみ、祈りはわれわれが認める価値を有することができる」などと論じることができよう。

四・六 「根拠」無用の祈り

第二節第一項で述べたように、本章の目的は、今日の世俗化された時代におけるキリスト教の祈りに焦点をあてて考察することである。なぜなら、キューピットが耳目を集めるような解説をしているように、キリスト教信仰に盤石な基礎づけをすることは、現代ではほとんど不可能に思われるからである。とはいえ、キリスト教信仰は信者がそれを信じるための／それに傾倒するための盤石な地盤や基礎をもたなければならないか否か、という問いがある。これに対する回答は「否」である。信者たちは、自分たちの信仰のために地盤や基礎をもっていないとしても、キリスト教に全身全霊を捧げることをやめる必要はないのだ。

キリスト教ないしその祈りは、「神は存在する」「神はこの世を創造した」「神はわれわれを愛している」などという、信者たちが傾倒している枠組みを構成する命題から成り立っている。キリスト教徒は、こうした宗教的信念に、合理的な理由や正当性を与えることができるだろうか。神の存在についていえば、ある人は「神は私の内部に自らを現わされた」というかもしれない。また、ある人は、パウロが述べたように、「生きているのは、もはやわたしではありません。キリストがわたしの内に生きておられるのです」（「ガラテヤの信徒への手紙」第二章第二〇節）というかもしれない。しかしながら、今日の世俗化した時代においては、神の存在を信じることを合理化したり正当化したりすることは、きわめて難しい。だが、言語ゲームという観点からは、キリスト教徒は、自分たちの信念の基盤や基礎に根本的理由や論理的根拠を与えられないとしても、それでも、キリスト教を信じることができる。いいかえれば、そうした基盤や根拠は、キリスト教という言語ゲームを営むために、必要なものでもないし本質的なものでもないのである――なぜならば、言語ゲームとしてのキリスト教には「根拠がない」からである。

正当化や基礎づけの過程は、遅かれ早かれ、終点に到達する。ウィトゲンシュタインは、この根拠づけの過程について、鋤と岩盤の比喩を使いながら語っている――「私が根拠づけの委細を尽くしたのであれば、私は固い岩盤に達しているのであって、私の鋤は〈その固さのために〉そり返ってしまう。そのとき、〈自分はまさにこのように行動するのだ（！）〉と叫びたくなる」（『哲学探究』第一部第二一七節）。このように、根拠づけや基礎づけの過程は、ここで終わりを告げるのである。この終点に到達した信者は、まさに「いまや私は私のあらゆる信念の基盤に到達した。私はこの立場を絶対に変えない」（強調原著者、『確実性の問題』第二四六節）と断言するに違いない。「証拠を基礎づけ正当化する営みはどこかで終わる。しかし、ある命題が端的に真として直観されることがその終点なのではない。すなわち、言語ゲームの根底になっているのは……われわれの営む行為である」（強調原著者、同、第二〇四節）。

キリスト教とその祈りの枠組みを構成する諸命題は、ウィトゲンシュタインが記述した「固い岩盤」ないし「引き受けるべきもの、与えられたもの」（『哲学探究』第二部第一一章）である。基礎づけや正当化を継続しつづける過程は、「自分はまさにこのように行動するのだ（！）」といいたくなったときに、終わる。ウィトゲンシュタインは次のように述べている――「基礎づけられた信念の基礎になっているのは、何ものによっても基礎づけられない信念である」（『確実性の問題』第二五三節）、「われわれの信念に根拠がないことを洞察するのが難しいのだ」（同、第一六六節）、「君は、言語ゲームはいわば予見不可能なものであることを、心にとめておかねばならない。私のいわんとするところは、こうである――それには根拠がない。それは理性的ではない（また非理性的でもない）。それはそこにある――われわれの生活と同様に」（同、第五五九節）。

キリスト教および種々の形態をもつ祈りの枠組みを構成する命題を、基礎づけたり根拠づけたりすることは不可能だし、その必要もない。祈りに全身全霊をささげている信者は、まさしく「われわれはまさにこのように行動するのだ！」と断言するであろう。祈りは信者の神への傾倒の言語的表現である。ウィトゲンシュタインが「言語ゲームは人が何かを信頼している場合にのみ可能である」（同、第五〇九節）と語っているように、宗教的言語ゲームも信者が神を信頼しその存在を信じている場合にのみ可能なのである。

第五節　結論的見解

五・一　これまでの議論の要約

これまでの議論において、祈りという宗教現象に社会‐現象学的な視点と言語哲学的な視点からアプローチするために、シュッツ、ウィトゲンシュタイン、オースティン、エヴァンスたちの洞察を紹介した。言語的な織り糸〔言語哲学の知見〕にしたがえば、祈り——これは、神への賛美・告白・感謝・祈願という行為において実践される行為遂行的行動／自己関与的行動として理解される——は、人の宗教的生活世界の構成に根本的な役割をはたすことが、明らかとなった。こうした脈絡において、キリスト教における祈りを、それに特有な一群の規則に従うことによって実践される「直接的な神への語りかけ、神との対話、神との霊的交わり」として解釈した。

この「規則」という点については、サールが指摘したように、「統制的規則」と「構成的規則」という二種類の規則を区別できよう。日常生活において、われわれは前者を注視する傾向にあるが、本章の分析では、「新たな形式の行動を創造したり定めたりする」[52]がゆえに、後者に重きをおくべきである。[53]実際に、それに特有な一群の規則に従っている根拠のない言語ゲームである、キリスト教の祈りは、それが日常生活世界のまっただなかにおいて相関する「リアリティ」ないし「宗教的な限定された意味領域」を構成／再構成するかぎり、構成的なものである。

別の観点からみれば、祈りの言葉はその意味がずっと保持されるような性格をもつがゆえに、祈りの言葉と、キリスト教徒が日常生活において否応なしに参加しなければならない祈り以外の言語ゲームとの関係をめぐって、疑問が生じる。実際に、祈りという行為は、日常的な生活世界という至高のリアリティの内部で実践されるけれども、それは生活世界以外のつまり宗教的な「限定された意味領域」を構成する結果になる。奥村および祈りを「生活の流れを断つこと」

と解釈する人々によれば、祈りのリアリティは閉じられている、もしくは、他の言語ゲームから切り離されている。これとは対照的に、ボヘンスキーやシェリーは「問題となっている、聖なる／宗教的な言葉や言説と、俗なる／日常的な言葉や言説との間には、複雑な相互作用がある」と提言している（註49参照）。だが、言語〔哲学〕的説明は、言語ゲームとしての祈りの論理構造の理解に新たな光を投げかけるために、祈りの「内部性」「全体性」「全体系性」などを強調している。このことを踏まえれば、「祈っている人は、自律的で自己充足的で、それ自体を他の言語ゲームに関係づける手段をもっていない〈内部ゲーム〉に参加している」といえるだろう。

しかしながら、まさにこの脈絡において、シュッツと彼の「象徴理論」および「多元的リアリティ」の構成におけるその象徴理論のすぐれた役割とを頼みとすることが、こうした事態についてのさらに説得力のある説明をもたらしてくれる。

五・二　祈りとシュッツの「象徴的間接呈示」の理論

すでに強調したように、シュッツも「変換公式を導入することによってある意味領域を別の意味領域に関係づける可能性はまったくない」という事実を強調している。だが、彼は、自分の象徴理論を用いることによって、この「変換公式」の欠如から生じる意志疎通の問題と取り組んだ。簡潔にいうと、シュッツは、「象徴」を「一段高次の秩序の間接呈示的指示関係」として、次のように定義したのである。

象徴とは、一段高次の秩序の間接呈示的指示関係である。すなわち、その関係において、対関係のうちの間接呈示する側は、われわれの日常生活のリアリティの内部における一つの対象・事実・事象などであるが、他方、その対関係のもう一方である間接呈示される側は、われわれの日常生活の体験を超越している〔高次の〕観念を指し示すという、間接呈示的指示関係である。[54]

祈りにおいて使用される言語は、疑いもなく、その言葉のシュッツ流の意味で、全体として「象徴的」である。本章の文脈では、例えば、祈りで使われる「神」という言葉は、われわれの日常生活のリアリティの内部で間接呈示する「対象」〔音／文字〕を呈示し、その言葉によって間接呈示される「何か」〔神そのもの〕は、日常生活の体験の枠組みを超越する〔高次の〕「観念」である。神への賛美・告白・感謝・祈願といった、祈るという言語行為は、「間接呈示する」側面と「間接呈示される」側面とを連結する。換言すれば、「象徴的間接呈示」という図式は「記号の意味する性質」（意味するもの）を示している。だが、この図式は、記号によって示されているもの（意味されるもの）に関係する「指示の図式」と混同されてはならない。[55] この二つの図式の区別という観点から、スルーバーに従いながら、以下のようにいえるだろう。

シュッツは記号の理論についてのみ考えていたのではなく、むしろ、「生活世界の記号の序列」の理論について考えていたのである。このように、シュッツにとって、記号過程は生活世界を構成する力であり、この力によって、生活世界の異質な諸リアリティが、それらの構成的レベルとともに、互いに関係づけられたり編み合わされたりするのだ。[56]

このことを前提とすれば、根本的な論点は、「変換公式」を見出すことことにはまったく関わらない。すなわち、一つの「リアリティ」を他のリアリティに翻訳することにはまったく関わらないのである。そうではなく、根本的な論点は、こうした一つのリアリティを、他のリアリティに照らして、それ自体に関連させることに関わる。すなわち、一つのリアリティをそれ自体（くわえて、その想定された全体性・合理性・真理性など）に関連させる、異なった自己省察的でクリティカルな方法を可能にすることに関わるのである。いいかえれば、祈り――これはある種の「宗教的エポケー」〔宗教的リアリティが支配的である状態〕を具体化し、まさにそれを具現する――は、一方では、閉じられた言語ゲームの「内在的枠組み」を構成するが、同時に他方では、シュッツがいうように、人に日常的な生活世界の至高の現実の内在的秩序を「見通さ」せるのである。

五・三　祈りの領域から日常生活世界を「見通す」

この点について、現象学者と「自然的態度」にある人物（「独断論者」）との意志疎通の問題を指摘した、シュッツのやり方が参考になる。

　現象学者は、現象学的還元を遂行した結果、自然的態度のうちにある「独断論者」に自らの認識を伝達することの困難に、自分が直面していることに気づく。伝達するということは、現象学者と独断論者の間にある共通の基盤を前提にしてはいないだろうか[57]。

　筆者たちの理解では、現象学者の立ち位置がそうした困難を解決する鍵である。現象学者は「超越論的態度」を放棄して自然的態度にもどる必要はない。シュッツが述べるように、現象学者が「自らが隅々まで見通している超越論的状況としての自然的態度の〈内に〉自分自身を位置づける[58]」とき、その困難は消滅する。

　この議論は、シュッツ流の現象学と言語哲学とを目下の論題の理解をさらに深める見解に結びつけるための、示唆に満ちている。この特別にシュッツ的な方法は、行為遂行的な象徴行為としての祈りの社会的具現のより良いさらに深い、理解の助けとなる。ハイデガーの有名な言葉があるが、現実のこととして、人は祈りの対象としては抽象的すぎる「自体原因」（自己原因）には祈らないのである――おそらく「自体原因の前に人間は畏怖の念から膝まずくこともできず、また、かかる神の前で音楽を奏したり踊ったりすることもできない[59]」だろう。まったく同様の見解から、シュッツは「具現された志向性」または祈ることによって他のリアリティに接近するという〔具体的な〕人間から、考察を始める。祈りは、祈る人に世界や日常生活の意味連関〔有意味性〕を「見通す」ことを可能にさせ、それらを異なった光（例えば、恩寵・賜物・救済といった光）のもとで顕現させる。こうして、日常世界やその基本的動機ともいうべきいわゆる「根源的不安」[60]に対して支配的であるプラグマティックな基盤や構成は、異なった反プラグマティックな論理にとって代わられる。その論理は、現存在〔実存〕の究極的「無根拠性」と、現存在として責任を引き受けなくてはならないという義務と天命にかかわるものである。[61]

　筆者たちが証明しようとしたように、現象学と言語哲学は、「祈り」の分析に応用されたとき、生産的に共同作業をすることができる。意識の側面と言語の側面からなる祈りは、日常生活世界において現われ、この世界のまっただなかにその「場」ないし「飛び地」を構成する。いいかえれば、祈りは、意識の流れのあらかじめ決められた地平から飛び出し、体験の生きいきした中核へと入っていくのである。このように、祈りは、われわれの自我を、超越を体験する種々の形態――これは体験の水平的構造を「所与の垂直的上昇様式」へと変容させる――に向けて開くのである。[62]

　最後に、こうしたことをもう一度強調するために述べると、祈りは、或る異質な存在論的リアリティへの接近を社会的に構成することに関わるのではない。「垂直的に上昇する世界」の理解が、メルロ＝ポンティがいうように、この世界から出てくるのである。さらに一歩すすめて、祈りを、宗教的な生活世界を有意味に構築するための根源的行為とみなさなければならない。祈りは、われわれが「宗教的エポケー」と名付けたものにより、それ特有の態度や体験様式をもたらすことにおいて、宗教的な世界を構築する。この「エポケー」の設定／再設定は、日常世界における「飛び地」（教会・寺院・聖なる遺跡など〔における意味領域〕）の創造によって促進される（その「飛び地」に依存しているのではない）。そして、日常世界では、相互作用や意志疎通の種々の象徴的パターン（「象徴的間接呈示」）が社会的に導き出され、慣例化され、少なくともある程度までは制度化（儀式化）されるのである。

おわりに

以上のように解釈すると、シュッツの〔現象学的〕説明は言語〔哲学〕的アプローチをまさしく生産的に補足するのである。この脈絡において、彼の象徴（および言語一般）についての理論は、この上なく重要なものである。象徴を、われわれが「多元的リアリティ」に関わることを可能にする、或る種の「意味のクリップ」[63]とみなすことにおいて、祈りの象徴体系は日常性の中に「飛び地」を創造する。そして、この飛び地は祈りという象徴の世界を作動させる。すなわち、「プラグマティックな動機」に支配された世界をめぐるわれわれの合意を超えて〔これを絶対不変のものとすることなく〕、われわれがいつもさらに広く深く考えるようにさせるのである。

［註］

1　本章は、Dr. M. Staudigl（ウィーン大学）との共著論文（"A Schutzian Analysis of Prayer with Perspectives from Linguistic Philosophy" in *Human Studies*, vol.39, April, 2016. DOI: 10.1007/s10746-015-9377-x）の翻訳である。本論文を翻訳して本書に収めることを快諾してくださった、同博士に御礼申し上げる。なお、英文論文と内容的には同じであるが、日本の読者が少しでも読みやすいように、「用語解説」を付したり項をもうけて見出しをつけたりするなど、形式的に変更をくわえた。〔星川記〕

日本学術振興会（科研費 JP 25244002）および The Austrian Science Fund (FWFP 23255-G19) には、本研究の企画・執筆を援助してくれたことに対して、深く感謝する。

2　シュッツ「シンボル・現実・社会」一九八五年、一七八頁〔原書、三四一頁〕。

3　キューピット『未来の宗教』二〇〇八年、一六頁〔原書、九頁〕。

4　キューピット、同書、二七―二八頁〔原書、一四頁〕。

5　キューピット、同書、一八頁〔原書、九―一〇頁〕。

6　See Heiler, *Das Gebet*, 1919, S. 1f〔英訳、pp. xiii-xv〕.

7　See Heiler, *ibid.*, S. 1-4〔英訳、pp. xiii-xvi〕.

8　Heiler, *ibid.*, S. 2〔英訳、p. xv〕.

9　Chrétien, *The Ark of Speech*, 2004, p. 17.

10　二種類の祈り、すなわち、他人と一緒に行なう／共同体的な祈りと、一人で行なう／個人的な祈りとのそれぞれの重要性に関して、クレティエンは読者に簡潔な歴史学的研究を紹介している。そして、「他人と一緒に行なう祈りの優位性が、多くの宗教伝統において強調されている」と指摘している。さらに、「キリスト教においては……すべての祈りは本質的に共同体的なものである。なぜなら、すべての個人は、〈神秘的なキリストの身体〉〔教会〕の成員としてのみ、それゆえ、常に教会の内部でのみ、祈り、祈ることができるからである」と論じている（cf. Chrétien, *ibid.*, pp.33-34.）。しかしながら、本章で採用されている現象学的な観点からは、一人で行なう／個人的な祈りもまた重要である。なぜなら、〔学問的な〕方法論からいうと、他人と一緒に行なう／共同体的な祈りの分析は、一人の人間の／個人的な意識のレベルへの接近、および、その意識の流れのなかで生じる意味付与行為を前提としているからである。このように解釈すると、「他人と一緒に行なう祈りの優位性」は存在にかんする優位性としてのみ理解されるべきである。いいかえれば、例えば、修道士の住む人里はなれた場所でなされる、静かな／沈黙の〔個人的な〕祈り――これはその意義を祈りの個人的な表現から導きだす――でさえも、まさに祈りの基本的な社会性の一様態なのである。

11 シュッツ「音楽の共同創造過程」一九九一年、二二四頁〔原書、一六一頁〕。

12 See Spickard, "Experiencing Religious Rituals," 1991, p. 193.

13 Spickard, *ibid.*, p. 193.

14 シュッツ、前掲論文、二三三頁〔原書、一七〇頁〕。

15 Spickard, *op.cit.*, p. 200.

16 シュッツ「多元的現実について」一九八五年、三九頁〔原書、二三〇―二三一頁〕。

17 シュッツ、同論文、七六頁、註19〔原書、二三三頁、註19〕。

18 シュッツ「シンボル・現実・社会」一三八頁〔原書、三〇七頁〕。

19 シュッツ「多元的現実について」七六頁、註19〔原書、二三三頁、註19〕。

20 本章の論題全体に関連して、「コンピューターの宗教的世界」という特異な飛び地の内部から「多元的諸リアリティを架橋する」ための興味深い例が、ヴァルテマテによって論じられている（cf. Waltemathe, "Bridging Multiple Realities," 2014）。「多元的諸リアリティを架橋する」という考えは、「意味の飛び地」としての芸術に関連付けて、マクダフィーによってさらに包括的に議論されている（cf. McDuffie, "Art as an Enclave of Meaning," 1995）。

21 シュッツ「シンボル・現実・社会」一七九頁、参照〔原書、三四一頁、参照〕。

22 シュッツ「多元的現実について」四一頁〔原書、二三二頁〕。

23　シュッツ、同論文、四一頁。
24　奥村一郎『祈り』女子パウロ会、一九七四年、一二三頁。
25　奥村、同書、一三五頁。
26　奥村、同書、一二五―一二六頁。
27　奥村、同書、一四五頁。
28　シュッツ／ルックマン『生活世界の構造』二〇一五年、三七一―三七八頁、参照［原書、二二九―二三三頁、参照］。
29　もちろん、「まったく他なるもの」という体験は、数えきれないほどの異なった仕方で解釈できよう。例えば、①われわれが日常世界内で達成したあらゆる物事の究極的な無価値性やわれわれ自身の有限性、②同定できない他者からの呼びかけ、③われわれが搾取することに慣れた自然の雄大さ、④あらゆるリアリティの「授けられた」という性質、などに関連づけて解釈できよう。本章の脈絡では、「超越」というこの体験は自足的なものではなく、むしろ、われわれに課せられた日常的な有意味性の自己超越と本質的に関係していることを、心に留めておくことが重要である。換言すれば、「まったく他なるもの」からの呼びかけに応答することにおいてのみ、われわれはその日常的な有意味性――われわれは、反省することもなく、常にそして既に、この中で生きている――を「見通す」ことを学ぶのである。（われわれが議論しているように、祈りは、われわれが体験するこの自己超越を明確に表現する一つの方法である。）この脈絡において、シュッツの「有意性」（レリヴァンス）という概念は、疑いなく、さらなる分析に値する。
30　この文脈において、フッサールの"Einströmen"（「流入／流れ込むこと」）という概念に言及するのが良いかもしれない（フッサール『ヨーロッパ諸学の危機と超越論的現象学』一九七四年、第五九節、参照［原書、第五九節、参照］。この概念は、超越論的態度において生きられた体験――これは取り消せない方法で「自然的態度」を修正し豊かなものにする――がいかに「自然的態度」にかえった後も構造的に保持されているかを示すために、彼が創出したものである。
31　シュッツ「シンボル・現実・社会」一七八頁［原書、三四一頁］。

32 リンドベック『教理の本質』二〇〇三年、五四―五五頁〔原書、三三頁〕。
33 Schmidt, "Factual Knowledge and Religious Claims," 1968, p. 224.
34 Wilson, "Verification and Religious Language," 1968, p. 356.
35 以下では、"performative utterance" が問題になる。utterance やその動詞形の utter は、広義には、口頭で述べることと以外に、文に書くこともふくむ。たとえば、「〜を約束する」と口頭で述べても紙に書いて渡しても、「約束する」という行為を遂行することにおいては同じである。以下の議論では、「発言」と書いていても、口頭の場合のみならず、筆記の場合もあることを断っておく。ただし、本章は「祈り」についての議論なので、当然のことながら、声を出して祈ることが考察の中心となる。〔星川記〕
36 オースティン『言語と行為』一九七八年、一二頁〔原書、六―七頁〕。
37 オースティン、同書、一〇頁〔原書、五頁〕。
38 オースティン、同書、一〇頁〔原書、五頁〕。
39 Evans, *The Logic of Self-involvement*, 1963, p. 14.
40 オースティン、前掲書、一四六頁〔原書、八三頁〕。
41 クレティエンは、ファン・デル・レーウの祈りと崇敬を区別した著書『宗教、その本質と現われ』（原書出版、一九三三年）を批判しながら、「願望〔祈願〕と祈りとの結びつきは本質的なものであり、これは祈りに与えられた種々の定義を統合することに資する」と強調している（cf. Chrétien, *op. cit.*, p. 29）。
42 クレティエンは、「声をだす」祈りと「声をださない」祈りとの対照について、現象学的な議論を行なった。それによると、古代においては「大きな声で、明確に、分かりやすく祈ることが、もっとも普通でもっとも一般的な種類の祈り方である」。そして、「声をだす祈りは、心の内で呟く音という無秩序なものに終止符をうった。……声は祈りのための〔たんなる〕道具ではないのである」。クレティエンの解釈によれば、祈りの声は祈りの本質である（Cf. Chrétien, *ibid.*, pp. 29-33）。筆者たちは、全体として彼に同意するけれども、声をださない祈り／呟く祈りも、祈りとして受け入れることができる。なぜなら、こうした祈りは声をだす祈りが形を変えたものに過ぎないからである。

43　See Evans, *op. cit.*, pp. 150f.

44　次のような反論があるかもしれない――ある人が、祈りにおいて「自分は神の存在を信じている」と自分自身に語りかけるとき、その人は、存在論的に神の存在を証明しようとはまったく思っていないが、「神の存在は客観的に確実である」と解釈されているだろう。別言すれば、ある人が「聖なる神は賛美されるべきだ」と述べるとき、その祈っている人にとって「神は客観的に存在している」とされている、というわけである。このことを前提とすると、ある状況において、祈っている人が神の存在への自分の信念を表明することにより事実的言明を行なっているのではない場合でも、その人は「自分の発言は自分とって主観的にのみ確実である」と主張しているのでは決してないことになる。
　こうした反論に対して、筆者たちは「言語によって構成された〈或る志向的対象〉」（第二節第一項参照）として「神」を理解することを提案したい。換言すれば、筆者たちは、このように述べることにおいて、神の存在にかかわる存在論的議論や神学的議論に関与しないことを提案したいのである。こうした議論は筆者たちの分析範囲を超えている――「神」は客観的に存在するかもしれないし、存在しないかもしれない。たとえ、その信者が神の存在を「客観的に確実」たらしめる主張をするとしても、「客観的」という言葉の厳密な意味において、神の存在は「客観的」なものではない。なぜなら、無神論者や非キリスト教徒は神の客観的存在を容認しないかもしれないからである。だが、いかなる場合であれ、神の存在は「志向的対象」として解釈しうる。その理由は、無神論者や非キリスト教徒ですらも、「神」を「志向的対象」として想像できるからである。自己関与の論理は「主観的」に思われるが、これは、対象言語のレベルではなくメタ言語のレベルにおける筆者たちの〔分析のための〕「準拠枠」である。

45　実はこの「六月一一日」という日付は、編集者によって書き換えられたものである。この日付をめぐる問題は、実に不可解で神秘的である。これについては、第2章第一節第五項を参照されたい。〔星川記〕

46　ウィトゲンシュタインは「語りうるもの」の世界（事実の世界）と「語りえないもの」の世界（絶対的価値や宗教の世界）とを明確に区別した。彼は、個人的に、これらの二つの世界を「祈ること」によって架橋しようと試みたうえに、生涯を通じて、祈りに真剣な眼差しを向けていた〔第2章第二節・第三節参照〕。

47 信者が従っている規則のすべてを、明示的に同定することは不可能である。サールが述べているように、これは必要なことではない。その理由は以下のようなものである――「この規則がそもそも規則であり、かつ、必ずしもわれわれが従っていることをわれわれ自身が（明確に系統立てて説明できるという意味において）知るという必要なしに、依然として実際は従っているという種類の規則であることは、明白であるように思われる。……時として、人間の行為の一断片を適切に説明するためにも、われわれは、行為者自身が規則を述べることができなかったり、あるいは、そのような規則に従って行動している事実を自覚していなかったりするような場合においてすら、〈その行為は一つの規則に従ってなされた〉と想定しなければならない」（サール『言語行為』一九八六年、七三―七四頁［原書、四二頁］）。

48 リンドベック、前掲書、八四頁［原書、四九頁］。

49 日常的な言語ゲームから切り離された「限定された意味領域」における行為としての祈りという、筆者たちの祈りの理解は、いくつかの反論を招くかもしれない。祈りの言語が日常的事柄にかかわる言語ゲームと切り離されうるか否かという問題は、容易ならぬ重要な問題である。たとえば、ボヘンスキー（著名な論理学者）は「宗教的言説はその使用者の言説全体ときわめて密接に結びついている。すなわち、宗教的言説を同一主体の世俗的言説と切り離したり、これと分けて考察したりしてはならないのだ。それゆえ、二つの言説（宗教的言説と世俗的言説）の関係をめぐる問題が、宗教的言説の場合にはとりわけ重要である」と述べている（ボヘンスキー『宗教の論理』一九九七年、七五頁［原書、五八頁］。本書第2章第三節参照）。さらに、シェリーはキリスト教で使用される言葉を四つに分類した。①「神」「三位一体」「地獄」などの特別に宗教的な言葉、②「全知の」「無限の」「精神」などの形而上学的な言葉、③「父」「原因」「創造する」「贖う」「現実の」「真理」などの、通常の日常的文脈から離れて使用されているが、日常言語から借用された類推的な言葉、④「死」「平和」「磔刑にする」などの日常的な言葉、および、「そして」「しかし」「すべての」「〜ない」などのいかなる文脈でも不変な言葉（cf. Sherry, *Religion, Truth and Language-games*, 1977, p. 57）。②③④の分類に属する言葉は非キリスト教的な文脈においても使用されており、四つの分類に属するすべての言葉は複雑に交錯している。それでも、ウィトゲンシュタインが強調しているように、言語ゲームの「体系性」「全体性」「全体系性」に焦点をあわせれば、「〔キリスト教の祈りで使用される〕一群の言葉・成句・文などはそれら独自の〔祈りの〕言語ゲームを構成している」と考えることは可能である。

50 Phillips, *The Concept of Prayer*, 1965, p. 12.

51 Evans, *ibid.*, p. 17.

52 この文脈での「新たな」という言葉は「これまで存在していなかった」ということを必ずしも意味するものではない。この「新たな」という言葉は、たとえ祈りの内容が以前のものと同じであったとしても、信者が自分を祈りに捧げるときには常に、その信者は、日常生活のまっただなかにおいて、それ独自の認知様式をもつ限定された意味領域を構成〔／再構成〕することを意味している。もちろん、文字通り「新たな」祈りが一度表現された場合には、それが存在するようになることもある。

53 サール、前掲書、五八—七四頁、参照〔原書、三三—四二頁、参照〕。

54 シュッツ「シンボル・現実・社会」一六六—一六七頁、参照〔原書、三三二頁、参照〕。

55 See Srubar, "Pragmatic Theory of the Life-World and Hermeneutics of the Social Sciences," 2014, p. 86.

56 Srubar, *ibid.*, p. 86.

57 シュッツ「多元的現実について」七一頁〔原書、二五六—二五七頁〕。

58 シュッツ、同論文、七一頁、〔原書、二五七頁〕。

59 ハイデガー『同一性と差異性』一九六〇年、七五頁〔原書、七七頁〕。

60 シュッツ「多元的現実について」三六頁〔原書、二二八頁〕。

61 シュッツの「反プラグマティックな動機」については、これを論じたバーバーの論文（Barber, "Resistance to Pragmatic Tendencies in the World of Working in the Religious Finite Province of Meaning," 2015）を参照されたい。

62 See Steinbock, *Phenomenology and Mysticism*, 2007.

63 See Srubar, *Phänomenologie und soziologische Theorie*, 2007, S. 201-203.

◎用語解説

Ａ・シュッツ『現象学的社会学』（紀伊国屋書店、一九八〇年）の「用語解説」などを参照しながら、本章を理解するための一助として、星川が作成した。

意味（Sinn/meaning）

体験の意味は回顧的・反省的に与えられる。意味には「主観的意味」と「客観的意味」とがあるけれども、本章では前者が重要である。主観的意味とは、人が自己の体験や行為に付与する意味である。人の行動はすべて主観的意味の連関において現われる。

エポケー（epoché）

フッサールにおいては、世界の実在性に対する判断や信念を停止すること。シュッツはフッサールのエポケー概念を転用し、日常生活世界に生きる人々の「自然的態度」（後述）も一種の判断停止であるとし、これを「自然的態度のエポケー」と名付けた。日常生活世界の自明性はここからもたらされる。本章での「宗教的エポケー」に関連づけて述べると、日常世界も一つの限定された意味領域であるがゆえに、シュッツの着想を発展させれば、「エポケーとは、その都度の世界（限定された意味領域）に対する疑念を停止すること、ないし、これを受け入れること」と解釈できる。それゆえ、宗教的世界に生きている間は、その世界の妥当性などについての疑念などを懐かず、それを受け入れることになる。つまり、宗教的世界／意味領域が「至高」「支配的」となるのだ。

間接呈示（Appräsentation/appresentation）

知覚に与えられていない別の経験を示すこと。例えば、われわれは、ある事物を知覚しているとき、その事物の裏側の色と形のような、知覚には直接与えられていない側面を、その事物についての心像につけ加える。本章においては、祈りや宗教について考察しているので、知覚対象の背後にあるものは、「神」などの抽象的・

形而上学的なものであることが多い。具体的にいうと、「神」という言葉の音（カミ）ないし文字（神）は知覚でき、これらの知覚対象は、「神」という知覚に与えられていない観念を、間接的に呈示する。

経験（Erfahrung/experience）、**体験**（Erlebnis/lived experience）

ルックマンがシュッツの遺稿を編集して、彼との共著として執筆した『生活世界の構造』（*Strukturen der Lebenswelt*）の英訳では、訳語の対応が次のようになっている――"Erfahrung"は"experience"（経験）、"Erlebnis"は"lived experience"（体験）。区別しづらい場合もあるが、本章では基本的に、回顧的に意味が付与され場合には「経験」とし、それ以前の場合には「体験」とする。あらゆる現象学的考察の基本的出発点は、本質的に現在の体験、直接的で生きいきとした体験、すなわち、自発的に流れている主観的な体験の流れである。人はこの流れの中で生きており、この流れは、意識の流れとして過去の他の体験と結びつき、それらの記憶の痕跡などを伴っている。体験は反省作用によって初めて主観的に有意味な経験となる。本質的に現在的な体験は、この反省作用による回顧によって意識的に把握され、認識的に構成される。人は、生活の過程において経験の蓄積を作り上げ、この経験の蓄積によって自己をとりまく状況を定義し、それにもとづいて行動する。

志向性（Intentionalität/intentionality）

意識のもっとも基本的な特徴である。意識は常に何ものかについての意識である。志向の対象とは、個人によって意図され思念された対象であり、「注意」の対象として個人によって選び出されたものである。

自然的態度（natürliche Einstellung/natural attitude）

人が日課を型にはまったやり方で遂行するさいにとっている心的な姿勢、ないし、人が日常生活の世界全体またはその諸側面を解釈するときの基本的姿勢のこと。日常生活の世界は自然的態度の世界であり、そこでは物事は自明視されている。

生活世界（Lebenswelt/Life-World）／**日常世界**（alltägliche Lebenswelt/everyday life-world）

生活上のプラグマティックな目標を追求しているときに出会うさまざまな事物・人間・出来事によって画される、個人の経験の全体的領野のこと。これは人が「覚醒」している「世界」であり、人の生活の「至高の現実」として現われる。「超越論的立場」にたつフッサールと「内世界的立場」にたつシュッツでは、同じ「生活世界」でも理解が異なる。

世界（Welt/world）／**限定された意味領域**（geschlossenes Sinngebiet or geschlossener Sinnbereich/finite province of meaning）

「世界」という術語は、主観的な体験と理解にかかわる。第一に、これは誰かのつまり具体的に何かを体験している個人の世界であり、第二に、これは程度の差はあれ特殊な体験領域の世界である。完全に主観的な意味では、世界とは、特定の個人が、特定の時点、特定の状況において、見たり理解したりしている特定の体験領域の全体をさす。いかなる個人も、生活世界、遊びや芝居の世界、夢の世界、科学的思索の世界、祈りの世界などといった無数の世界のなかで、継起的に、選択的にあるいは偶然的に生活している。世界という術語をこうした多元的な体験領域に適用することを主観的に正当化しているのは、体験している個人にとってはその時々の領域が「全世界」である、という事実である。この一方で、客観的に見れば、その都度の各領域は「限定された」ものであり、相対的な有意性をもつにすぎない。したがって、シュッツはこれを「限定された意味領域」と呼ぶ。本章の議論の核心である「祈り」も、一つの「限定された意味領域」における行為である。また、祈りの世界からみれば、「日常生活の世界＝至高の現実」も一つの限定された意味領域であり、相対化される。

単定立的（monothetisch/monothetical）、**複定立的**（polythetisch/polythetical）

理解・把握・統覚（知覚対象についての過去の経験やすでに獲得されている知識にもとづく知覚の自発的解釈）などの様式のこと。例えば、ピタゴラスの定理には、いくつかの段階を経て「複定立的」に結論がもたらされるという過程がある。しかしながら、最終的には「単定立的」に「直角三角形において、直角である頂角の対辺の長さの平方は、他の二辺の平方の和に等しい」という結論が存在するようになる。

地平（Horizont/horizon）
問題・想起・統覚などには中心つまり「核」があり、これをその時点では中心的でない印象・記憶・配慮・期待などの「へりふさ」がとりまき、地平となっている。へりふさの領域は（たとえば前景・中景・後景というように）構造化されており、同一の意識体験の核をとりまいて、幾重もの地平をなしている。

沈殿（Sedimentierung/sedimentation）
知識の諸要素およびそれらの解釈や含意が、すでに獲得されている知識の諸層に統合されていく過程のこと。

未来把持（Protention/protention）・**過去把持**（Retention/retention）
「未来把持」は現在の体験にすぐに引き続いて生じることが期待される体験の把握にかかわり、「過去把持」は経過したばかりの体験の記憶にかかわる。

有意性（レリヴァンス）（Relevanz/relevance）
特定の状況や行動や計画から選びだされた側面などに、個人が付与する重要性のこと。人の多様な関心や関与にしたがって種々の有意性の領域が存在し、それらの領域は固有の優先順位をそなえた有意性の体系を構成している。こうした体系は必ずしも明確な境界をもつわけではないし、長期にわたって安定したものでもない。だが、特定の時点において、この体系は、一義的な有意性をもつ領域、二義的な有意性をもつ領域、相対的に有意性をもたない領域に分かれている。さらにいうと、シュッツの「レリヴァンス」概念は、豊穣であるが多くの側面をふくんでおり、理解するのがきわめて難しい。次の研究書を始めとして、多くの研究書・論文が上梓されている。R.R. Cox, *Schutz's Theory of Relevance: A Phenomenological Critique*, Springer, 1978.

あとがき

残念ながら、進行性の眼病のため、本書がおそらく最後の著作となる。そこで、以下ではやや個人的なことを書くが、お赦し願いたい。

筆者は、もともとシュッツを中心とした、いわゆる「現象学的社会学派」の視点から宗教の社会学的研究をしていたのだが、そうした中でウィトゲンシュタインに出会い、彼に惹きつけられるようになった。二〇歳代の半ばである。もちろん、宗教学を専攻していたし、数学や論理学には疎いので、今も昔も彼の宗教的側面が主たる関心の対象である。

二〇一四年三月、ウィトゲンシュタインの「小屋」の跡があるショルデンを訪れ、その時の模様を「ウィトゲンシュタインのノルウェー（一五分版）」として、YouTubeにアップした。その中で、「ウィトゲンシュタインを〈否定神学者〉として捉え、『ウィトゲンシュタインの神』という本を書きたい」と述べた。また、これと似たようなことを主著である『宗教と〈他〉なるもの』（二〇一一年）の「あとがき」でも書いたのだが、この約束は果たせそうにない。けれども、本書の第1章から第3章において、そうしたことを論じた。この三つの章をもって、右の約束に代えさせていただきたい。

また、シュッツについていうと、一九九二年に、シュッツとルックマンの『生活世界の構造』を利用して、『シュッツ＝ルックマンの現象学的知識論』（非売品）という、授業用のテキストを作成した。いずれ、二人の「知識」論や「レリヴァンス」論などを中心にして、一冊の著作に仕上げるつもりであった。だが、レリヴァンス概念の理解の難しさに直面したり、この仕事に集中できない状況におかれたりした（勤務先の変更）ために、それから四半世紀たった現在でも、その計画は頓挫したままである。これについては、「残念」の一言に尽きる。

自分なりに理解したシュッツとウィトゲンシュタインからの影響は大きく、何を考えるにつけても、二人のこと（とりわけ「レリヴァンス」「多元的リアリティ」と「語りえないもの」「言語ゲーム」）を思い出しながら、考えてきたような気がする。その意味で、本書におけるシュッツ関係の論述は少ないものの、二人が登場する章（第6章）で本書を締めくくることができたのは、きわめて感慨深い。

さらに述べれば、本書はウィトゲンシュタイン自身の「垂直上昇志向」（第1章第二節第五項）から本格的な議論が始まり、祈りとシュッツの象徴的間接呈示がきりむすぶ「体験の垂直的上昇」（第6章第五節第三項）で議論が終わる。また、シュッツの「象徴的間接呈示」の理論とウィトゲンシュタインの「語りえないもの／示す」をめぐる理論とを結び付けて考察を展開することは、きわめて有意義であろう。

今日までの筆者の生活の中で最も嬉しかったことの一つは、一九九〇年、三四歳のとき、論文

「A・シュッツの〈日常生活世界〉論」や著書『ウィトゲンシュタインと宗教哲学』などの業績によって、「日本宗教学会賞」を受賞したことである。学会賞の受賞もさることながら、この二人に関わる仕事が評価されたことが素直に嬉しかった[1]。

　これまで、二〇冊以上の単著・単訳・共編著書などをプロデュースしてきたが、思索は、時間の長さを考えれば、涙が出るほど少しずつしか進まない。それも、直線的にではなく、螺旋状にしか進まない……。こうした状況において、いくぶん重複はあるけれども、『言語ゲームとしての宗教』（勁草書房、一九九七年）、『宗教と〈他〉なるもの――言語とリアリティをめぐる考察』（春秋社、二〇一一年）、これらに本書『宗教哲学論考――ウィトゲンシュタイン・脳科学・シュッツ』を合わせた三冊が、筆者の「宗教哲学の三部作」となる。

　今年、筆者は還暦を迎えたが、この年に本書を出版できて非常に幸せである。

†

　タイトルについて一言だけ述べておきたい。『宗教哲学論考――ウィトゲンシュタイン・脳科学・シュッツ』が本書のタイトルである。サブタイトルは、本書の内容をすなおに反映させたものである。メインタイトルは、編集者の柴村登治氏の提案にしたがった。ウィトゲンシュタインの『論理哲学論考』の「宗教版」を想像する読者もいらっしゃるかもしれない。不遜なタイトルだが、「宗教をめぐるいくつかの哲学的論考」「宗教哲学にかかわるいくつかの論考」の省略形くらいに考えてくださると、筆者としては気が楽である。

†

本書を上梓するにあたって、まず、ノルウェーのウィトゲンシュタインの小屋の跡まで同行して動画と写真を撮ってくれた松野智章氏と渡辺隆明氏、英文の共著論文の翻訳掲載を快諾してくださったウィーン大学のミハエル・シュタウディグル博士に、御礼を述べたい。つぎに、校正や種々の情報提供をしてくださった、クリスティアン・エアバハー博士、小林公二氏、保呂篤彦氏、杉岡良彦氏、沖永宜司氏、松田真理子氏、丸山空大氏、石川明人氏、石神郁馬氏、中村憲司氏、宮嶋俊一氏、杉内寛幸氏、藤村せつ子氏にも、御礼を述べたい。

さらに、本書の出版を引き受けてくださった明石書店の大江道雅社長と、編集の労をとってくださった柴村登治氏に、感謝の意を表したい。

二〇一六年、師走

星川啓慈

［註］

1　そこで、シュッツとウィトゲンシュタインの二人について、紹介もかねて、少しばかり述べておきたい――シュッツに先に出会ったので、彼のことを先に書くことにする。一般の人たちはそれほど気に留めないかもしれないが、二人の人生には共通する面がおどろくほど多い。

シュッツとウィトゲンシュタインはともに、世紀末のウィーンで生まれ、ユダヤ人の血を引いている。シュッツは、一九九九年に生まれ、一九五九年に六〇歳で生涯を終えた。一〇歳年長のウィトゲンシュタインは、一八八九年に生まれ、一九五一年に六二歳で生涯を終えた。第一次世界大戦（一九一四―一九一八）では、ともにオーストリア＝ハンガリー二重帝国軍の砲兵隊の兵士として連合国軍と戦った。高学歴のためか、シュッツは一七歳で「見習い士官」に、ウィトゲンシュタインは入隊後二年少しの二七歳で「士官候補生」になっている。シュッツはウィーン大学に復帰する前にイタリア戦線で軍務についていたようだし、ウィトゲンシュタインはトレントの近くでイタリア軍の捕虜となったから、二人はひょっとしたら同時期にイタリア軍の捕虜になったかもしれない。

第二次世界大戦勃発の頃には、シュッツはアメリカに帰化して「現象学的社会学」（このレッテルには問題があるが）の礎を築き、ウィトゲンシュタインはイギリスに帰化して「言語哲学」（このような限定はすべきではないが）に大きな影響を与えた。

二人とも、生涯の早い時期から大学に勤め、研究に専念できたわけではない。シュッツは銀行で法律業務にたずさわりながら研究をつづけ、ニュー・スクール・フォー・ソーシャル・リサーチの非常勤講師になったのが四四歳、教授になったのが五三歳である。つまり、大学教授として働いたのは、わずか七年間にすぎない。人生の大半は銀行で働きながら研究したのである。あのフッサールに「昼は銀行員、夜は哲学者」といわせた所以である。かたや、ウィトゲンシュタインは、大金持ちの家に生まれながらも、第一次世界大戦から復員した後は、巨額の遺産には目もくれず、庭師・建築家・小学校教師として一〇年以上も働いた。その後、ケンブリッジ大学のトリニティ・カレッジで教え始めるのが四一歳、教授になったのが五〇歳、職を辞したのが五八歳である。シュッツと同じように、大学教授としては八年間務めただけである。その間、ヨーロッパ各地に滞在し、第二次大戦中は病院で働いたりもしている。

学問のスタイルにも共通することがある。まず、二人の人生行路とも関係するのだが、ともに体系的な著作はほとんど遺していない。自分で書いた体系的な著作といえば、シュッツには三三歳の時に出版した『社会的世界の意味構成』があるのみであり、ウィトゲンシュタインには三二歳の時に出版した『論理哲学論考』があるのみである。シュッツは論文をかなり執筆したが、基本的に、二人の業績は、弟子・関係者たちが遺稿（発表された論文等をふくむ）を編集し、「本」という形で世界に向けて発信したことによって、知られるようになったといえるだろう。

つぎに、二人は、大学に専任の職を得るのが遅かっただけではなく、学問の王道を歩んだのでもない。現在でも、シュッツの現象学はフッサールの「超越論的」陣営からは厳しい目で見られているようだし、ウィトゲンシュタインの哲学は主流からはほど遠いように思われる。

それでも、二人の遺した研究成果は、今なお世界中の研究者たちに刺激を与え続けているといえよう。二人のファンとして、今後もそうであってくれることを願いつつ、擱筆する。

【謝辞】
本書の出版は、「JSPS科研費JP二五二四四〇〇二」の助成を受けたものである。日本学術振興会に対して、また種々の事務仕事を助けてくださった大正大学・研究推進課に対して、厚く御礼申し上げたい。

初出一覧

本書を出版するにあたっては、以下の論文等も利用したが、全体を通して、(1)表現や形式を統一したり、(2)必要に応じて改稿したり、(3)クロスリファレンスできるように配慮したりするなど、一冊の著作として充分な整合性を保てるように配慮している。

第1章　書き下ろし。

第2章　書き下ろし。

第3章　「太陽とウィトゲンシュタインの宗教体験――一九三七年三月に書かれた『哲学宗教日記』の分析」『大正大學研究紀要』第一〇〇輯、二〇一五年、所収。ただし、第三節「太陽の体験と統合失調症」を新たに執筆するなどした。

第4章　「神経生理学とユダヤ教――決定と自由の狭間を生きたB・リベットの場合」日本宗教学会編『宗教研究』第八七巻、第二号、二〇一三年、所収。ただし、第一節を書き加えたり、註においてリベットの「行為の中断」をめぐる新実験（二〇一五年一二月）に言及したりした。

第5章　「脳科学と宗教哲学を架橋する試み――エクルズとポパーの『自我と脳』再考」芦名定道・星川啓慈編『脳科学は宗教を解明できるか？』春秋社、二〇一二年、所収。ただし、「付論」において、ニューバーグの「神経神学」の二つの根本的原理をめぐって加筆するなどした。

第6章　"A Schutzian Analysis of Prayer with Perspectives from Linguistic Philosophy" (with Dr. M. Staudigl) in *Human Studies*, vol. 39. 2016. (DOI：10.1007/s10746-015-9377-x)。翻訳は星川が行なった。

［L・ウィトゲンシュタイン（丘澤静也訳）『反哲学的断章』青土社，1981年.］
――, *Prototractatus: An Early Version of Tractatus Logico-Philosophicus* (B. F. McGuinness et al ed.) Routledge and Kegan Paul, 1971.
――, *Tractatus logico-philosophicus* (G. E. M. Anscombe und G. H. von Wright hrsg.) Suhrkamp Verlag (Bd.1), 1984. [(1) L・ウィトゲンシュタイン（藤本隆志・坂井秀寿訳）『論理哲学論考』法政大学出版局，1968年.(2) L・ウィトゲンシュタイン（奥雅博訳）『論理哲学論考』(全集，第1巻，1975年，所収).]
――, *Philosophische Bemerkungen* (R. Rhees hrsg.) Suhrkamp Verlag (Bd.2), 1984. ［L・ウィトゲンシュタイン（奥雅博訳）『哲学的考察』(全集，第2巻，1978年，所収).］
――, "A Lecture on Ethics" in *Philosophical Review*, vol. 74, 1965. ［L・ウィトゲンシュタイン（杖下隆英訳）「倫理学講話」(全集，第5巻，1976年，所収).］
――, *LudwigWittgenstein und der Wiener Kreis* (B. F. McGuinness hrsg.) Suhrkamp Verlag (Bd. 3), 1984. ［L・ウィトゲンシュタイン（黒崎宏訳）『ウィトゲンシュタインとウィーン学団』(全集，第5巻，1976年，所収).］
――, *Denkbewegungen: Tagebücher 1930-1932/1936-1937,* Teil 1 [Normalisierte Fassung] und Teil 2 [Diplomatische Fassung] (I. Somavilla hrsg.) Haymon-Verlag, 1997. ［L・ウィトゲンシュタイン（I・ゾマヴィラ編・鬼界彰夫訳）『ウィトゲンシュタイン哲学宗教日記』講談社，2005年.］
――, *Philosophische Grammatik* (R. Rhees hrsg.) Suhrkamp Verlag (Bd. 4), 1984. ［L・ウィトゲンシュタイン（山本信・坂井秀寿訳）『哲学的文法（1）（2）』(全集，第3巻，第4巻，1975年，1976年，所収).］
――, *Philosophische Untersuchungen* (G. E. M. Anscombe, G. H.von Wright und R. Rhees hrsg.) Suhrkamp (Bd. 1), 1984. ［L・ウィトゲンシュタイン（藤本隆志訳）『哲学探究』(全集，第8巻，1976年，所収).］
――, *Über Gewißheit* (G. E. M. Anscombe und G. H. von Wright hrsg.) Suhrkamp Verlag (Bd. 8), 1984. ［L・ウィトゲンシュタイン（黒田亘訳）『確実性の問題』(全集，第9巻，1975年，所収).］
――, *Ludwig Wittgenstein : Public and Private Occasions* (J. C. Klagge and A. Nordmann ed.) Rowman & Littlefield Publishers, INC, 2003.

†

Wood, C. C., "Pardon, Your Dualism is Showing" in *The Behavioral and Brain Sciences*, vol. 8, no. 4, 1985.
山本信・黒崎宏編『ウィトゲンシュタイン小事典』大修館書店，1987年.
山口裕之『認知哲学――心と脳のエピステモロジー』新曜社，2009年.

[Van der Leeuw, G., *Religion in Essence and Manifestation* (J. E. Turner, trans.) George Allen & Unwin Ltd., 1964.
Wagner, H. R., "Glossary of Selected Terms" in A. Schutz, *On Phenomenology and Social Relations* (H. R. Wagner ed.) The University of Chicago Press, 1975. [H・R・ワグナー「用語解説」(A・シュッツ（森川眞規雄・浜日出夫訳）『現象学的社会学』紀伊國屋書店，1980 年，所収).]
Waltemathe, M., "Bridging Multiple Realities: Religion, Play, and Alfred Schutz's Theory of the Life-world" in *Playing with Religion in Digital Games* (H. A. Campbell and G. P. Grieve ed.) Indiana University Press, 2014.
Wegner, D. M., *The Illusion of Conscious Will*, MIT Press, 2002.
Wilson, J., "Verification and Religious Language" in *Philosophy of Religion* (G. L. Abernethy and T. A. Langford ed.) The Macmillan Company, 1968.

†

※ウィトゲンシュタインの諸著作は，原則的に，出版年順ではなく執筆開始時期の早いものから掲載した . Suhrkamp 社から刊行された *Ludwig Wittgenstein Werkausgabe in 8 Bänden*（1984 年）に収められているものは，その巻数 (Bd.) を示し，大修館書店から刊行された日本語訳全集『ウィトゲンシュタイン全集（全 10 巻，補巻２巻）』（1975-1988 年）に収められているものは，その巻数を示す．

Wittgenstein, L., "Letters to Bertrand Russell 1912-1935" in L. Wittgenstein, *Letters to Russell, Keynes and Moore* (G. H. von Wright ed.) Basil Blackwell, 1974.
——, "Letters to George Edward Moore 1913-1948" in L. Wittgenstein, *Letters to Russell, Keynes and Moore* (G. H. von Wright ed.) Basil Blackwell, 1974.
——, "Notes Dictated to G. E. Moore in Norway" in L. Wittgenstein, *Notebooks 1914-1916* (G. H. von Wright and G. E. M. Anscombe ed.) Basil Blackwell, 1961. [L・ウィトゲンシュタイン（奥雅博訳）「ノルウェーでG・E・ムーアに対して口述されたノート」(全集，第１巻，1975 年，所収).]
——, *Geheime Tagebücher 1914-1916*（W. Baum hrsg.）Turia & Kant, 1991. [L・ウィトゲンシュタイン（丸山空大訳）「秘密の日記」（L・ウィトゲンシュタインほか『ウィトゲンシュタイン「秘密の日記」――第一次世界大戦と「論理哲学論考」』春秋社，2016 年，所収).]
——, *Tagebücher 1914-1916* (G. H. von Wright und G. E. M. Anscombe hrsg.) Suhrkamp Verlag (Bd.1), 1984. [L・ウィトゲンシュタイン（奥雅博訳）『草稿一九一四―一九一六』（全集，第１巻，1975 年，所収).]
——, *Briefe an Ludwig von Ficker*（G. H. von Wright hrsg.）Otto Müller Verlag, 1969.
——, *Vermischte Bemerkungen* (G. H. von Wright hrsg.) Suhrkamp Verlag (Bd. 8) , 1984.

Schütz, A. und Luckmann, T., *Strukturen der Lebenswelt*, Bd. I, Suhrkamp Verlag, 1979. ［A・シュッツ／T・ルックマン（那須壽監訳）『生活世界の構造』筑摩書房，2015 年.］

†

Searle, J. R., *Speech Acts: An Essay in the Philosophy of Language*, Cambridge University Press, 1969.［J・R・サール（坂本百大・土屋俊訳）『言語行為――言語哲学への試論』勁草書房，1986 年.］

Sherry, P., *Religion, Truth and Language-games*, The Macmillan Press, 1977.

Sinnott-Armstrong, W. and Nadel, L. ed. *Conscious Will and Responsibility: A Tribute to Benjamin Libet,* Oxford Scholarship Online, 2013.

Somavilla, I., "Vorwort" in L. Wittgenstein, *Denkbewegungen: Tagebücher 1930-1932/1936-1937,* Teil 1 [Normalisierte Fassung] (I. Somavilla hrsg.) Haymon-Verlag, 1997.［I・ゾマヴィラ「編者序」（L・ウィトゲンシュタイン（I・ゾマヴィラ編・鬼界彰夫訳）『ウィトゲンシュタイン哲学宗教日記』講談社，2005 年，所収）.］

Spickard, J. V., "Experiencing Religious Rituals: A Schutzian Analysis of Navajo Ceremonies" in *Sociological Analysis*, vol. 52, no. 2, 1991.

Srubar, I., *Phänomenologie und soziologische Theorie: Aufsätze zur pragmatischen Lebensweltheorie,* VS Verlag für Sozialwissenschaften, 2007.

――, "Pragmatic Theory of the Life-World and Hermeneutics of the Social Sciences" in *Schutzian Phenomenology and Hermeneutic Traditions* (M. Staudigl and G. Berguno ed.) Springer, 2014.

Stegmüller, W., *Hauptströmungen der Gegenwartsphilosophie : Eine kritische Einführung,* Bd. 1, Alfred Kröner Verlag, 1978.［W・シュテークミュラー（竹尾治一郎・森匡史ほか訳）『現代哲学の主潮流（２）』法政大学出版局，1981 年.］

Steinbock, A. J., *Phenomenology and Mysticism: The Verticality of Religious Experience*, Indiana University Press, 2007.

Stenius, E., *Wittgenstein's Tractatus: A Critical Exposition of Its Main Lines of Thought*, Blackwell, 1960.

鈴木貴之「自由意志――常識的な見方を問い直す」（信原幸弘ほか編『脳神経科学リテラシー』勁草書房，2010 年，所収）.

武田一博「心の唯物論と自由意志――B．リベットの議論をめぐって」（『沖縄国際大学総合学術研究紀要』第 10 巻，第 1 号，2006 年，所収）.

内海健「ウィトゲンシュタイン――零度の狂気」（内海健『「分裂病」の消滅――精神病理学を超えて』青土社，2003 年，所収）.

Van der Leeuw, G., *Phänomenologie der Religion*, Verlag von J. C. B. Mohr (P. Siebeck), 1933.

学と哲学の出会い――脳・生命・心』玉川大学出版部，2008 年，所収）.
奥村一郎『祈り』女子パウロ会，1974 年 .
太田俊寛『オウム真理教の精神史――ロマン主義・全体主義・原理主義』春秋社，2011 年.
Phillips, D. Z., *The Concept of Prayer, Routledge & Kegan Paul,* 1965.
Plantinga, A., *God, Freedom, and Evil*, William B. Eerdmans Publishing Company,1977.［A･プランティンガ（星川啓慈訳）『神と自由と悪と』勁草書房, 1995 年 .］
Popper, K. R. and Eccles, J. C., *The Self and Its Brain, Routledge & Kegan Paul*, 1986.［K・ポパー／J・エクルズ（大村裕・西脇与作ほか訳）『自我と脳』（新装版）新思索社，2005 年 .］
Roth, G., *Fühlen, Denken, Handeln: Wie das Gehirn unser Verhalten Steuert,* Suhrkamp Verlag, 2001.
阪井葉子「ドイツに響くユダヤの歌（２）――イディッシュ語で歌うドイツ人グループ〈エスペ〉」(『春秋』第 546 号，2013 年，所収).
澤口俊之「脳と心の関係について――神経科学の立場から」（松下正明総編集『脳と行動』（臨床精神医学講座，第 21 巻）中山書店，2003 年，所収）.
Schmidt, P. F., “Factual Knowledge and Religious Claims” in *Religious Language and the Problem of Religious Knowledge* (R. E. Santoni ed.) Indiana University Press, 1968.

†

※シュッツの *Collected Papers*（全４巻）は Martinus Nijhoff 社から出版され（1962-1996 年），その日本語訳として『アルフレッド・シュッツ著作集』（全４巻）がマルジュ社から刊行された（1983-1998 年）. ただし，2016 年現在，原書の第４巻目は翻訳されていない.

Schütz, A., *Der sinnhafte Aufbau der sozialen Welt: Eine Einleitung in die verstehende Soziologie,* Springer, 1932.［A･シュッツ（佐藤嘉一訳）『社会的世界の意味構成――ヴェーバー社会学の現象学的分析』木鐸社，1982 年 .］
Schutz, A., “On Multiple Realities” in *Collected Papers I: The Problem of Social Reality* (M. Natanson ed.) Martinus Nijhoff, 1973.［A･シュッツ（那須壽訳）「多元的現実について」（著作集，第２巻，1985 年，所収）.］
――，"Symbol, Reality and Society” in *Collected Papers I: The Problem of Social Reality* (M. Natanson ed.) Martinus Nijhoff, 1973.［A・シュッツ（西原和久訳）「シンボル・現実・社会」（著作集，第２巻，1985 年，所収）.］
――，“Making Music Together: A Study in Social Relationship” in *Collected Papers II: Studies in Social Theory* (A. Brodersen ed.) Martinus Nijhoff, 1976.［A・シュッツ（渡部光訳）「音楽の共同創造過程――社会関係の一研究」（著作集，第３巻，1991 年，所収）.］

［B・リベット（下條信輔訳）『マインド・タイム――脳と意識の時間』岩波書店，2005 年．］

Lindbeck, G. A. *The Nature of Doctrine: Religion and Theology in Postliberal Age*, The Westminster Press, 1984. [G・A・リンドベック（田丸徳善監修，星川啓慈・山梨有希子訳）『教理の本質――ポストリベラル時代の宗教と神学』ヨルダン社，2003 年．]

丸山空大「テクストについて」（L・ウィトゲンシュタインほか『ウィトゲンシュタイン「秘密の日記」――第一次世界大戦と「論理哲学論考」』春秋社，2016 年，所収）．

McDuffie, M. F., "Art as an Enclave of Meaning" in *The Prism of the Self* (S. G. Crowell ed.) Springer, 1995.

McGuinness, B. F., *Wittgenstein: A Life: Young Ludwig 1889-1921*, The University of California Press, 1988. [B・マクギネス（藤本隆志ほか訳）『ウィトゲンシュタイン評伝――若き日のルートヴィヒ 1889 - 1921』法政大学出版局 ,1994 年．]

宮嶋俊一『祈りの現象学――ハイラーの宗教理論』ナカニシヤ出版，2014 年．

宮本忠雄「太陽と分裂病――ムンクの太陽壁画によせて」（宮本忠雄『病跡研究集成――創造と表現の精神病理』金剛出版，1997 年，所収）．

Monk, R., *Ludwig Wittgenstein: The Duty of Genius,* The Free Press, 1990. ［R・モンク（岡田雅勝訳）『ウィトゲンシュタイン――天才の責務（1）』みすず書房，1994 年．］

中井久夫「ルートヴィヒ・ヴィトゲンシュタイン」（飯田真・中井久夫『天才の精神病理――科学的創造の秘密』中央公論社，1972 年，所収）．

――，『精神医学の経験――分裂病』（中井久夫著作集，第 1 巻）岩崎学術出版社，1984 年．

――，『精神医学の経験――社会・文化』（中井久夫著作集，第 3 巻）岩崎学術出版社，1985 年．

中山剛史「現代の〈脳神話〉への哲学的批判――〈意志の自由〉は幻想か」（中山剛史・坂上雅道編著『脳科学と哲学の出会い――脳・生命・心』玉川大学出版部，2008 年，所収）．

Nedo, M. and Ranchetti, M., *Ludwig Wittgenstein: Sein Leben in Bildern und Texten,* Suhrkamp, 1984.

Newberg, A., *Principles of Neurotheology*, Ashgate, 2010.

Newberg, A., Alavi, A. et al., "The Measurement of Regional Cerebral Blood Flow during the Complex Cognitive Task of Meditation: A Preliminary SPECT Study" in *Psychiatry Research: Neuroimaging Section*, vol. 106, 2001.

日本聖書協会『聖書――新共同訳』日本聖書協会，1983 年．

野家伸也「ヴァレラの反表象主義的認知観」（中山剛史・坂上雅道編著『脳科

James, W., *The Principles of Psychology*, Harvard University Press, 1983.
Janik, A. and Toulmin S., *Wittgenstein's Vienna*, Simon and Schuster, 1973.［Ｓ・トゥールミン／A・ジャニク（藤村龍雄訳）『ウィトゲンシュタインのウィーン』ＴＢＳブリタニカ，1978 年.］
Jeeves, M. and Brown, W. S., *Neuroscience, Psychology, and Religion: Illusions, Delusions, and Realities about Human Nature*, Templeton Press, 2009. ［M・ジーブス／W・S・ブラウン（杉岡良彦訳）『脳科学とスピリチュアリティ』医学書院，2011 年.］
Kant, I., *Kritik der reinen Vernunft*, Felix Meiner Verlag, 1976.［カント（篠田英雄訳）『純粋理性批判（上）』岩波書店，1961 年.］
加藤敏「病跡学――創造性と精神の逸脱」（武田雅俊・加藤敏ほか『Advanced Psychiatry：脳と心の精神医学』金芳堂，2007 年，所収）.
氣多雅子『西田幾多郎「善の研究」』晃洋書房，2011 年.
鬼界彰夫「隠された意味へ――『ウィトゲンシュタイン哲学宗教日記』（MS 183）訳者解説」（L・ウィトゲンシュタイン（I・ゾマヴィラ編・鬼界彰夫訳）『ウィトゲンシュタイン哲学宗教日記』講談社，2005 年，所収）.
――，『ウィトゲンシュタインはこう考えた――哲学的思考の全軌跡　1912-1951』講談社，2003 年.
河野哲也『暴走する脳科学――哲学・倫理学からの批判的検討』光文社，2008 年.
小坂国継「純粋経験とは何か」（西田哲学研究会編『場所――十周年記念号』第 10 号，2011 年，所収）.
Kosslyn, S. M., "Foreword" in B. Libet, *Mind Time: The Temporal Factor in Consciousness*, Harvard University Press, 2004.［Ｓ・M・コズリン「序文」（B・リベット（下條信輔訳）『マインド・タイム――脳と意識の時間』岩波書店，2005 年，所収）.］
黒崎宏『ウィトゲンシュタインの生涯と哲学』勁草書房，1980 年 .
――，「ウィトゲンシュタイン紀行」（『言語ゲーム一元論――後期ウィトゲンシュタインの帰結』勁草書房，1997 年，所収）.
Libet, B., "Unconscious Cerebral Initiative and the Role of Conscious Will in Voluntary Action" in *Behavioral and Brain Sciences*, vol. 8, no. 4, 1985.
――, "Are the Mental Experiences of Will and Self-control Significant for the Performance of a Voluntary Act?: Response to Commentaries by L. Deecke and by R. E. Hoffman and R. E. Kravitz" in *Behavioral and Brain Sciences*, vol. 10, no. 4, 1987.
――, "Benjamin Libet" in *The History of Neuroscience in Autobiography*, vol. 1 (L. R. Squire ed.) Society for Neuroscience, 1996.
――, "Do We Have Free Will?" in *Journal of Consciousness Studies*, vol. 6, no. 8-9, 1999.
――, *Mind Time: The Temporal Factor in Consciousness*, Harvard University Press, 2004.

Drury, M. O' C., "Some Notes on Conversations with Wittgenstein"in *Recollections of Wittgenstein* (R. Rhees ed.) Oxford University Press, 1984.

Eccles, J. C. and Robinson D. N., *The Wonder of Being Human: Our Brain and Our Mind,* The Free Press, 1984. [J・C・エックルス／D・N・ロビンソン（大村裕・山河宏ほか訳）『心は脳を超える――人間存在の不思議』紀伊國屋書店，1997 年.]

Engelmann, P., *Letters from Ludwig Wittgenstein with a Memoir,* Basil Blackwell, 1967.

Evans, D. D., *The Logic of Self-Involvement,* SCM Press, 1963.

深尾憲二朗「自己・意図・意識――ベンジャミン・リベットの実験と理論をめぐって」（中村雄二郎・木村敏監修『講座生命』第７巻，河合文化教育研究所，2004 年，所収）.

Heidegger, M., *Identität und Differenz,* Martin Heidegger Gesamtausgabe Bd.11, Vittorio Klostermann, 2006. ［ハイデッガー（大江精志郎訳）『同一性と差異性』（ハイデッガー選集 , 第 10 巻）理想社 , 1960 年. ］

Heiler, F., *Das Gebet: Eine religionsgeschichtliche und religionspsychologische Untersuchung,* E. Reinhardt, 1919. [F. Heiler, *Prayer: A Study in the History and Psychology of Religion.* (S. McComb, trans.) Oxford University Press, 1932.]

Hick, J., *The New Frontier of Religion and Science: Religious Experience, Neuroscience and the Transcendent,* 2nd ed., Palgrave Macmillan, 2010. ［ J・ヒック（間瀬啓允・稲田実訳）『人はいかにして神と出会うか――宗教多元主義から脳科学への応答』法藏館，2011 年. ］

星川啓慈『宗教者ウィトゲンシュタイン』法藏館，1990 年.

――，『言語ゲームとしての宗教』勁草書房，1997 年.

――,「『論理哲学論考』における〈語りえないもの〉と〈沈黙〉をめぐる新解釈――ウィトゲンシュタインの生涯において〈文番号七〉がもった意味」（『宗教研究』第 362 号，日本宗教学会，2009 年，所収）.

――，「自己嫌悪する自分から〈あるがまま〉の自分へ――ウィトゲンシュタインのキリスト教信仰」（星川啓慈・松田真理子『統合失調症と宗教――医療心理学とウィトゲンシュタイン』創元社，2010 年，所収）.

――，『宗教と〈他〉なるもの――言語とリアリティをめぐる考察』春秋社，2011 年.

Hoshikawa, K. and Staudigl, M., "A Schutzian Analysis of Prayer with Perspectives from Linguistic Philosophy" in *Human Studies,* 2016. (DOI: 10.1007/s10746-015-9377-x)

Husserl, E., *Die Krisis der europäischen Wissenschaften und die transzendentale Phänomenologie,* Martinus Nijhoff, 1962. ［E・フッサール（細谷恒夫・木田元訳）『ヨーロッパ諸学の危機と超越論的現象学』中央公論社，1974 年 .］

市井三郎「非形式論理学の諸問題」（『岩波講座哲学X　論理』岩波書店，1968 年，所収）.

引用・参照文献

※文献は，著者名（姓）のアルファベット順に並べている．
※邦訳の底本と文献表で掲載した洋書が一致しない場合もある．

Abreu, N. and Neto, S., "Facing up to Wittgenstein's Diaries of Cambridge and Skjolden: Notes on Self-knowledge and Belief" in UNSPECIFIED Austrian Ludwig Wittgenstein Society, 2003.

Austin, J. L. (J. O. Urmson and M. Sbisà ed.) *How to Do Things with Words*, Harvard University Press, 1975.［Ｊ・Ｌ・オースティン（坂本百大訳）『言語と行為』大修館書店，1978 年.］

Barber, M. D., "Resistance to Pragmatic Tendencies in the World of Working in the Religious Finite Province of Meaning" in *Human Studies*, 2015. (DOI: 10.1007/s10746-015-9356-2)

Bochenski, J. M., *Précis de logique mathématique*, F. G. Kroonder, 1949. [Ｊ・M・ボヘンスキー（國嶋一則・奥雅博訳）『記号論理学の綱要』勁草書房 , 1970.]

——, *Die zeitgenössischen Denkmethoden,* Francke Verlag, 1954. [Ｊ・M・ボヘンスキー（國嶋一則訳）『現代の思考法——分析哲学入門』勁草書房，1961.]

——, *The Logic of Religion,* New York University Press, 1965.［Ｊ・M・ボヘンスキー（星川啓慈訳）『宗教の論理』ヨルダン社，1997 年.］

Bondi, R.C., "Apophatic Theology" in *A New Dictionary of Christian Theology* (A. Richardson and J. Bowden ed.) SCM Press Ltd., 1983. [Ｒ・Ｃ・ボンディ「否定神学」（Ａ・リチャードソン／Ｊ・ボウデン編（古屋安雄監修・佐柳文男訳）『キリスト教神学事典』教文館，1995 年，所収）.]

Carnap, R., "Überwindung der Metaphysik durch Logische Analyse der Sprache" in *Erkenntnis*, vol. 2, 1931. [Ｒ・カルナップ（内田種臣訳）「言語の論理的分析による形而上学の克服」（Ｒ・カルナップ（永井成男・内田種臣ほか訳）『カルナップ哲学論集』紀伊國屋書店，1977 年，所収）.]

Chalmers, D. J., *The Conscious Mind: In Search of a Fundamental Theory,* Oxford University Press, 1996. [Ｄ・Ｊ・チャーマーズ（林一訳）『意識する心——脳と精神の根本理論を求めて』白揚社，2001 年.]

Chrétien, J.-L., *The Ark of Speech* (A. Brown trans.) Routledge, 2004.

Cox, R. R., *Schutz's Theory of Relevance: A Phenomenological Critique*, Springer, 1978.

Cupitt, D., *Emptiness and Brightness*. Polebridge Press, 2001.［Ｄ・キューピット（藤田一照訳）『未来の宗教——空と光明』春秋社，2008 年.］

Dowling, T. C., T*he Brusilov Offensive*, Indiana University Press, 2008.

realities," "enclaves," and "symbolic appresentation," which permits accessing the "religious finite province of meaning" in the very midst of the paramount reality of everyday life. In a nutshell, we claim that Christian prayer is a practice of constructing and living within a "religious province of meaning" in the everyday world; it is a practice that revolves around self-involving language activities such as praising, confessing, thanksgiving, or requesting to God, which enable the praying subject to transfigure the language of everydayness and "see through" (Schutz) the world of everyday life in order to let it appear in a different light, e.g., the light of grace, gift, and salvation.

---

1 Titles of some chapters below are somewhat changed from original titles.

2 This chapter was originally published in *Human Studies* (2016, the 1st issue) as "A Schutzian Analysis of Prayer with Perspectives from Linguistic Philosophy" with Dr. M. Staudigl of Vienna University. I would like to express gratitude to him for permitting translation of this article.

We should discover the points of contact between religious studies and brain science or construct a well-balanced "neurophilosophy of religion" between them, for which Newberg's "neurotheology" provides some visions. In addition to that, as Eccles and Teuber recognize the important functions of language, I stress the role of "autonomous" language, even if it causes a difficulty in terms of "person." That is, some person who has a religious experience talks about it in the first person, and the neuroscientist who studies the brain processes during that religious experience talks about these things in the third person. There is a non-crosslinkable gap between the descriptions expressed with these two types of persons. Though I cannot propose a clear and concrete solution, I present the basic ideas of my "neurophilosophy of religion," which consists of 3 elements: (1) experimental neuroscience, (2) the philosophical study of religious experiences, and (3) autonomous language.

Part III: One chapter and its glossary of technical terms of phenomenology

Chapter 6: A Schutzian Analysis of Prayer with Perspectives from Linguistic Philosophy

In this chapter, we[2] propose to analyze the phenomenon of Christian prayer by combining two different analytical frameworks. We start by applying Schutz's theories of "intersubjectivity," "inner time," "politheticality," and "multiple realities," and then proceed by drawing on the ideas and insights of linguistic philosophers, notably, Wittgenstein's "language-game," Austin's "speech act," and Evans' "logic of self-involvement." In conjoining these accounts, we wish to demonstrate how their combination sheds new light on understanding the phenomenon of prayer. Prayer, in following a specific set of rules, can also be considered as a specific, i.e., religious "language-game." In the last analysis, however, we propose to analyze prayer (and, finally, religion) within the Schutzian framework of "multiple readiness potentials (RP). These eyebrow-raising results, which showed free will appearing not before but after brain processes, caused great debates among scholars in many fields, including the humanities, and led to a different way of regarding free will and determinism. A considerable number of scientists who held a bias toward determinism or naturalism considered these findings to definitively disprove the existence of free will. Libet himself, however, defended the existence of free will consistently in the concept of "Veto," which rejects or blocks the motor performance of the voluntary will. Behind his strong defense of free will and rejection of determinism, we may see his obligation as a Judaist to protect free will: he thought that if he tolerated or accepted physical determinism, the ethical system of the Judeo-Christian tradition would collapse. Furthermore, he thought, based on his neurophysiological experiments, that Judaism as a system of ethics surpassed that of Christianity. Libet's interpretation of the striking RP experiments and his view on free will were, in the final analysis, influenced by Judaism. We can see how Judaism continued to influence his way of thinking at critical points, especially in the last book *Mind Time* at almost the end of his life.

Chapter 5: Philosophy of Religion and Brain Science: Toward a "Neurophilosophy of Religion"

In this chapter, I present a very basic overview of *my* "neurophilosophy of religion," referring to Eccles' and Popper's *The Self and Its Brain*, which is the combination of the Cartesian view of mind as a substance and the achievements of brain science. I argue, on the one hand, that physical reductionism of religious experience to the functions or processes of the brain (intracerebral process) cannot yet succeed, despite the great progress of brain science and related technologies, and, on the other hand, that religious people cannot have religious or spiritual experiences without physical brains.

house in Skjolden during the winter of 1936–1937. We can see from his descriptions there that he was facing God indirectly through the sun. The natural environment around his house, including the sun, must have had some influence on his following religious experience on March 26th of 1937: "I am as illuminated as I am; I mean: my religion is as illuminated as it is." My hypothesis is that the appearance of the sun made a great contribution to Wittgenstein's ascent to this religious experience or state of mind. Throughout his life, he always desired to be a better human being or tried to change himself for the better, and this means that it was very difficult for him to have the calm and stable state of mind that the quotation reflects. I analyze the correlation between the state or appearance of the sun and Wittgenstein's state of mind, religious experiences, or personal contact with God; I prove my hypothesis by referring mainly to other parts of the diary and *The Secret Diaries*, written on the battlefields, in which the word "erleuchten" (enlighten) plays a very important role as a spiritual light. In addition to these arguments, I compare Wittgenstein with Edvard Munch, the Norwegian painter, who suffered from paranoid schizophrenia but entered a period of recovery after he painted "The Sun" (1911-1916). I point out some parallels between Wittgenstein's religious experience or ascent to religious eminence and Munch's recovery, focusing on the correlation between their states of self and the condition of the sun. Their states of mind were greatly influenced by the sun.

Part II: Two chapters concerning neuroscience/brain science

Chapter 4: The Lifetime of Benjamin Libet Who Lived between Determinism and Free Will

Neurophysiologist Benjamin Libet (1916–2007) and his coworkers presented a series of experimental results proving that the conscious decision to perform a voluntary physical action, like a flick of the wrist, happens about 550 milliseconds after the accumulation of

(3) a part of the preface of "Logisch-Philosophische Abhandlung" (*Tractatus*) in the *Annalen der Naturphilosophie* (vol. 14, 1921) is the key to understanding the *Tractatus*: "Was sich überhaupt sagen läßt, läßt sich klar sagen; und wovon man nicht reden kann, darüber muß man schweigen." The first half of the sentence is the positive form of the sentence written on July 7th of 1916 in *The Secret Diaries*, and the latter half of it is almost same as proposition 7 of the *Tractatus*. I suppose, referring to other manuscripts and the terrible battles during the "Brusilov Offensive," that the framework of the *Tractatus* was lain on July 6th and 7th of 1916, shortly after the offensive began. The series of battles fundamentally changed Wittgenstein's way of thinking, and his experiences changed the focus of the *Tractatus* from mathematics and logic to "negative theology (apophatic theology)": he was inclined to consider that what cannot be said is much more important than what can be said. I am sure that he must have thought the propositions after 6.4 much more essential than the propositions before 6.4. In short, the *Tractatus* (1) shows the limit of language from a logical point of view (the theory of "picture" and of "truth-function"), (2) protects the domain of "the unspeakable," i.e., religion, by forbidding speaking *of* God objectively (not by forbidding speaking *to* God personally), and (3) constructs a very originative negative theology from two perspectives: "to speak (say)/to show (indicate)" and "the speakable (sayable)/the unspeakable (unsayable)." In addition to these arguments, I introduce Bochenski's criticism, from the standpoint of "affirmative theology," of Wittgenstein's theories of the "unspeakable" and of "negative theology," because their assertions make a sharp contrast and Bochenski's dispute sheds amazing light on Wittgenstein's theories.

Chapter 3: The Sun and Wittgenstein's Religious Experience in March, 1937

In this chapter, I examine Wittgenstein's diary, written in his

We could interpret this to mean that his self penetrates into the world. From the God's-eye-view perspective of his house, he looked down on the village of Skjolden; the house was the point from which he penetrated his world. He writes, however, shortly after 5.62, "The self of solipsism shrinks to a point without extension" (5.64). Since Wittgenstein and his house were surrounded by nature, i.e., steep mountains and a lake, his self must have disappeared. However, he stresses, "The philosophical self is not the human being…with which psychology deals" (5.641). The location of his house and his inconsistent remarks on the theory of solipsism must have some connection in the deepest level of his psychology. Furthermore, I associate the location with Wittgenstein's "vertical ascending mind" which appears at the very end of the *Tractatus* (6.54). Throughout his life, we can see reflections of this mind closely resembling schizophrenia. When McGuinness described Wittgenstein's house, he referred to him as a "stylite," a solitary ascetic who lived on the top of a high pillar or a column. Relating Wittgenstein's mind to the *Tractatus*, we could say that he looked down onto the world consisting merely of facts, which we can speak about, and he distinguished this from the world of religion or spirituality, which we cannot speak about.

Chapter 2: *Tractatus Logico-Philosophicus* as an Originative Work of "Negative Philosophy" and Bochenski's Criticism of It

In this chapter, I scrutinize Wittgenstein's manuscripts: *Prototractatus, The Secret Diaries1914-1916* (MS101-103), *Notebooks 1914-1916,* and others. I point out some facts which we should not miss: (1) proposition 7 was written immediately after proposition 6.4 in *Prototractatus*; (2)the date on which Wittgenstein began to rush to write very religious sentences (June 11th, 1916) was incorrectly identified by editors, and the correct date must be in the very beginning of July of that year (McGuinness guesses the 1st or 4th);

Tractatus Religioso-Philosophicus:
L. Wittgenstein, Brain Science and A. Schutz

HOSHIKAWA Keiji, Ph. D.
Professor of Taisho University, Tokyo

Abstract

This book presents a philosophical approach to phenomena of religion and spirituality. In his *Tractatus Logico-Philosophicus*, Ludwig Wittgenstein stated, "Philosophy is not a theory, but an activity"(4.112). My approach might be considered similarly in that it is a philosophical activity of studying religious and spiritual phenomena from various perspectives. I will not, however, try to construct a systematic theory of religion, because I think such a theory cannot be constructed. The line of argument of this book is a challenge to the traditional philosophy of religion which has tried to construct a systematic and spectacular philosophy of religion.

This book consists of 6 chapters in 3 parts and covers many fields: psychology, psychiatry, neuroscience, philology, logic, linguistic analysis, phenomenology, and more. I would like to introduce the contents of each chapter in the following[1].

Part I: Three chapters concerning Wittgenstein's philosophy

Chapter 1: Wittgenstein's House in Skjolden and the Interpretation of His Propositions in the *Tractatus Logico-Philosophicus*

I visited the remains of Wittgenstein's house in Skjolden, Norway, on March 4th of 2014. The location of his house impressed me so deeply that I came to associate it, from a psychoanalytic viewpoint, with his remarks on "solipsism" and his "vertical ascending mind" in the *Tractatus*. Wittgenstein writes, "The world is *my* world" (5.62).

星川啓慈（ほしかわ・けいじ）
大正大学文学部教授、同大学大学院比較文化専攻長
1956年、愛媛県川之江市（現・四国中央市）生まれ。1984年、筑波大学大学院哲学・思想研究科博士課程単位取得退学。博士（文学）。専攻は宗教学・宗教哲学。
単著に『ウィトゲンシュタインと宗教哲学——言語・宗教・コミットメント』ヨルダン社 1989、『宗教者ウィトゲンシュタイン』法蔵館 1990、『悟りの現象学』法蔵館 1992、『言語ゲームとしての宗教』勁草書房 1997、『宗教と〈他〉なるもの——言語とリアリティをめぐる考察』春秋社 2011など。共編著に『統合失調症と宗教——医療心理学とウィトゲンシュタイン』創元社 2010、『ウィトゲンシュタイン「秘密の日記」——第一次世界大戦と「論理哲学論考」』春秋社 2016など。

宗教哲学論考
ウィトゲンシュタイン・脳科学・シュッツ

二〇一七年三月三一日　初版第一刷発行

著　者——星川啓慈
発行者——石井昭男
発行所——株式会社　明石書店
〒一〇一-〇〇二一　東京都千代田区外神田六-九-五
電　話　〇三-五八一八-一一七一
ＦＡＸ　〇三-五八一八-一一七四
振　替　〇〇一〇〇-七-二四五〇五
http://www.akashi.co.jp
装幀——明石書店デザイン室
印刷——モリモト印刷株式会社
製本——モリモト印刷株式会社

（定価はカバーに表示してあります）
ISBN 978-4-7503-4490-4